NONGMINGONG WEI

农民工维权有"法"办

刘丕峰/主　编

李强/副主编

山东城市出版传媒集团·济南出版社

图书在版编目(CIP)数据

农民工维权有"法"办/刘丕峰主编. —济南:济南出版社,
2017.12
ISBN 978 - 7 - 5488 - 2900 - 3

Ⅰ.①农… Ⅱ.①刘… Ⅲ.①民工—劳动就业—劳动
法—中国—问题解答 Ⅳ.①D922.505

中国版本图书馆 CIP 数据核字(2017)第 318663 号

出 版 人 崔　刚
责任编辑 史　晓
装帧设计 张　倩

出版发行 济南出版社
地　　址 济南市二环南路 1 号(250002)
发行电话 0531 - 86131729　86922073
印　　刷 济南新科印务有限公司
版　　次 2018 年 1 月第 1 版
印　　次 2018 年 1 月第 1 次印刷
成品尺寸 170mm×240mm　16 开
印　　张 16.75
字　　数 231 千
印　　数 1 - 3000 册
定　　价 69.00 元

序

岁月匆匆，舜天公益之路已经走过了 10 个年头。

山东省农民工维权工作站成立 5 周年时，我们编辑出版了《我们的公益故事》一书。

10 年，更应该写点什么以示纪念。此时，接到济南出版社"送法下乡"系列图书的邀请，书名为《农民工维权有"法"办》，让我们总结一下农民工维权的技巧和方法，并建议将我们办理的案件编辑成故事，慨然应允，甚感欣慰！

《农民工维权有"法"办》一书，既有编者对办理法律援助案件的梳理和总结，也有对相关法律知识的总结和运用，对农民工维权相关法律法规的系统整理，涵盖了农民工群体常见的法律问题。希望借此书，能唤起整个社会对弱势群体的关心和关注，能够推动山东律师行业公益法律服务向纵深发展，创新服务手段，拓展服务领域，提升服务层次和服务质量，关注民生，服务百姓，为法治山东建设做出新的更大的贡献！

十年磨一剑。2007 年 4 月，经山东省司法厅批准，山东省律师协会依托山东舜天律师事务所成立全省第一家专门从事公益法律服务的机构——山东省农民工维权工作站。2011 年 9 月，在工作站的基础上，经山东省民政厅批准，又设立了全省首家民办非企业性质的公益法律服务机构——山东舜天公益法律援助与研究中心，将公益法律服务范围延展到农民工、老年人、残疾人、未成年人、妇女和环境污染受害者等更多的弱势群体。10 多个春夏秋冬，工作站的律师们不辞辛苦，兢兢业业，共接待法律咨询 11781 件，受理援助案件 5133 件，已办结案件 2253 件，受援人数 5000 余人，为社会弱势群体挽回经济损失 7640.1286 万元；进行普法培训 33 次，培训 3500 余人次；开展普法宣传 40 余次，惠及 2.2 万余人；接受各类媒体采访 300 余次；编辑《农民工维权 100 问》《残疾人维权 100 问》等六类宣传手册 5000 册，并出版了《我们的公益故事》一书。执行主任李强律师和李永飞律师分别荣获"山东省维护职工权益杰出律师"称号和"山东省富民兴鲁劳动奖章"。2016 年，李强律师获得"齐鲁和谐使者""全国维护妇女儿童权益先进个人"称号。2017 年，李永飞律师荣获"山东省五四青年劳动奖章"并当选为"齐鲁最美律师"；山东舜天律师事务所也因在社会公益方面的突出贡献，被司法部评为"全国法律援助工作先进集体"。

全面推进依法治国，律师作为法治建设的一支重要力量，肩负着维护当事人的合法权益、维护法律的正确实施、维护社会公平正义的神圣使命。心系百姓，牢记使命，为弱势群体的合法权益，为社会的公平正义而奔走，而呐喊，发挥专业优势和奉献精神，为中国的民主法治尽点绵薄之力，应该是我们律师义不容辞的责任。唯如此，才能彰显我们律师的社会担当，真正让我们的人民群众在每一个司法案件中都感受到公平正义！

十九大的胜利召开，开创了全面依法治国的新时代。"从 2020 年到 2035 年……人民平等参与、平等发展权利得到充分保障，法治国家、法治政府、法治社会基本建成，各方面制度更加完善，国家治理体系和治理能力现代化基本实现"。律师行业当高高举起公益法律服务旗帜，不负时代重托，满怀敬畏之情，登高望远，心系百姓，关注民生，为民主法治、公平正义做出自己应有的、更大的贡献！

刘丕峰

2017 年 12 月 20 日

Contents / 目　录

第二章　劳动合同的内容 / 5

第一章　劳动合同的主体

1. 什么是《中华人民共和国劳动法》（以下简称《劳动法》）意义上的劳动者？

从一般意义上来讲，只要具备劳动能力，实际参加社会劳动的自然人都可以称为劳动者。但劳动法律法规上的劳动者具有特定的意义：（1）劳动者只能是自然人；（2）劳动者必须是具备一定条件的自然人；（3）只有与用人单位建立劳动关系的，才能称为《劳动法》上的劳动者，而受个人雇佣劳动的不受《劳动法》的调整。

2. 劳动者享有哪些权利？

（1）平等就业权；（2）选择职业权；（3）获取劳动报酬权；（4）休息休假权；（5）获得劳动安全及劳动保护权；（6）享受社会保险及福利权；（7）接受职业技能培训权；（8）参加和组织工会权；（9）依法解除劳动合同的权利；（10）提请劳动争议处理权。

3. 对农民工和包工头如何界定？

农民工是指户籍在农村，进城务工和在当地或异地从事非农产业的劳动者。

包工头界定为靠非法承揽工程、组织农民工劳动而获得利润的人。对仅组织老乡等人打工，自己也同样参加劳动，凭自己的劳动来赚钱的人，不认为是包工头。

4. 超过退休年龄的人是不是《劳动法》意义上的劳动者？

从实际操作来看，一般对超过退休年龄返聘或继续工作的，不作为劳动关系来处理。如果职工与用人单位因履行合同而发生纠纷，可以按照民事合同关系来处理；如果职工在工作中发生工伤事故，一般按照人身损害赔偿来处理。

5. 在校的学生利用课余时间或假期从事勤工助学，与用人单位之间是不是劳动关系？

按照劳动部的有关规定，在校学生利用课余时间勤工助学的，不视为就业，与单位之间不存在劳动关系。因为不受《劳动法》的约束，单位可以不与学生签订劳动合同。如果在校学生因在勤工助学期间发生伤亡事故的，则不属于工伤，应按人身损害赔偿来解决。

6. 哪些是用人单位？

根据《劳动法》和《中华人民共和国劳动合同法》（以下简称《劳动合同法》）的规定，用人单位包括五种：（1）企业；（2）个体经济组织；（3）民办非企业单位；（4）国家机关；（5）事业组织；（6）社会团体。

7. 哪些不是用人单位？

（1）个人；（2）家庭；（3）不具备用工主体资格的其他组织。

8. 包工头是不是用人单位？

从我国《劳动法》的规定来看，个人是不能作为用人单位的。建设施工工程领域中，对用人单位还有特别的要求，即必须具备建筑施工资质的企业。这就是说，包工头承包工程本身就是违法的，更不能作为用人单位了。

9. 挂靠关系中的用人单位如何界定？

从目前建筑领域来看，虽然严厉禁止包工头个人承包工程，但包工头往往以挂靠的形式改头换面后承包工程。包工头向被挂靠的建筑公司支付一定的"挂靠费"，以该公司的名义对外承包工程，但实际上，建筑公司并不负责项目施工，全部都由包工头来负责。法律规定被挂靠的建筑公司应当承担支付农民工工资的责任，不能以工资已经支付给包工头为由拒绝给农民工支付工资。

10. 用人单位被其他平等主体承包经营，如何确定劳动关系？

在用人单位被承包期间，如果承包人以原单位名义在外招用人员，而原用人单位不提反对意见；或者受招用人员有充分理由相信该承包人代表原用人单位，而劳动者确实是为该用人单位工作的，应当认定受招用人员是与原用人单位形成劳动关系，由原用人单位承担责任，承担责任后可以向承包人追偿。

11. 用人单位与劳动者签订承包协议的，是否还存在劳动关系？

企业实行内部承包经营，是企业转换经营管理的一种方式，企业与劳动者签订《承包经营合同》，并不改变双方之间的劳动关系。

12. 用人单位有哪些权利和义务？

用人单位的权利有：（1）录用职工方面的权利；（2）劳动组织方面的权利；（3）劳动纪律方面的权利。

用人单位的义务有：（1）向劳动者如实告知工作内容、工作条件、工作地点、职业危害、劳动报酬的义务；（2）向劳动者支付劳动报酬的义务；（3）安全卫生保障的义务；（4）以保险、福利等方式为职工以及其他亲属提供物质帮助的义务；（5）为职工培训和提高职业技能提供条件的义务。

13. 什么是童工？童工在工作中受伤的，应当怎样赔偿？

童工是指未满16周岁的劳动者。

我国法律严禁用人单位招用未满16周岁的儿童从事劳动。如果用人单位非法招用童工并使其在工作中受伤的，应当对童工或其他亲属承担相应的赔偿责任，并要受到劳动行政部门的处罚。

14. 农民外出务工在务工地需要办理哪些证件手续？

（1）暂住证。暂住证是公民离开常住户口所在地的市区或者乡、镇在其他地区暂住的证明。暂住在机关、事业单位、企业、工地的务工人员，由单位或雇主将暂住人员登记造册，到暂住地公安派出所申领暂住证。申领者本人也可以携带本人身份证直接到暂住地公安派出所申领暂住证。暂住证为一人一证。除公安机关依照规定可以收缴或者吊销暂住证以外，其他任何单位和个人不得扣押公民的暂住证。

随着我国户籍管理制度改革的不断深化，目前有许多地区已在逐步改革暂住证的管理和申领规定。外出务工农民要注意向务工地公安派出所了解有关暂住证的新规定。

（2）外来人员就业证。外来人员到达务工地后，需要持居民身份证、流动人口婚育证明，以及当地的外出人员就业登记卡等，到务工就业所在地的县（区）劳动和社会保障机关，办理外来人员就业证。用人单位与外来务工人员签订劳动合同时，将要求外来务工人员出示外来人员就业登记证。

15. 农民工进城务工，承包的土地如何处理？

根据国务院《关于解决农民工问题的若干意见》，不得以农民工进城务工为由收回承包地，纠正违法收回农民工承包地的行为。农民外出务工期间，所承包土地无力耕种的，可委托代耕或通过转包、出租、转让等形式流转土地经营权，但不能撂荒。农民工土地承包经营权流转，要坚持依法、自愿、有偿的原则，任何组织和个人不得强制或限制，也不得截留、扣缴或以其他方式侵占土地流转收益。

16. 企业违法分包工程的，由谁承担用人主体的责任？

根据劳动保障部《关于确立劳动关系有关事项的通知》（劳社部发〔2005〕12号）规定，建筑施工、矿山企业等用人单位将工程（业务）或经营权发包给不具备用工主体资格的组织或自然人，对该组织或自然人招用的劳动者，由具备用工主体资格的发包方承担用工主体责任。

第二章 劳动合同的内容

17. 劳动合同的必备条款和约定条款有哪些?

劳动合同中应当具备以下几部分内容:(1)用人单位的名称、住所和法定代表人或者主要负责人;(2)劳动者的姓名、住址和居民身份证或者其他有效身份证件号码;(3)劳动合同期限;(4)工作内容(即所从事的工作和工作岗位)和工作地点;(5)工作时间和休息休假;(6)劳动报酬;(7)社会保险;(8)劳动保护、劳动条件和职业危害防护;(9)法律、法规规定应当纳入劳动合同的其他事项。

除了上述劳动合同必须具备的内容外,劳动者和用人单位认为需要约定的其他内容,都可以在劳动合同中约定,但应当遵守法律法规,应当经过双方平等、自愿的协商。

18. 在劳动合同中能不能约定竞业限制条款?

"约定保守用人单位商业秘密或与知识产权相关的保密事项"一般又称为竞业限制协议,但竞业限制的人员限于用人单位的高级管理人员、高级技术人员和其他负有保密义务的人员。如果用人单位与劳动者签订了竞业限制协议,劳动者在终止或者解除劳动合同后一定期限(不得超过 2 年)内不能到与原用人单位生产同类产品、从事同类业务的有竞争关系的其他用人单位任职,也不得自己开业生产或者经营同类产品、从事同类业务,原用人单位应当按月给予劳动者一定经济补偿。

19. 劳动合同的期限有哪些类型?

劳动合同的期限分为三种:固定期限、无固定期限和以完成一定工作任务为期限。而从劳动合同期限的性质来看,实际上就是两种:固定期限(包括以完成一定工作任务为期限）和无固定期限。

20. 劳动者在什么条件下可以要求用人单位签订无固定期限的劳动合同？

根据《劳动合同法》第 14 条的规定，有下列情形之一，劳动者提出或者同意续订、订立劳动合同的，除劳动者提出订立固定期限劳动合同外，应当订立无固定期限劳动合同：（1）劳动者在用人单位连续工作满 10 年；（2）用人单位初次实行劳动合同制度或者国有企业改制重新订立劳动合同时，劳动者在该用人单位连续工作满 10 年，且距法定退休年龄不足 10 年的；（3）连续订立二次固定期限合同，且劳动者有《劳动合同法》第 39 条和第 40 条第 1 项、第 2 项规定的情形，续订劳动合同的；（4）用人单位自用工之日起满 1 年不与劳动者订立书面劳动合同的，视为用人单位与劳动者已订立无固定期限劳动合同（这种情况下，不需要有劳动合同存续期间的要求）。

21. 订立劳动合同时，用人单位是否可以向劳动者收取定金、保证金或者扣留居民身份证？

根据《劳动合同法》的规定，用人单位招用劳动者，不得扣押劳动者的居民身份证和其他证件，不得要求劳动者提供担保或者以其他名义向劳动者收取财物。

用人单位违反规定，扣押劳动者居民身份证等证件的，由劳动行政部门责令限期退还劳动者本人，并依照有关法律规定给予处罚。

用人单位违反规定，以担保或者其他名义向劳动者收取财物的，由劳动行政部门责令限期退还劳动者本人，并以每人五百元以上二千元以下的标准处以罚款；给劳动者造成损害的，应当承担赔偿责任。

22. 用人单位招用人员时哪些行为是国家明令禁止的？

根据《劳动力市场管理规定》（劳动和社会保障部令第 10 号）、《劳动法》及《劳动合同法》的规定，禁止用人单位招用人员时有下列行为：（1）提供虚假招聘信息；（2）招用无合法证件的人员；（3）向求职者收取招聘费用；（4）向被录用人员收取保证金或抵押金；（5）扣押被录用人员的身份证等证件；（6）以招用人员为名牟取不正当利益或进行其他违法活动。

23. 国家对农民工签订劳动合同有什么主要规定？

通过劳动合同确立用人单位与农民工的劳动关系，是维护农民工合法权益的重要措施。根据劳动保障部、建设部、全国总工会《关于加强建设等行业农民工劳动合同管理的通知》（劳社部发〔2005〕9号）的规定，用人单位使用农民工，应当依法与农民工签订书面劳动合同，并向劳动保障行政部门进行用工备案。签订劳动合同应当遵循平等自愿、协商一致的原则，用人单位不得采取欺骗、威胁等手段与农民工签订劳动合同，不得在签订劳动合同时收取抵押金、风险金或扣留居民身份证等证件。

劳动合同必须由具备用工主体资格的用人单位与农民工本人直接签订，不得由他人代签。建筑领域工程项目部、项目经理、施工作业班组、包工头等不具备用工主体资格，不能作为用工主体与农民工签订劳动合同。

用人单位与农民工签订劳动合同，应当包括以下条款：劳动合同期限、工作内容和工作时间、劳动保护和劳动条件、劳动报酬、劳动纪律和违反劳动合同的责任。根据不同岗位的特点，用人单位与农民工协商一致，还可以在劳动合同中约定其他条款。

24. 怎样防止在职介所求职时受骗？

（1）尽量到公共职业介绍机构求职。按照国家规定，城市公共职业介绍机构要为农民工免费提供就业信息、政策咨询、职业指导和职业介绍服务。

（2）如果是到民办职业介绍所求职，要注意"三证"是否齐全，即职业介绍许可证、营业执照、收费许可证，而且这些证件须上墙公示，并注有举报电话。

（3）不要轻易交纳费用。在一些非正规职介所里，收费项目繁多，如报名费、健康费、抵押金等，大多在100～200元不等。农民工求职时要弄清相关的缴费标准和规定，不能随便交费，并且有权拒绝各种不合理收费。

（4）要尽可能与用人单位面谈。接到录用通知后，要对用人单位进行实地考察，要留意企业名称、地址、联系电话、周围的环境以及工作现场是否安全卫生，企业是否有营业执照，是否能够自由出入等基本情况。

（5）拒绝高薪诱惑。非正规职介得以生存的主要手段是利用高薪诱惑农民工，比如普通的押运员工作，有的职介所承诺月收入在 15000～20000 元，这显然严重脱离实际，然而不少非法职介利用此法行骗仍然屡屡成功。此外，求职者在求职前最好对本职业的行情做一些简单的了解，避免上当受骗。

25. 怎样才能避免自己的合法权益受到侵害？

首先，要有法律意识，学会用法律手段来协调人与人之间的关系。农民工尤其应该了解一些跟务工密切相关的法律知识，了解自己应享有的权利和应承担的义务，用人单位侵犯农民工合法权益后应承担的责任等内容。

其次，要与用人单位签订劳动合同。当权益受到侵犯时，千万不能意气用事，也不要忍气吞声，要积极与用人单位协商解决问题，协商不成再通过劳动保障监察、劳动争议仲裁等法律手段，保护自己的合法权益。

26. 临时工怎样维护自己的权益？

《劳动法》施行后，所有用人单位与职工全面实行劳动合同制度，各类职工在用人单位享有的权利是平等的。因此，过去意义上相对于正式工而言的临时工名称已经不复存在。用人单位如在临时性岗位上用工，应当与劳动者签订劳动合同并依法为其缴纳各种社会保险，使其享有有关的福利待遇，但在劳动合同期限上可以有所区别。用人单位不能以招用的是临时工为借口，侵害劳动者的劳动保障权益。

27. 农民工签订的劳动合同的期限有没有特殊规定？

从保护其身体健康考虑，原劳动部规定，如果农民工是从事矿山井下以及在其他有害身体健康的工种、岗位工作的，实行定期轮换制度，合同期限最长不超过 8 年。除了上述特殊工种、岗位外，对其他农民工不实行定期轮换制度，也没有 8 年期限的限制。

28. 国家对试用期有什么规定？

用人单位与农民工签订劳动合同，双方可以在劳动合同中约定试用期。劳动合同期限三个月以上不满一年的，试用期不得超过一个月；劳动合同期限一年以上不满三年的，试用期不得超过两个月；三年以上固定期限和无固定期限的劳动合同，试用期不得超过六个月。

同一用人单位与同一劳动者只能约定一次试用期。

以完成一定工作任务为期限的劳动合同或者劳动合同期限不满三个月的，不得约定试用期。

试用期包含在劳动合同期限内。劳动合同仅约定试用期的，试用期不成立，该期限为劳动合同期限。

29. 试用期内劳动者享有哪些权利？

（1）试用期最长不得超过6个月；（2）试用期只能约定一次；（3）劳动者在试用期内提供了正常劳动的，用人单位应当支付给劳动者工资，而且工资数额不得低于本单位同岗位最低档工资或者劳动合同约定工资的80%，并且不得低于用人单位所在地的最低工资标准；（4）劳动者在试用期内解除劳动合同的，应当提前3日通知用人单位；（5）用人单位在试用期内解除与劳动者的劳动关系，必须符合法律的规定，不能任意解除；（6）劳动者有权利要求用人单位为其缴纳社会保险；（7）劳动者在试用期内患病或者非因工负伤，可以享受医疗期待遇；（8）劳动者在试用期内发生工伤事故，可以享受工伤保险待遇；（9）享有劳动保护的权利；（10）参加职业技能培训；（11）享受休息休假的权利；（12）提请劳动争议处理的权利。

30. 哪些情形下劳动合同全部无效？

（1）违法的劳动合同；（2）受欺诈而订立的劳动合同；（3）受威胁而订立的劳动合同；（4）乘人之危而订立的劳动合同；（5）劳动合同的一方主体未达到法定条件而签订的劳动合同。

31. 哪些条款是无效的劳动合同条款？

（1）劳动合同中"工伤概不负责"等免责条款无效；（2）劳动合同中约定"不准结婚""不准怀孕"的条款无效；（3）劳动合同中的"霸王条款"无效。

32. 劳动者没有完成定额或者承包任务时，用人单位以低于最低工资标准支付的合同条款是否有效？

只要劳动者按照用人单位的要求提供了正常的劳动，不管劳动者是不是完成了用人单位要求的定额或者承包任务，都应当不低于最低工资标准。用人单位在劳动合同中约定的此类条款是无效的，必须向劳动者支付不低于最低工资标准的工资。

山东省于 2017 年 6 月 1 日起执行新的最低工资标准，按照山东省经济发展水平，新标准划分为三档：月最低工资标准分别为 1810 元、1640 元和 1470 元；小时最低工资标准则分别为 18.1 元、16.4 元和 14.7 元。

33. 劳动合同被确认无效后当事人应当承担什么责任？

（1）已经履行的无效劳动合同，劳动者有权就已经实际履行的工作获得劳动报酬；（2）劳动合同被确认无效后，如果过错方给对方造成经济损失，必须向对方承担赔偿责任。

34. 用人单位合并分立的，劳动合同如何变更？

企业合并的，劳动者与企业之间的劳动关系当然由合并后的单位来承受。企业分立的，如果职工不接受改制方案，企业可以客观情况发生重大变化为由解除合同。如果劳动者拒绝与新设立的企业重新签订劳动合同的，也应当视为用人单位解除了劳动合同，并由用人单位依法向劳动者支付经济补偿。

35. 劳动者在什么情形下可以随时解除劳动合同？

根据《劳动法》第 32 条的规定，有下列情形之一的，劳动者可以随时解除劳动合同：（1）在试用期的；（2）用人单位以暴力、威胁或者非法限制人身自由的手段强迫劳动的；（3）用人单位未按照劳动合同约定支付劳动报酬或者提供劳动条件的。

《劳动合同法》第 38 条在《劳动法》的基础上，又增加了以下情形：（4）用人单位未按照劳动合同约定提供劳动保护的；（5）用人单位未依法为劳动者缴纳社会保险费的；（6）用人单位的规章制度违反法律、法规的规定，损害劳动者权益的；（7）用人单位以欺诈、胁迫手段或者乘人之危，使劳动者在违背其真实意思的情况下订立或者变更劳动合同的；（8）法律、行政法规规定的其他情形。

36. 劳动者在什么情形下可以提前 30 日通知用人单位解除劳动合同？

（1）劳动者应当在从其打算离开单位的日期算起，提前 30 日或者按照劳动者与用人单位签订的劳动合同中所约定的提前通知期限，通知用人单位其解除劳动合同的意向；（2）劳动者应当以通知书或者其他书面形式向用人单位表明其解除劳动合同的意向；（3）劳动者在工作中曾因违反劳动合同的行为或者违反工作纪律、规章制度给用人单位造成了经济损失的，而该事故尚未处理完毕的；或者劳动者未按照双方签订的劳动合同的约定向用人单位承担违约责任，提前解除劳动合同的，应当赔偿用人单位的损失或者支付相应的违约金。

37. 劳动者主动提出解除劳动合同，还能要求用人单位支付经济补偿吗？

劳动者在以下六种情况下主动辞职的，仍然有权利得到经济补偿：（1）用人单位没有及时足额支付劳动报酬的；（2）用人单位没有依法为劳动者缴纳社会保险费的；（3）用人单位没有按照劳动合同的约定提供劳动保护条件的；（4）用人单位的规章制度违反法律法规的规定，损害劳动者权益的；（5）因用人单位欺诈、胁迫、乘人之危，使劳动者在违背真实意思的情况下签订或变更劳动合同的；（6）用人单位以暴力、威胁或者非法限制人身自由的手段强迫劳动者劳动的，或者用人单位违章指挥强令冒险作业、危及劳动者人身安全的。

38. 劳动者和用人单位协商解除劳动合同能不能要求经济补偿？

如果是劳动者主动提出解除劳动合同的意向，经用人单位同意后双方协商解除的，用人单位可以不用支付经济补偿金；如果是用人单位首先提出，而经劳动者同意协商解除劳动合同的，用人单位仍然应当按照有关规定向劳动者支付经济补偿金。

39. 用人单位在什么情况下不能解除与劳动者之间的劳动关系？

（1）从事接触职业病危害作业的劳动者未进行离岗前职业健康检查，或者疑似职业病病人在诊断或者医学观察期间的；

（2）患职业病或者因工负伤并确认丧失或者部分丧失劳动能力的；

（3）患病或者非因工负伤在规定的医疗期内的；

（4）女职工在孕期、产假、哺乳期内的；

（5）在本单位连续工作满十五年，且距法定退休年龄不足五年的；

（6）法律、行政法规规定的其他情形。

40. 在什么情况下，用人单位解除劳动合同时应当对劳动者支付经济补偿金？

（1）单位提出解除劳动合同，经劳动者同意协商一致后解除劳动合同的；

（2）劳动者患病或非因工负伤，经劳动鉴定委员会确认不能从事原工作，也不能从事用人单位另行安排的工作，而由用人单位解除劳动合同的；

（3）劳动者不能胜任单位安排的工作，经过用人单位培训或者调整原工作岗位仍不能胜任工作，由用人单位解除劳动合同的；

（4）劳动合同订立时所依据的客观情况发生重大变化，致使原劳动合同无法履行，经当事人协商不能就变更劳动合同达成协议的，由用人单位解除劳动合同的；

（5）用人单位濒临破产进行法定整顿期间或者生产经营状况发生严重困难，确需裁减人员的，提前30日向工会或者全体职工说明情况，听取工会或者职工的意见，向劳动行政部门报告后，裁减人员的；

（6）企业转产、技术革新、经营方式调整，经变更劳动合同后，仍然需要裁减人员的；

（7）除用人单位维持或者提高劳动合同约定条件续订劳动合同，劳动者不同意续订的情况外，劳动合同期满而终止固定期限劳动合同的，劳动者有权利要求经济补偿金；

（8）用人单位被依法宣告破产的；

（9）用人单位被吊销营业执照、责令关闭、撤销或者用人单位决定提前解散的。

41. 劳动者违反规定或劳动合同的约定，解除劳动合同后，对用人单位是否要承担赔偿责任，赔偿哪些损失？

（1）用人单位招收录用所支付的费用；

（2）用人单位为其已支付的培训费用，双方另有约定的按照约定办理；

（3）对生产经营和工作造成的直接经济损失；

（4）劳动合同约定的其他赔偿费用。

42. 什么是劳动合同终止？

劳动合同终止是指劳动者与用人单位的劳动合同期满，劳动合同约定的终止条件或者法定的终止条件出现时，双方结束劳动关系的一种法律行为。

43. 在哪些情况下劳动合同到期后不得终止？

（1）疑似职业病职工或者工伤职工治疗期间；

（2）法律规定的伤残工伤职工；

（3）未经离岗前职业病危害健康检查；

（4）存在职业病危害的用人单位未履行如实告知义务。

44. 劳动合同终止有哪些后果？

（1）工资，劳动者与用人单位依法终止劳动合同的，用人单位应当在解除或者终止劳动合同时一次性付清劳动者的工资。

（2）经济补偿金，一般情况下，劳动合同期满或者当事人约定的劳动合同终止条件成就的，劳动合同自行终止，用人单位可以不支付经济补偿金，国家另有规定的可以从其规定。

（3）经济赔偿金，如果用人单位违反《劳动合同法》的规定违法终止劳动合同的，劳动者要求继续履行劳动合同的，用人单位应当继续履行；劳动者不要求继续履行劳动合同或者劳动合同已经不能继续履行的，用人单位应当按照上述经济补偿金的标准的2倍向劳动者支付赔偿金；用人单位支付赔偿金后，劳动合同终止。

（4）失业待遇以及退休待遇。

（5）工伤保险待遇。

（6）患病或非因工负伤医疗补助，劳动者患病或者非因工负伤，合同期满终止劳动合同的，用人单位应当支付不低于6个月工资的医疗补助费；对患重病或者患绝症的，还应适当增加医疗补助费。

45. 什么是事实劳动关系？

事实劳动关系是没有劳动合同或者没有有效的劳动合同，劳动者却为用人单位提供了劳动，并从用人单位处获得劳动报酬的一种关系。我们通常所说的事实劳动关系大多数是指没有签订书面劳动合同而建立的劳动关系。

46. 哪些情况属于事实劳动关系？

（1）劳动者与用人单位之间没有签订劳动合同；

（2）劳动者与用人单位之间签订的是无效劳动合同；

（3）劳动合同期满后，双方没有继续签订书面合同，又没有终止劳动关系，劳动者继续在用人单位工作的；

（4）由于企业改制而使原来签订的书面劳动合同与实际履行的劳动关系不配套而产生的事实劳动关系。

47. 事实劳动关系中劳动者享有哪些权利？

（1）劳动者有权要求用人单位补签劳动合同。

（2）劳动者有权要求相应的劳动报酬。

（3）劳动者有权要求用人单位为其缴纳社会保险。

（4）劳动者有权要求用人单位提供相应的劳动条件和劳动保护。

（5）如果用人单位提出终止事实劳动关系的，应当按照法律的规定给予经济补偿金，根据《劳动合同法》具体标准为：每满一年支付一个月工资的标准向劳动者支付。六个月以上不满一年的，按一年计算；不满六个月的，向劳动者支付半个月工资的经济补偿。

（6）根据《劳动合同法》的规定，用人单位自用工之日起，满1年不与劳动者订立书面劳动合同的，视为用人单位与劳动者已订立无固定期限劳动合同。这是对事实劳动关系中劳动者的有力保护，迫使用人单位规范用工制度，尽早与劳动者签订劳动合同。

（7）劳动者与用人单位发生劳动争议的，有权利申请劳动仲裁，对裁决不服的，可以向法院提起诉讼。劳动者应注意，申请劳动争议仲裁存在时效问题，也就是从发生之日起1年内。克扣工资是从劳动者知道老板克扣之日起，追缴社保费最迟是从劳动关系解除之日起计算。

48. 怎样证明事实劳动关系？

劳动者在没有劳动合同可以证明劳动关系的情况下，应当在纠纷发生以前就做些准备，因为发生纠纷后，寻找证据往往很难。劳动者要保存用人单位发放的工资单、工资卡、工作证、考勤簿等，以备后用。如果拿不到这些证据，那要做个有心人，将老板、工头等人与自己约定的工资数额、结算方式、工作时间等内容录下来（录音证据）且记录每天的工作情况。在将来发生纠纷时，这些证据对维护劳动者的权利是非常重要的。

49. 事实劳动关系纠纷如何解决？

劳动者与用人单位就是否存在劳动关系引发争议的，可以向有管辖权的劳动争议仲裁委员会申请仲裁。

用人单位与劳动者发生劳动争议，不论是否订立劳动合同，只要存在事实劳动关系，并符合《劳动法》的适用范围和《中华人民共和国劳动争议调解仲裁法》的受案范围，劳动争议仲裁委员会均应受理。

劳动争议仲裁委员会在处理这类争议时，首先应督促双方当事人依照国家和地方法律、法规的规定，签订、续订或终止劳动合同，同时要根据具体情况区分双方当事人在形成事实劳动关系过程中所应承担的责任。在此基础上，劳动争议仲裁委员会可按照补签的劳动合同和争议的具体情况及形成事实劳动关系的责任大小，予以妥善处理。如果当事人拒绝补签劳动合同，同意终止劳动关系的，劳动争议仲裁委员会应依照国家和地方法律法规的有关规定处理。

第三章　工资、休息、休假与劳动保护

50. 加班加点工资怎样计算？

加点是指劳动者在与用人单位约定的每天的工作时间外，继续额外支付的劳动。如劳动者本应在下午 5 点下班，但用人单位因工作需要等情况，要求劳动者加班到晚上 8 点，就是加点。加班是指劳动者在用人单位约定的工作时间外，在法定节假日和公休假日期间，向单位提供的劳动。如劳动者在周末、春节、"五一"、"十一"等假日应单位要求而继续工作的，就属于加班。加班加点工资就是用人单位根据生产、工作需要，安排劳动者加班、加点时，支付给劳动者高于平时工资的额外工资。

（1）用人单位依法安排劳动者在每年法定标准工作时间以外加点的，按照不低于劳动合同约定的劳动者本人小时工资标准的150%支付劳动者工资。

（2）用人单位安排劳动者在公休假日内工作，首先应当安排同等时间的补休，如果不能安排补休的，则应按照不低于劳动合同约定的劳动者本人日或小时工资标准的200%支付劳动者工资。

（3）用人单位安排劳动者在法定节假日工作的，按照不低于劳动合同约定的劳动者本人的日或小时工资标准的300%支付劳动者工资。

（4）部分公民放假日的加班。根据劳动和社会保障部发布的《关于部分公民放假有关工资问题的函》〔劳社厅函（2000）18 号〕的规定，在部分公民放假的节假日期间，对参加社会或单位组织庆祝活动和照常工作的职工，单位应当支付工资报酬，但不支付加班工资。如果该节日恰逢周六、周日，单位安排职工加班工作，则应当支付休息日的加班工资。

（5）实行计件工资的劳动者，在完成计件定额任务且实际工作时间达到标准日工作时间之后，由用人单位安排延长工作时间的，应根据上述规定的原则，分别按照不低于其本人法定工作时间计件单价的150%、200%、300%

支付其工资。

（6）经批准实行综合计算工时制度的用人单位，分别以周、月、季、年等为周期综合计算工作时间。

（7）实行不定时工作制度的劳动者，不执行加班加点工资的规定，但企业应当根据标准工时制度合理确定职工的劳动定额或其他考核标准，保障职工休息权利。

51. 工资是否必须按月发放？

按照法律规定，工资支付的周期有下列几种形式：

（1）一般而言，工资应当以货币形式按月支付给劳动者；

（2）如果用人单位实行的是周、日、小时工资制度的，可以按照周、日、小时来支付工资；

（3）如果劳动者只是完成一次性临时劳动或某项具体工作的，用人单位应按照有关协议或者合同约定，在其完成劳动任务后即支付工资；

（4）劳动关系双方依法解除或终止劳动合同时，用人单位应在解除或终止劳动合同时一次付清劳动者工资；

（5）根据最新制定的《劳动合同法》的规定，用人单位拖欠或者未足额支付劳动报酬的，劳动者可以依法向当地人民法院申请支付令，人民法院应当依法发放支付令。

52. 什么是最低工资标准？

最低工资标准是指劳动者在法定的工作时间内付出了正常劳动的前提下，用人单位支付工资的最低限度。

53. 参加社会活动期间有没有工资？

根据法律规定，劳动者在法定工作时间内依法参加社会活动的，用人单位应当视其提供了正常的劳动而支付其相应的工资。"依法参加社会活动"的内容包括：（1）依法行使选举权或被选举权；（2）当选代表出席乡（镇）、区以上政府、党派、工会、青年团、妇女联合会等组织召开的会议；（3）出任人民法庭证明人；（4）出席劳动模范、先进工作者大会；（5）《工会法》规定的不脱产工会基层委员会委员因工会活动占用的生产或工作时间；（6）其他依法参加的社会活动，如担任集体协商代表履行代表职责等。在上述社会活动期间，劳动者虽然没有参加生产劳动，用人单位仍然应当支付其相应的工资。

54. 什么是克扣工资、无故拖欠工资？

"克扣工资"是指用人单位对履行了劳动合同规定的义务和责任的劳动者，不支付或者不足额支付其工资的行为。

"无故拖欠工资"是指用人单位无正当理由在规定时间内故意不支付劳动者工资的行为。

55. 用人单位在什么情况下才能处罚劳动者，要求其承担赔偿责任？

根据《劳动合同法》的规定，用人单位对劳动者处罚仅限于两种情况：

（1）因劳动者的原因导致劳动合同被确认无效，给用人单位造成损害的，劳动者应承担赔偿责任；

（2）劳动者违反《劳动合同法》的规定解除劳动合同，或者违反劳动合同中约定的保密义务或者竞业限制，给用人单位造成损失的，应当承担赔偿责任。

从上述两种情况来看，劳动者承担赔偿责任至少应当具备两个条件，即主观上对损害的发生有故意，并且有实际损害的发生。

56. 工资该怎么发放？

按照我国《劳动法》的规定，用人单位应该直接将工资支付给劳动者本人，如果劳动者本人因故不能领取工资，可以由劳动者委托的亲属或者其他人代为领取。用人单位可以委托银行代发工资，给劳动者办理银行卡或存折，将工资直接转到劳动者在银行的存折账号上。

如果劳动者跟随包工头出来干活，用人单位不能直接将劳动者的工资支付给包工头，再由包工头支付给劳动者，也不能克扣或以其他形式，如提供产品等来代替。如果包工头和用人单位把钱结清之后，带着钱逃跑了，劳动者可以要求用人单位再给他们支付工资，不用到处找包工头。

57. 怎样理解同工同酬？

同工同酬是指用人单位对于从事相同工作、付出等量劳动且取得相同劳动业绩的劳动者，支付同等的劳动报酬。

58. 法律对休息休假时间是怎样规定的？

我国休息休假可分为以下几种类型：（1）工作日内的间歇时间；（2）两个工作日之间的休息，每天 8 小时工作外，职工有权利享受自己休息的时间；（3）每周公休假日；（4）每年法定节假日；（5）职工探亲假；（6）年休假。

59. 私营企业的农民工有权利享受节假日吗？

我国《宪法》第43条规定："中华人民共和国劳动者有休息的权利。"劳动部《关于贯彻执行＜中华人民共和国劳动法＞若干问题的意见》（下称《意见》）第2条规定："中国境内的企业、个体经济组织与劳动者之间只要形成劳动关系，即劳动者事实上已成为该企业、个体经济组织的成员，并为其提供有偿劳动，适用劳动法。"《意见》第4条规定："公务员和比照实行公务员制度的事业组织和社会团体的工作人员以及农村劳动者（乡镇企业职工和进城务工的农民除外）、现役军人和家庭保姆等不适用劳动法。"据此，私营企业属于《劳动法》规定的用人单位，应受《劳动法》的调整。作为该企业的农民工，可享受我国的法定节假日，包括三类：全体公民放假的节日（元旦、春节、清明节、国际劳动节、端午节、国庆节和中秋节）；部分公民放假的节日及纪念日（妇女节、青年节等）；少数民族习惯的节日。全体公民放假的节日，如果适逢星期六、星期日，应该在工作日补假。如所在的企业违反工作时间和休息休假规定的，如超时加班加点，强迫加班加点，不依法安排劳动者休假等，又不按规定支付加班加点报酬的，可以向当地劳动保障监察机构投诉或提起劳动仲裁。

60. 国家对工资支付有什么主要规定?

（1）工资应当以法定货币（即人民币）形式支付，不得以实物及有价证券替代货币支付。

（2）用人单位应将工资支付给劳动者本人；本人因故不能领取工资时，可由其亲属或委托他人代领。

（3）用人单位可直接支付工资，也可委托银行代发工资。

（4）工资必须在用人单位与劳动者约定的日期支付，一般来说，工资至少每月支付一次。

（5）劳动关系双方依法解除或终止劳动合同时，用人单位应在解除或终止劳动合同时一次付清劳动者工资。

（6）用人单位在支付工资时应向劳动者提供一份其个人的工资清单。

61. 国家对建筑业企业支付农民工工资有什么规定?

根据《建设领域农民工工资支付管理暂行办法》（劳社部发〔2004〕22号）等规定，建筑业企业必须依法按时足额支付农民工工资，不得拖欠或克扣，不得低于当地最低工资标准。企业应当按照约定的标准和日期按月将工资直接发放给农民工本人，严禁发放给包工头或其他不具备用工主体资格的组织和个人。企业可委托银行发放农民工工资。企业支付农民工工资应编制工资支付表，如实记录支付单位、支付时间、支付对象、支付数额等工资支付情况，并保存两年以上备查。

工程总承包企业应对劳务分包企业工资支付进行监督，督促其依法支付农民工工资。业主或工程总承包企业未按合同约定与建设工程承包企业结清工程款，致使建设工程承包企业拖欠农民工工资的，由业主或工程总承包企业先行垫付农民工被拖欠的工资，先行垫付的工资数额以未结清的工程款为限。企业因被拖欠工程款导致拖欠农民工工资的，企业追回的被拖欠工程款，应优先用于支付拖欠的农民工工资。

62. 用人单位拖欠工资怎么办?

在用人单位拖欠工资的情况下，农民工要先和用人单位协商，如果协商无法解决，则可以通过以下法律途径来解决：

（1）向当地劳动保障监察机构投诉举报。

（2）向当地劳动争议仲裁委员会申请仲裁，需要注意的是，要在劳动争议发生之日起 1 年内向劳动争议仲裁委员会提出书面申请。

（3）通过诉讼途径解决。这又分三种情况：一是针对劳动争议纠纷案件，经劳动仲裁后任何一方不服的，可以向法院提起诉讼；二是经仲裁后都服从，劳动仲裁裁决生效后，用人单位不执行的，农民工可申请法院强制执行；三是属于拖欠劳务费的可直接向法院提起民事诉讼。

需要特别指出的是，在碰到拖欠工资等权益受到侵害的情况时，千万不能采取爬楼、堵路等过激行为和暴力等手段，一定要依靠法律途径来解决问题。否则，一时冲动不但于事无补，还有可能因触犯《刑法》被追究责任。

63. 什么是劳动保护？

法律特别规定了在有毒作业场所的劳动保护以及对女职工和未成年工的特殊保护，但劳动保护并不专指这种特殊保护，只要是有利于劳动者的安全健康的措施，在防止工伤事故发生、预防职业病等方面的措施，都可称之为劳动保护。

64. 什么是未成年工？对未成年工有哪些特殊保护？

未成年工是年龄在 16 周岁至 18 周岁的未成年人。

为了加强对未成年工的保护，国家对禁止未成年工从事的劳动范围做了明确的规定：对生产性粉尘作业，有毒、高处、冷水、高温、低温等作业的，以及体力劳动较强的工作，矿山井下、森林采伐、地质勘探、潜水、涵洞、涵道作业、有放射性物质的工作场所等，应当限制使用未成年工，并严格禁止在限制级别以上的工作中使用未成年工。

第四章　工伤保险

65. 工伤保险适用于哪些劳动者？

（1）中华人民共和国境内的企业、事业单位、社会团体、民办非企业单位、基金会、律师事务所、会计师事务所等组织的职工和个体工商户的雇工。

（2）公务员和参照公务员法管理的事业单位、社会团体的工作人员因工作遭受事故伤害或者患职业病的，由所在单位支付费用。具体办法由国务院社会保险行政部门会同国务院财政部门规定。

（3）非法用工单位伤亡人员，包括在无营业执照或未经依法登记、备案的单位以及被依法吊销营业执照或者撤销登记、备案的单位受到事故伤害或者患职业病的职工，以及用人单位使用童工造成的伤残、死亡童工，也比照工伤保险的待遇标准，依照《非法用工单位伤亡人员一次性赔偿办法》由用人单位支付一次性赔偿。

66. 哪些伤害属于工伤？

《工伤保险条例》规定，职工有下列情形之一的，应当认定为工伤：

（1）在工作时间和工作场所内，因工作原因受到事故伤害的；

（2）工作时间前后在工作场所内，从事与工作有关的预备性或者收尾性工作受到事故伤害的；

（3）在工作时间和工作场所内，因履行工作职责受到暴力等意外伤害的；

（4）患职业病的；

（5）因工外出期间，由于工作原因受到伤害或者发生事故下落不明的；

（6）在上下班途中，受到非本人主要责任的交通事故或者城市轨道交通、客运轮渡、火车事故伤害的；

（7）法律、行政法规规定应当认定为工伤的其他情形。

按照《职业病防治法》的规定，职业病是指劳动者在职业活动中，因接触粉尘、放射性物质和其他有毒、有害物质等因素而引起的疾病。

职工有下列情形之一的，视同工伤：

（1）在工作时间和工作岗位，突发疾病死亡或者在48小时之内经抢救无效死亡的；

（2）在抢险救灾等维护国家利益、公共利益活动中受到伤害的；

（3）职工原在军队服役，因战、因公负伤致残，已取得革命伤残军人证，到用人单位后旧伤复发的。

67. 哪些伤害不能认定为工伤？

（1）故意犯罪的；（2）醉酒或者吸毒的；（3）自残或者自杀的。

68. 严重违反操作规程造成事故的，能否认定为工伤？

仍然应当认定为工伤。职工在工作中即使对导致自身遭受事故伤害有责任，也应认定工伤。当然，工伤认定是应排除自杀、自残、因醉酒或吸毒以及因故意犯罪而造成工伤的情形。

69. 内退职工能否参加工伤保险？

内退职工仍然与原单位保留着工作关系，而且并未达到国家规定的退休年龄，因此仍然属于单位在职职工，原单位应按照规定继续为其缴纳工伤保险费。

70. 借调期间发生工伤由谁来承担责任？

根据《工伤保险条例》规定，职工被借调期间受到工伤事故的，由原用人单位承担工伤保险责任，但原用人单位与借调单位可以约定补偿办法。

71. 如何申请认定工伤？

根据《工伤保险条例》的规定，职工发生事故伤害或者按照职业病防治法规定被诊断、鉴定为职业病，所在单位应当自事故伤害发生之日或者被诊断、鉴定为职业病之日起 30 日内，向统筹地区社会保险行政部门提出工伤认定申请。遇有特殊情况，经报社会保险行政部门同意，申请时限可以适当延长。用人单位没有按前款规定提出工伤认定申请的，工伤职工或者其直系亲属、工会组织在事故伤害发生之日或者被诊断、鉴定为职业病之日起 1 年内，可以直接向用人单位所在地统筹地区社会保险行政部门提出工伤认定申请。

提出工伤认定申请应当提交下列材料：（1）工伤认定申请表。（2）与用人单位存在劳动关系（包括事实劳动关系）的证明材料。（3）医疗诊断证明或者职业病诊断证明书（或者职业病诊断鉴定书）。工伤认定申请表应当包括事故发生的时间、地点、原因以及职工伤害程度等基本情况。工伤认定申请人提供材料不完整的，社会保险行政部门应当一次性书面告知工伤认定申请人需要补正的全部材料。申请人按照书面告知要求补正材料后，社会保险行政部门应当受理。

社会保险行政部门应当自受理工伤认定申请之日起 60 日内做出工伤认定的决定，并书面通知申请工伤认定的职工或者其近亲属和该职工所在单位。

72. 怎样申请劳动能力鉴定？

劳动能力鉴定是给予工伤保险待遇的基础和前提条件。职工发生工伤，经治疗伤情相对稳定后存在残疾、影响劳动能力的，应当进行劳动能力鉴定。通过劳动能力鉴定，能够准确评定职工伤残、病残程度，既有利于保障职工的合法权益，也为正确处理与此有关的争议提供了客观依据。

根据《工伤保险条例》的规定，劳动能力鉴定由用人单位、工伤职工或者其直系亲属向设区的市级劳动能力鉴定委员会提出申请，并提供工伤认定决定和职工工伤医疗的有关资料。设区的市级劳动能力鉴定委员会应当自收到劳动能力鉴定申请之日起 60 日内做出劳动能力鉴定结论（必要时，做出劳动能力鉴定结论的期限可以延长 30 日），并及时送达申请鉴定的单位和个人。申请鉴定的单位或者个人对该鉴定结论不服的，可以在收到鉴定结论之日起 15 日内向省、自治区、直辖市劳动能力鉴定委员会提出再次鉴定申请。省、自治区、直辖市劳动能力鉴定委员会做出的劳动能力鉴定结论为最终结论。

劳动能力鉴定结论做出之日起 1 年后，工伤职工或其直系亲属、其所在单位或者经办机构认为残情发生变化的，可以申请劳动能力复查鉴定。

73. 在什么条件下工伤职工停止享受工伤保险待遇？

（1）丧失享受待遇条件的；（2）拒不接受劳动能力鉴定的；（3）拒绝治疗的；（4）如果是外地农民工发生工伤事故的，可以选择按月领取工伤保险待遇，也可以选择一次性领取。

74. 未签订劳动合同而主张工伤应如何举证？

如果实在没有办法签订劳动合同，那么也应当注意保管好工资账册、考勤簿、录用登记表等这些能够证明劳动者和用人单位之间存在事实劳动关系的证明材料。否则，只能按照有关法律规定做民事伤害案件处理。

75. 发生工伤后能否私了？

从《工伤保险条例》以及地方各省的实施办法来看，都没有禁止劳动者与用人单位就工伤赔偿问题协商解决。而有关工伤的纠纷同样属于劳动争议，根据《中华人民共和国劳动争议调解仲裁法》的规定，劳动争议发生后，当事人应当协商解决。由此可以推出，劳动者与用人单位发生工伤事故后，对于工伤赔偿等问题可以协商解决，也就是我们所说的私了。劳动者之所以愿意选择私了，最大的好处就是时间短，比较容易拿到钱，成本低，这对于农民工来说是很重要的。

76. 农民工因工致残被鉴定为一级至四级伤残的可以选择长期待遇的支付方式吗？

《工伤保险条例》规定，职工因工致残被鉴定为一级至四级伤残的，保留劳动关系，退出工作岗位，享受以下待遇：

（1）从工伤保险基金按伤残等级支付一次性伤残补助金，标准为：一级伤残为 27 个月的本人工资，二级伤残为 25 个月的本人工资，三级伤残为 23 个月的本人工资，四级伤残为 21 个月的本人工资。

（2）从工伤保险基金按月支付伤残津贴，标准为：一级伤残为本人工资的 90%，二级伤残为本人工资的 85%，三级伤残为本人工资的 80%，四级伤残为本人工资的 75%。伤残津贴实际金额低于当地最低工资标准的，由工伤保险基金补足差额。

（3）工伤职工达到退休年龄并办理退休手续后，享受基本养老保险待遇。基本养老保险待遇低于伤残津贴的，由工伤保险基金补足差额。

职工因工致残被鉴定为一级至四级伤残的，由用人单位和职工个人以伤残津贴为基数，缴纳基本医疗保险费。

劳动保障部《关于农民工参加工伤保险有关问题的通知》（劳社部发〔2004〕18 号）规定，对跨省流动的农民工，即户籍不在参加工伤保险统筹地区（生产经营地）所在省（自治区、直辖市）的农民工，一至四级伤残长期待遇的支付，可试行一次性支付和长期支付两种方式，供农民工选择。在农民工选择一次性或长期支付方式时，支付其工伤保险待遇的社会保险经办机构应向其说明情况。一次性享受工伤保险长期待遇的，需由农民工本人提出，与用人单位解除或者终止劳动关系，与统筹地区社会保险经办机构签订协议，终止工伤保险关系。一至四级伤残农民工一次性享受工伤保险长期待遇的具体办法和标准由省（自治区、直辖市）劳动保障行政部门制定，报省（自治区、直辖市）人民政府批准。

77. 用人单位未参加工伤保险的，工伤职工的工伤待遇如何支付？

《工伤保险条例》规定，用人单位依照本条例规定应当参加工伤保险而未参加的，由社会保险行政部门责令限期参加，补缴应当缴纳的工伤保险费，并自欠缴之日起，按日加收万分之五的滞纳金；逾期仍不缴纳的，处欠缴数额 1 倍以上 3 倍以下的罚款；未参加工伤保险期间用人单位职工发生工伤的，由该用人单位按照本条例规定的工伤保险待遇项目和标准支付费用。

用人单位参加工伤保险并补缴应当缴纳的工伤保险费、滞纳金后，由工伤保险基金和用人单位依照本条例的规定支付新发生的费用。

78. 国家对农民工参加基本医疗保险是怎样规定的？

根据国家法律规定，与用人单位形成劳动关系的农村进城务工人员有权参加医疗保险。各地在具体实施中，要根据农村进城务工人员的特点和医疗需求，合理确定缴费率和保障方式，解决他们在务工期间的大病医疗保障问题，用人单位要按规定为其缴纳医疗保险费。对在城镇从事个体经营等灵活就业的农村进城务工人员，可以按照灵活就业人员参保的有关规定参加医疗保险。据此，在已经将农民工纳入医疗保险范围的地区，农民工应当参加医疗保险，用人单位和农民工本人应依法缴纳医疗保险费，农民工患病时，可以按照规定享受有关医疗保险待遇。

79. 国家对农民工参加基本养老保险是怎样规定的？

按照《社会保险费征缴暂行条例》（国务院令第259号）等有关规定，城镇各类企业职工、个体工商户和灵活就业人员，包括农民工，都应该参加基本养老保险。各地在具体操作中，对参加养老保险的农民合同制职工，在与企业终止或解除劳动关系后，由社会保险经办机构保留其养老保险关系，保管其个人账户并计息，凡重新就业的，应接续或转移养老保险关系；也可按照省级政府的规定，根据农民合同制职工本人申请，将其个人账户个人缴费部分一次性支付给本人，同时终止养老保险关系，凡重新就业的，应重新参加养老保险。农民合同制职工在达到国家规定的退休年龄后，累计缴费年限满15年以上的，可按规定领取基本养老金；累计缴费年限不满15年的，其个人账户全部储存额一次性支付给本人。

80. 国家对农民工参加基本失业保险是怎样规定的？

根据《失业保险条例》（国务院令第258号）规定，城镇企业事业单位招用的农民合同制工人应该参加失业保险，用人单位按规定为农民工缴纳社会保险费，农民合同制工人本人不缴纳失业保险费。单位招用的农民合同制工人连续工作满1年，本单位已缴纳失业保险费，劳动合同期满未续订或者提前解除劳动合同的，由社会保险经办机构根据其工作时间长短，对其支付一次性生活补助。补助的办法和标准由省、自治区、直辖市人民政府规定。

81. 国家对农民工参加生育保险是怎样规定的？

目前，我国的生育保险制度还没有普遍建立，各地工作进展不平衡。从各地制定的规定看，有的地区没有将农民工纳入生育保险覆盖范围，有的地区则将农民工纳入了生育保险覆盖范围。如果农民工所在地区将农民工纳入了生育保险覆盖范围，农民工所在单位应按规定为农民工办理生育保险手续并缴纳生育保险费，符合规定条件的生育农民工依法享受生育保险待遇。

82. 遇到工伤怎么办？

如果在工作过程中遇到事故伤害，应当马上到签订服务协议的医疗机构就医，情况紧急时可以先到就近的医疗机构急救。同时，及时向当地社会保险行政部门申请工伤认定。如果自己长期在煤矿、采石场或有毒有害等场所工作，发现自己身体不适，一定要到当地卫生行政部门所属的职业病防治所进行诊断，确认为职业病后，再到社会保险行政部门申请工伤认定。工伤职工如果对社会保险部门工伤认定结论不服（如不认定为工伤），可以依法申请行政复议，也可以依法向人民法院提起行政诉讼。

被认定为工伤后，应拿着工伤认定书到当地劳动能力鉴定委员会申请伤残等级鉴定。拿到工伤认定书和伤残等级鉴定书之后，就可以到用人单位或劳动保障部门的工伤保险经办机构领取工伤保险待遇。如果所在单位没有参加工伤保险，工伤保险待遇由用人单位支付。用人单位参加了工伤保险的，就由工伤保险经办机构从工伤保险基金中按标准支付工伤保险待遇。

83. 患病或非因工负伤治疗期间工资怎么算？

农民工非因工负伤或者生病期间，仍然可以要求用人单位支付工资，但因为其并没有提供正常的劳动，因而用人单位不必支付其全额工资，但用人单位支付的工资不得低于当地最低工资的80%。

84. 患病或者非因工负伤的，劳动者能得到哪些补偿？

职工患病或者非因工负伤的，虽然不是工伤，得不到工伤保险待遇，但用人单位仍然应当给予职工一定的补偿，作为对职工工作的福利。

（1）职工患病或非因工负伤治疗期间，在规定的医疗期内，由企业按照有关规定支付其病假工资或疾病救济费，病假工资或疾病救济费可以低于当地最低工资标准支付，但不能低于最低工资标准的80%。

（2）如果劳动者患病或者非因工负伤，经劳动能力鉴定委员会确认不能从事原工作，也不能从事用人单位另行安排的工作而解除劳动合同的，用人单位应按其在本单位的工作年限，每满1年发给相当于1个月工资的经济补偿金。

（3）劳动者患病或非因工负伤，经劳动能力鉴定委员会确认不能从事原工作，也不能从事用人单位另行安排的工作而解除劳动合同的，用人单位应发给劳动者不低于6个月的医疗补助费。患重病和绝症的，还应增加医疗补助费：患重病的，增加部分不低于医疗补助费的50%；患绝症的，增加部分不低于医疗补助费的100%。

（4）职工患有难以治疗的疾病，或者非因工致残，在医疗期内治疗终结或者在医疗期满后不能从事原工作，也不能从事用人单位另行安排的适当工作的，由劳动鉴定委员会参照工伤与职业病致残程度鉴定标准进行劳动能力鉴定，根据鉴定结果分别做出相应的处理：如果被鉴定为一至四级的，职工应当退出劳动岗位，终止劳动关系，由用人单位办理退休、退职手续，职工享受退休、退职待遇；如果被鉴定为五至十级的，在医疗期内不得解除劳动合同，但在医疗期满后，用人单位可以解除合同，并按规定支付经济补偿金和医疗补助费。

第五章 集体合同、劳务派遣与非全日制用工

85. 什么是集体合同？它又是约定什么内容的？

集体合同又称集体协议。它是企业职工一方与企业根据法律、法规的规定，就劳动报酬、工作时间、休息休假、劳动安全卫生、保险福利等事项在平等协商一致的基础上签订的书面协议。

集体合同是集体协商的结果。它不是用人单位与某一个职工所签订的，而是与职工代表或工会通过充分协商一致后所签订的协议。

集体合同的内容可以包括下列几个方面的事项：劳动报酬、工作时间、休息休假、保险福利、劳动安全卫生、女职工权益保护、工资调整机制等。根据劳动合同的规定，职工一方和用人单位可以对上述内容在集体合同中全部进行约定，也可以就某一方面进行协商而签订专项的集体合同。

集体合同的签订有着特殊的要求。职工一方与用人单位进行协商一致后而签订的协议，按《劳动合同法》的规定还仅仅是草案，还应当提交职工代表大会或全体职工讨论通过。

86. 怎样签订集体合同？它有什么特殊要求？

一般而言，集体合同的签订都必须经过以下程序：

第一，确定订立集体合同的双方代表。一般来说，用人单位一方的代表由法定代表人担任或指派；职工一方也要有符合条件的代表。《劳动合同法》规定这样的代表可以是单位的工会组织。如果没有成立工会的，也可以是职工推选的代表。推选代表要在上级工会的指导下进行。

第二，拟定集体合同的草案。集体合同均涉及劳动者的重大利益的事项，它首先应由双方代表就有关协议条款进行集体协商并草拟出双方认可的书面协议。

第三，对拟定的集体合同草案进行审议。拟定的集体协议还仅仅是草案，《劳动合同法》规定，该草案还应交付职工代表大会或全体职工进行讨论且通过。

第四，报送备案。《劳动合同法》规定，经过职工代表大会或全体职工讨论通过的集体合同，还应将合同文本报送当地劳动行政部门进行审查备案。

第五，生效执行。法律规定如果当地的劳动行政部门在收到集体合同文本 15 日内没有提出异议，那么集体合同就立即生效了。

87. 集体合同有哪几种？

集体合同可以有多种类型。我国劳动合同规定了两种类型的集体合同。

第一种：按集体合同所约定的内容进行分类，可以分为综合性的集体合同与专项的集体合同。综合性集体合同可以就劳动者的工作时间、休息休假、劳动报酬、劳动安全卫生、福利待遇等多方面事项进行约定，它包含的内容很多，所以叫综合性的集体合同。如果集体合同就劳动者的各项合法权益中的某一事项进行约定，那就是专项集体合同。

第二种：按集体合同的层次进行分类，可以分为行业性集体合同和区域性集体合同。行业性的集体合同指地方工会组织与某一行业组织就涉及劳动者权益的事项订立的集体合同，区域性集体合同指某一行政区域内的工会组织与该区域的商会或企业联合会就涉及劳动者权益的事项订立的集体合同。

88. 集体合同对劳动报酬和劳动条件是怎样规定的？

集体合同约定的标准不得低于当地政府规定的最低标准。也就是说，集体合同对劳动报酬、劳动条件等事项约定的标准要高于或采用当地政府所规定的标准，否则就是不符合《劳动合同法》的规定。

用人单位与劳动者订立的劳动合同中约定的标准也不得低于集体合同所规定的标准。也就是说，集体合同所规定的标准对用人单位具有约束力，用人单位不得降低标准与劳动者签订劳动合同，损害劳动者的合法权益。劳动合同应当采用或高于集体合同所规定的标准，否则就是不符合《劳动合同法》的规定。

89. 用人单位违反集体合同时该怎么办？

首先，用人单位违反集体合同的规定的行为就是侵犯职工劳动权益的行为。

其次，用人单位违反集体合同的，应当由工会代表职工一方主张权利。由于集体合同订立的主体中职工一方的代表不是某一个劳动者，所以《劳动合同法》规定，应当由工会出面解决问题。

再次，《劳动合同法》规定，对于用人单位违反集体合同的，工会可以出面要求用人单位承担责任，也就是与用人单位进行交涉协商；如果协商不能解决的，那么工会可以依法向当地劳动争议仲裁委员会申请仲裁，仲裁后，任何一方不服，可以向当地人民法院提出民事诉讼。

90. 在劳务派遣关系中，劳务派遣单位和用工单位谁是用人单位？

劳务派遣是指劳务派遣单位与劳动者签订劳动合同，经劳动者同意后，将其派往实际用工单位，由劳动者为用工单位提供劳动，并由用工单位进行监督管理，但劳动者与用工单位并不存在劳动关系的一种新型劳动关系。

因此，在劳务派遣关系中，劳务派遣单位是用人单位。

91. 什么是非全日制用工？

非全日制用工我们平时习惯叫它"小时工""钟点工"，是指以小时计酬为主，劳动者在同一用人单位一般平均每日工作时间不超过 4 小时，每周工作时间累计不超过 24 小时的用工形式。非全日制用工双方当事人可以订立口头协议，非全日制用工双方当事人不得约定试用期，非全日制用工小时计酬标准不得低于用人单位所在地人民政府规定的最低小时工资标准，非全日制用工劳动报酬结算支付周期最长不得超过十五日。

92. 非全日制用工的特殊要求有哪些？

非全日制用工作为一种订立灵活、用工方便、解除简单的用工形式，为日益竞争激烈的社会创造了更多的就业机会。这种用工制度明确的特点是每天工作不超过 4 小时，每周工作时间累计不超过 24 小时。只有符合这个条件时才有可能是非全日制用工，才能按时计酬，以小时最低工资为基准确定劳动报酬。如果工作时间超过了上述限制，应属于全日制用工，用人单位给你支付的工资不得低于当地全日制用工的最低工资标准。

第六章 劳动争议

93. 哪些纠纷属于劳动争议？

劳动争议是指劳动关系双方当事人，即用人单位和劳动者，因实现劳动权利和履行劳动义务而发生的纠纷。并不是所有的劳动争议都可以寻求法律救济。

2001 年最高人民法院以司法解释的形式，进一步将劳动争议的范围扩大，不仅包括劳动关系存续期间劳动者与用人单位之间的争议，还包括了劳动关系终止后劳动者与用人单位之间的非统筹劳动保险争议。

2010 年最高人民法院司法解释进一步规定因企业自主进行改制引发的争议，人民法院应予受理。

94. 劳动者与用人单位发生劳动争议后可通过何种程序解决？

根据《劳动法》和《中华人民共和国劳动争议调解仲裁法》（以下简称《劳动争议调解仲裁法》）的规定，劳动者与用人单位发生劳动争议后，可按照以下几个程序解决：（1）双方自行协商解决。当事人在自愿的基础上进行协商，达成协议。（2）调解程序。双方不愿自行协商或达不成协议的，双方可自愿申请企业调解委员会调解，对调解达成的协议自觉履行。调解不成的可申请仲裁。当事人也可直接申请仲裁。（3）仲裁程序。当事人一方或双方都可以向仲裁委员会申请仲裁。仲裁庭应当先行调解，调解不成的，做出裁决。一方当事人不履行生效的仲裁调解书或裁决书的，另一方当事人可以申请人民法院强制执行。该程序是人民法院处理劳动争议的前置程序，也就是说，人民法院不直接受理没有经过仲裁程序的劳动争议案件。（4）法院审判程序。当事人对仲裁裁决不服的，可以自收到仲裁裁决书之日起 15 日内将对方当事人作为被告向人民法院提起诉讼。人民法院按照民事诉讼程序进行审理，实行两审终审制。法院审判程序是劳动争议处理的最终程序。

95. 劳动者向劳动争议仲裁委员会申请仲裁应符合哪些法律规定？

根据《劳动法》和《劳动争议调解仲裁法》的规定，当事人申请仲裁，第一，应当在规定的时限内进行，即应当在劳动争议发生之日起1年内向仲裁委员会申请仲裁。第二，应当以书面形式向仲裁委员会提交仲裁申请，并按被诉人数提交副本。仲裁申请书应当载明下列事项：（1）劳动者的姓名、性别、年龄、职业、工作单位和住所，用人单位的名称、住所和法定代表人或者主要负责人的姓名、职务；（2）仲裁请求和所根据的事实、理由；（3）证据和证据来源、证人姓名和住所。书写仲裁申请确有困难的，可以口头申请，由劳动争议仲裁委员会记入笔录，并告知对方当事人。仲裁申请内容不完整的，当事人可在仲裁委员会指导下进行补正，并按规定时间提交。第三，当事人申请仲裁，应当向有管辖权的仲裁委员会提出申请。

仲裁庭裁决劳动争议案件，应当自劳动争议仲裁委员会受理仲裁申请之日起四十五日内结束。案情复杂需要延期的，经劳动争议仲裁委员会主任批准，可以延期并书面通知当事人，但是延长期限不得超过15日。逾期未做出仲裁裁决的，当事人可以就该劳动争议事项向人民法院提起诉讼。

96. 劳动争议仲裁委员会做出的调解书能否撤销？

由于劳动争议仲裁不同于普通的民事仲裁，不是可选择的程序，而是必经的，因而，如果劳动争议仲裁委员会做出的仲裁调解书被人民法院裁定不予执行的，当事人不能选择直接向法院起诉，应当向做出调解协议的劳动争议仲裁委员会申请重新仲裁，由该委员会按照监督程序重新处理。

97. 在仲裁过程中，企业能否对员工做出新的处理决定？

劳动争议仲裁委员会立案受理因企业开除、除名、辞退职工发生的劳动争议，在审理过程中，企业如变更开除、除名、辞退职工的决定或对职工再行处理，职工一方当事人同意自行和解的，申诉人应申请撤诉，仲裁委员会对该案件可按撤诉处理。如果职工不同意的，在仲裁庭调解或裁决时，企业应提出不同于原决定的新的处理意见，由仲裁委员会依法处理。

98. 如何举证证明加班了？

在劳动争议案件中，因用人单位做出开除、除名、辞退、解除劳动合同、减少劳动报酬、计算劳动者工作年限等决定的，由用人单位负举证责任。故加班时间的证据应由用人单位举证，否则用人单位将承担举证不能的不利后果。但劳动者需要对加班的事实承担初步证明责任，如提供考勤表或相关记录。

99. 用人单位的规章制度能否作为审理的法律依据？

用人单位根据《劳动法》的规定，通过民主程序制定的规章制度，不违反国家法律、行政法规规定，并已向劳动者公示的，可以作为人民法院审理劳动争议案件的依据。

100. 以高薪代替社会保险是否合法？

用人单位和劳动者必须依法参加社会保险，缴纳社会保险费。为劳动者提供社会保险是用人单位的法定义务，不能以劳动者单方面的同意为由而免除，不能因为用人单位向劳动者支付了高工资而不再为劳动者提供社会保险。

101. 讨要工资如何举证？

当同一用人单位侵犯本单位数个甚至所有劳动者的合法权益时，所有权利受侵犯的劳动者团结起来与单位抗争，无论是和解还是通过劳动仲裁、诉讼保护自己的权利，都比孤军奋战更有希望，更有可能拿出更多的、更全面的证据。对于用人单位拖欠工资的行为，劳动者应该注意全面主张自己的权利，除了要回被拖欠的工资，还可以依法主张经济补偿金。

102. 农民工讨要工资如何才能有理有据？

农民工在遇到工资被拖欠时，可以依《建设领域农民工工资支付管理暂行办法》规定主张自己的权利。在选择讨要工资的对象时，如果工程的业主、总承包方根据该规定负有支付工资的义务，尽量选择企业、公司作为讨要对象，而不要一味找包工头，因为单位更有实力支付工资。依据《劳动监察条例》，农民工也可以通过向劳动监察部门举报的方式维权。

103. 农民工追究发包方责任如何举证？

农民工在发生工伤或被拖欠工资时，如果发现雇主是非法用工主体，可以将该工程的发包人、分包人以及直接雇主列为共同被告，向人民法院提起诉讼。发包人、分包人如果以不知道直接雇主是非法用工主体抗辩，则依据"谁主张、谁举证"的证据规则由其承担举证责任，一旦不能证明，就应承担举证不能的责任。

104. 劳动者在平时的工作中应注意保留哪些有关证据？

劳动者通过劳动保障监察、劳动争议仲裁、行政复议等法律途径维护自身合法权益，或者申请工伤认定、职业病诊断与鉴定等，都需要提供证明自己主张或案件事实的证据。如果劳动者不能提供有关证据，可能会影响自身权益。因此，劳动者在平时的工作中，应该注意保留有关证据。主要的证据包括：

（1）来源于用人单位的证据，如与用人单位签订的劳动合同或者与用人单位存在事实劳动关系的证明材料、工作证、工资卡、工资单、用人单位签订劳动合同时收取押金等的收条、用人单位解除或终止劳动关系通知书、出勤记录等；

（2）来源于其他主体的证据，如职业中介机构的收费单据；

（3）来源于有关社会机构的证据，如发生工伤或职业病后的医疗诊断证明或者职业病诊断证明书、职业病诊断鉴定书、向劳动保障行政部门寄出举报材料等的邮局回执；

（4）来源于劳动保障部门的证据，如劳动保障部门告知投诉受理结果或查处结果的通知书等。

105. 劳动者通过法律途径维护自身权益要注意哪些法律规定的时限？

劳动者通过劳动争议仲裁、行政复议等法律途径维护自身合法权益，或者申请工伤认定、职业病诊断与鉴定等，一定要注意在法定的时限内提出申请。如果超过了法定时限，有关申请可能不会被受理，致使自身权益难以得到保护。主要的时限包括：

（1）申请劳动争议仲裁的，应当在劳动争议发生之日（即当事人知道或应当知道其权利被侵害之日）起1年内向劳动争议仲裁委员会申请仲裁；

（2）对劳动争议仲裁裁决不服，提起诉讼的，应当自收到仲裁裁决书之日起15日内，向人民法院提起诉讼；

（3）申请行政复议的，应当自知道该具体行政行为之日起60日内提出行政复议申请；

（4）对行政复议决定不服，提起行政诉讼的，应当自收到行政复议决定书之日起15日内，向人民法院提起行政诉讼；

（5）直接向人民法院提起行政诉讼的，应当在知道做出具体行政行为之日起3个月内提出，法律另有规定的除外。因不可抗力或者其他特殊情况耽误法定期限的，在障碍消除后的10日内，可以申请延长期限，由人民法院决定；

（6）申请工伤认定的，所在单位应当自事故伤害发生之日或者职工做出被诊断、鉴定为职业病之日起30日内，向统筹地区劳动保障行政部门提出工伤认定申请。遇有特殊情况，经报劳动保障行政部门同意，申请时限可以适当延长。用人单位未按前款规定提出工伤认定申请的，工伤职工或者其直系亲属、工会组织在事故伤害发生之日或者被诊断、鉴定为职业病之日起1年内，可以直接向用人单位所在地统筹地区劳动保障行政部门提出工伤认定申请。

第七章 以案说法

1. "马拉松式"赔偿

——记束某某工伤赔偿案

【导读】

山东汶上县人束某某在济南某餐饮有限公司打工，在用压面机碾压饺子皮时，因操作不慎，左手被卷进了压面机。住院6天后，餐饮公司派人到医院，要求束某某出院并威胁说，如果不出院，公司不再承担任何费用，工资也停止发放。

举目无亲的束某某夫妇，在综合考虑自己的经济现状后，决定办理出院手续。住院期间公司垫付了1000元的医药费，余额未付。但在后期治疗过程中，餐饮公司不仅没有如其所承诺的那样，为束某某支付医药费，还将她辞退。无奈之下，束某某到山东省农民工维权工作站申请法律援助。在援助律师的帮助下，束某某经历了两次工伤认定、两次行政复议、两次行政诉讼、一次劳动能力鉴定、一次劳动仲裁、两次民事诉讼、一次执行程序。最终，在束某某就赔偿金额做出重大让步的情况下，双方才达成和解协议。该案是山东省农民工维权工作站成立以来办理的比较典型的工伤赔偿案件。

【案件回顾】

●打工受伤致残，老板蛮横无理

45岁的束某某是山东汶上县人，其与丈夫路某某育有两个女儿，一个是在校学生，一个刚从学校毕业没有工作。束某某的公公、婆婆都是年过八旬的老人，均患有喉癌，整日与药相伴。

2008年，束某某全家来到济南打工。丈夫路某某在济南市第二十中学找了份保安的工作，平日还兼职学校的锅炉工和电工，月收入 700 元左右。而束某某则在一份报纸上看到了济南某餐饮有限公司（以下简称"餐饮公司"）发布的一条招聘广告，便于 2008 年 5 月 23 日应聘到该公司从事面点工作，月工资 760 元。经过一个月的试用后，餐饮公司决定正式录用束某某，于 2008 年 6 月 4 日让其缴纳 50 元的入店押金，并出具了加盖公司公章的收条。但双方未签订劳动合同，用人单位也未为其缴纳社会保险金。虽说夫妇二人工作辛苦，但日子过得倒也安逸。

2008 年 7 月 2 日中午时分，炎炎烈日蒸烤着整座城市。而此时的束某某正在潮湿闷热的地下室工作。当她用压面机碾压饺子皮时，突然她的左手被卷进了压面机，顿时血肉模糊、白骨外露，无名指骨折。离她大约两米远的工友马某某、李某及厨师长刘某某见状赶紧将其送往齐鲁医院抢救。因皮肤裂伤、指骨骨折及屈指肌腱损伤，医院确诊束某某所受伤为左手指挤压伤。主治医生建议对束某某立即进行中型手术，并办理住院手续。手术后，为尽快恢复左手功能，医生建议束某某住院 10 天，并做进一步观察。但 6 天后，餐饮公司派人到医院，要求束某某出院。束某某夫妇当然不愿意，但公司人员威胁说，如果她不出院，以后花的每一分钱公司都不会报销，工资也不会发；如果她出院，不仅工资照发，还会继续给她治疗。举目无亲的束某某夫妇，在综合考虑自己的经济现状后，决定办理出院手续。住院期间公司垫付了 1000 元的医药费，余额未付。

出院后的束某某被公司安排到六楼的职工宿舍。宿舍周围人员较多，环境嘈杂，根本不适合养病。无奈之下，丈夫路某某将妻子接到住处悉心照料。2008 年 8 月 8 日，医生为束某某取出无名指的钢钉后，要求她抓紧做康复理疗，否则左手很可能因失去功能而导致残疾。当束某某向公司索要治疗费时，公司人员却以种种理由推脱。没有办法，夫妇二人只能等到 15 号发工资后再去做理疗。令他们没有想到的是，工资并没有如期汇到工资卡上。当束手无策的束某某夫妇再次找到公司时，得到的答复却是："难道我们还要养你们一辈子吗？以后手好了也不要来公司上班了，你被辞退了。"当初的承诺，公司已概不认账。公司的出尔反尔、蛮横无理，让束某某夫妇心灰意冷。

在数次的追索和争执后，2008 年 8 月 20 日，餐饮公司向束某某出示了一张收条,上面写着:"今收到医疗费(药费、赔偿费、补助费)壹仟元整(1000)。所有费用全部结清,以后出现任何问题与本店无任何关系。经协商双方不再追究任何责任、问题。"公司人员让束某某在该收条上签字。束某某夫妇开始并不愿意,但想想康复理疗不能再耽搁了,于是硬着头皮在上面签了字。

接受康复理疗后,束某某的左手指留下了三条长长的疤痕。食指、中指和小拇指还不能如正常人的手指一样弯曲。平日里,心疼儿媳的婆婆总是不自觉地拉着束某某的左手,帮她做些简单弯曲按摩,以便恢复得快些。束某某的手还需要二次手术治疗,可医药费着实让夫妇二人犯愁。思忖良久后,路某某再次来到餐饮公司,希望公司能就束某某所受伤害做些赔偿。财大气粗的公司负责人这次发了飙,冲着路某某喊:"钱已经给了,以后不会再给。你有多大本事你就去告。你去哪里告,我们都奉陪到底!"

● 工伤认定程序

在协商无果的情况下,2008年8月29日,束某某向济南市人力资源和社会保障局提出工伤认定申请,并提供了事实劳动关系证明、单位工商注册登记清单、病历、证人证言等证据。同年10月6日,市人力资源和社会保障局做出01号工伤认定书,根据《工伤保险条例》第3章第14条第1项之规定,认定束某某所受伤为工伤。

餐饮公司认为该份工伤认定存在程序违法、认定事实不清、证据不足等问题,于2008年12月3日向济南市人民政府提出行政复议。同年12月17日,济南市人民政府行政复议办公室通知束某某以第三人身份参加复议。2009年1月13日,济南市人力资源和社会保障局本着实事求是的原则,向餐饮公司和束某某发出撤销工伤认定通知书,撤销其先前做出的01号工伤认定书。一周后,束某某的丈夫路某某领取了该份通知书。2009年1月15日,餐饮公司撤回行政复议申请。

似乎案件刚刚开始就要结束。对法律知之甚少的束某某夫妇不知道为什么工伤认定会被撤销,更担心事情就这样不了了之。可事情远没有那么简单。2009年3月10日,济南市人力资源和社会保障局做出06号工伤认定书,再次认定束某某所受伤害构成工伤。

餐饮公司对该工伤认定不服，于 2009 年 5 月 6 日以济南市人力资源和社会保障局为被申请人，向济南市人民政府提起行政复议。因与涉案具体行政行为有利害关系，同年 6 月 2 日，束某某被通知以第三人身份参加行政复议。7 月 13 日，济南市人民政府经复议做出 28 号行政复议决定书，决定维持 06 号工伤认定书。

餐饮公司对上述行政复议决定书不服，于 2009 年 8 月 3 日向济南市市中区人民法院提起行政诉讼，请求撤销济南市人力资源和社会保障局做出的 06 号工伤认定书。同日，市中区法院受理了该起诉，并于同年 8 月 5 日向济南市人力资源和社会保障局送达了起诉书副本和应诉通知书等法律文书。因本案与束某某有利害关系，市中区法院于 8 月 3 日向束某某送达了参加诉讼通知书。8 月 11 日，被告济南市人力资源和社会保障局做出答辩，就其在认定事实清楚、证据充分确凿、适用法律正确、内容适当、主体适格、程序合法等方面做出答辩。8 月 21 日上午 9 时，济南市市中区人民法院在该院第十六审判庭公开开庭审理本案。9 月 21 日法院做出行政判决书，驳回餐饮公司的诉讼请求。

餐饮公司依然不服，于 2009 年 10 月 9 日上诉至济南市中级人民法院。同年 10 月 19 日济南市人力资源和社会保障局答辩。11 月 25 日，济南市中级人民法院公开开庭审理本案。12 月 18 日，济南市中级人民法院做出行政判决书，维持一审判决。

从 2008 年 8 月 29 日束某某提出工伤认定申请，到 2009 年 12 月 29 日援助律师代其领取判决书，经过了两次工伤认定、两次行政复议、两次行政诉讼，花费了整整 16 个月的时间，工伤认定才最终确定。

●援助律师在工伤认定阶段办案的感受

"俺们不愿意打官司，官司哪有那么好打的？"束某某摸着自己受伤的左手说。可是餐饮公司负责人的骄横跋扈逼得他们没了办法，只能选择用法律保护自己。打官司是没有那么简单。丈夫路某某打听了数家律师事务所，光是法律咨询费就得 100 元，而高昂的律师代理费更是让他们望而却步。可他们对法律程序不懂，人家打一次官司就结束了，他们怎么就来来回回打了那么多次啊?! 他们很想找个懂法律的人帮帮他们。

2009年6月15日，经亲戚介绍，束某某夫妇找到了山东省农民工维权工作站。在听完他们的讲述后，维权站刘主任当即决定给他们办理法律援助手续，为他们提供免费的法律服务。

刘主任、李律师仔细地梳理了本案的证据。能证实双方存在事实劳动关系及当事人所受伤害为工伤的证据较充分：（1）对方当事人出具的加盖单位公章的押金收条；（2）对方为当事人出具的工资卡；（3）当事人在齐鲁医院救治的医疗费由对方缴纳，病历上记载的当事人工作单位是对方，手术协议书签字者是当事人的工友；（4）工友马某某、李某的证人证言。以上证据足以证明争议双方存在事实劳动关系，束某某所受伤害属工伤。

但对方对上述证据视而不见。在两次行政复议中，对方代理人均认为工伤认定错误，理由是：（1）根据《工伤保险条例》第19条第2款的规定："职工或其直系亲属认定是工伤的，用人单位不认为是工伤的，由用人单位承担举证责任。"由此得出，用人单位享有知情权和举证反驳权。但济南市人力资源和社会保障局在没有通知餐饮公司的情况下即做出工伤认定，剥夺了其权利，属于明显的程序违法。（2）没有证据证明束某某是其公司职工，与其公司存在劳动关系或事实劳动关系，亦没有任何证据证明束某某所受伤为工伤。

在本案进行到行政诉讼阶段，援助律师曾于2009年8月14日到济南市工伤认定处调取对方当事人在工伤认定阶段提交的证据。在与济南市人力资源和社会保障局的工作人员交流后，感觉对方对本案非常没有自信。后来在庭审中才知道，就在援助律师去调查的前一天上午，有两个不明身份的人，到档案室以查看该案档案为名，将档案室的工作人员打倒，并将案件中用人单位提供的《关于束某某挤伤手申辩意见及相关证据的说明》、《餐饮公司面点岗位职责及操作规则》、齐鲁医院住院病人费用明细清单、束某某书写的收条等原始证据全部抢走。更没有想到的是，该局出于对档案工作人员的保护，竟没有报案。因此，援助律师只能从工伤认定处复印材料。更有甚者，为了说明束某某不是其职工，餐饮公司在庭审中谎称束某某是回收公司剩余饭菜的人，而她所交的50元押金是卫生押金，保证在收剩余饭菜时不破坏公司卫生。

为了逃避责任，对方当事人不惜触犯法律，毁灭证据。面对这种情况，援助律师曾设想过，假如在一审行政诉讼中败诉，应该为束某某维权采取的种种法律措施。庆幸的是，一审法院最终维持了对束某某的工伤认定。这让援助律师在舒了一口气的同时，感受到为农民工维权之难。

● 劳动能力鉴定程序

在第一份工伤认定做出之后，束某某就向济南市劳动能力鉴定委员会提出了鉴定申请。2008年11月3日，经该委员会鉴定，确认束某某属8级伤残，无生活自理障碍。此鉴定结论做出后，餐饮公司通过特快专递的形式，于同年11月20日申请再次鉴定。因申请缺少材料，未缴纳鉴定费用，济南市劳动能力鉴定委员会于11月24日发出补正材料通知书。但直到2009年5月13日，餐饮公司都没有补充材料和缴纳费用。

在劳动能力鉴定阶段，束某某花费时间较少。虽然对方当事人一度想拖延办案时间，但最终未果。这算是全部赔偿程序中用时最短、争议最少的阶段。

● 待遇索赔程序

因餐饮公司一直未支付束某某8级伤残工伤待遇、工资、双倍工资及经济补偿，未报销鉴定费，未返还押金，未出具解除劳动关系证明书及办理解除劳动关系相关手续，束某某于2009年5月14日向济南市历下区劳动人事争议仲裁委员会申请仲裁。该委员会于2009年6月16日做出裁决书，裁决餐饮公司向束某某返还押金50元，支付住院伙食补助费115元，报销医疗费85元，支付2008年7月2日至7日期间工资210元，报销鉴定费250元，支付一次性伤残补助金7600元、一次性工伤医疗补助金30716元、一次性伤残就业补助金43880元；为束某某出具解除劳动关系证明书，并支付解除劳动关系经济补偿金800元，停工留薪期间工资2280元，未签订劳动合同双倍工资2660元。3天后，路某某领取了该份裁决书。

如在工伤认定程序中所采用的诉讼策略一样，餐饮公司对仲裁裁决不服，于2009年7月8日起诉至济南市历下区人民法院。同年7月13日，束某某收到应诉通知书。两日后，路某某找到山东省农民工维权工作站，再次申请办理法律援助手续。

2009 年 7 月 30 日，历下区法院公开开庭审理本案。庭审中，餐饮公司以 06 号工伤认定书尚未生效，已向济南市市中区法院提出行政诉讼为由，请求判令不支付一次性伤残补助金、一次性工伤医疗补助金、一次性伤残就业补助金等费用。鉴于本案须以工伤认定生效为基础，法院决定中止审理。

2010 年 3 月 20 日，济南市历下区人民法院做出民事判决书，判决餐饮公司向束某某支付住院伙食补助费 84 元，报销医疗费 85 元，2008 年 7 月 2 日至 7 日期间工资 210 元，停工留薪期间工资 2280 元，一次性伤残补助金 7600 元，一次性工伤医疗补助金 30702 元，一次性伤残就业补助金 43860 元，报销鉴定费 250 元，支付经济补偿金 760 元，未签订劳动合同双倍工资 2660 元，返还押金 50 元，为束某某出具解除劳动关系证明书。同年 4 月 16 日，援助律师到历下区法院领取判决书。

从 2009 年 7 月 8 日对方起诉至 2010 年 4 月 16 日援助律师领取判决书，因中间掺夹着针对工伤认定的行政诉讼程序，民事一审程序持续的时间较长。在此期间，对方曾威胁当事人。对此，援助律师意识到束某某最终获得赔偿还有很长的路要走，同时提醒他们夫妇要注意人身安全，避免对方打击报复。

2010 年 4 月 22 日，餐饮公司不服一审民事判决，上诉至济南市中级人民法院。山东省农民工维权工作站继续为束某某办理了法律援助手续。同年 7 月 20 日，援助律师与路某某到济南市中院开庭，对方缺席。8 月 9 日，中院再次开庭，对方当事人再次缺席。一个月后，济南市中级人民法院做出民事裁定书，以上诉方无正当理由拒不到庭为由，裁定本案按撤诉处理。10 月 15 日，援助律师领取该裁定书。

从 2010 年 4 月 22 日到 2010 年 10 月 15 日，看似简单的民事二审程序，又花费了束某某近 6 个月的时间。虽然对方当事人一再缺席庭审，但法律做出的制度安排，并没有减轻束某某及援助律师在该诉讼阶段的时间和精力消耗。

本案经过两次工伤认定、两次行政复议、一次劳动能力鉴定、两次行政诉讼、一次劳动仲裁、两次民事诉讼，终于尘埃落定，创造了山东省农民维权工作站建站以来工伤赔偿的纪录。但至此，束某某的工伤赔偿也只是有了确定的数字和法律依据，至于束某某能否最终拿到这笔工伤赔偿款，考虑到民事二审中对方当事人没有出庭，让这场"马拉松式"的工伤赔偿变得迷雾重重。

● 执行程序

执行程序束某某走得格外艰难。为了逃避责任，餐饮公司负责人可谓是煞费苦心，使出浑身解数与束某某周旋。

2010 年 11 月 17 日，山东省农民工维权工作站就执行程序为束某某办理了法律援助手续。同年 11 月 22 日，援助律师到历下区人民法院找主办法官为生效判决书签字，并提交申请执行书。

2011 年 1 月 10 日，历下区人民法院向束某某下达了提供被执行人财产状况通知书。一周后，援助律师到济南市工商行政管理局调查餐饮公司原始档案。

在法官多次通知执行未果的情况下，1 月 21 日法官决定对餐饮公司采取强制执行措施。可当打开餐饮公司大门时，发现里面只有一些冰箱、空调、不锈钢餐具等财产，公司已停业数日。查封后，援助律师和当事人多次联系办案法官，希望能尽快执行。但法官称，临近年关，事务较多，建议过完年再执行。在表示理解后，束某某等到了 2011 年的春天。

2011 年 3 月 4 日，援助律师到法院与主办法官交流，申请评估、拍卖查封的财产，初步估计了被查封的财产价值在二三万。若是再对这些财产进行评估、拍卖，束某某需要先交二三万的评估费，这样算下来，当事人最终可能连 1 万块钱的赔偿都得不到。与当事人协商后，援助律师决定再到工商局调查餐饮公司出资情况。

援助律师先后两次到工商局调查发现，2006 年 5 月，餐饮公司注册资本由原来的 100 万，变更为 300 万，其中梁某持股 60%，其丈夫曾某持股 40%。2009 年 7 月，原法定代表人梁某将所持股份全部转让给新法定代表人曾某某，相应股东也发生变化。另外，梁某和曾某某达成协议，约定梁某在餐饮公司的权利、义务由曾某某享有和继承。2009 年 11 月，曾某某将所持的 60% 股权转让给刘某；曾某将所持的 40% 股权转让给赵某。至此，餐饮公司与梁某夫妇不再存在任何关系。

在工商局调取的材料中，援助律师获得了餐饮公司的银行账号。2011 年 3 月 26 日，在援助律师的建议下，束某某申请法官到银行调查餐饮公司增资 200 万元的情况。根据法院从银行调取的材料，餐饮公司在 2006 年 5 月 16 日增资 200 万，但三天后就将这笔款项转账出去，存在抽逃资金的问题。

鉴于梁某及其丈夫曾某是餐饮公司的发起人，并在增加公司注册资金时存在抽逃资金的行为，2011 年 6 月 23 日，束某某申请追加梁某和曾某为被执行人，请求两人承担连带赔偿责任。因没有曾某的具体地址，法院无法向其送达法律文书。为此，援助律师到济南市房管局调查了曾某的房屋登记情况，发现有三套房屋登记在曾某名下。在法院向曾某送达法律文书时，曾某又称其已与梁某离婚，和本案没有关系。

2011 年 7 月 7 日，就援助律师在执行过程中调取的证据，法院组织当事人进行证据质证。质证过程中，曾某及其代理人辩称转资行为是为了进行投资，但没向法院提交证据。7 月 25 日，主办法官组织双方进行调解，但因赔偿数额悬殊没能达成一致意见。援助律师坚决主张，梁某、曾某对本案应承担连带责任，申请法院对曾某的房产进行强制执行。

在援助律师的层层推进下，对方当事人终于黔驴技穷，彻底认错，主动提出和解。对方代理人甚至找到了在济南第二十中学工作的路某某，并通过该学校的校长和老师给路某某做工作，希望能以 30000 元钱达成协议。路某某认为整个诉讼过程对方一直不承认自己的错误，没有真诚地向他们道歉，不同意和解。这时，对方代理人又找到束某某。束某某认为法院判决的是 89000 元，只要对方认错了，可以和解，但对方提出的 30000 元太少。没有办法，对方代理人又多次联系援助律师，希望能以 30000 元达成和解。面对对方提出的赔偿数额，援助律师认为太少，多次联系束某某征求她的意见。束某某坚持赔偿 50000 元，而对方则希望只赔偿 30000 元。作为束某某的代理人，援助律师当然要维护当事人的利益。最后，援助律师给束某某出了个主意，让她和援助律师演段"双簧"，坚决主张赔偿 50000 元。2011 年 8 月 20 日，在束某某租住的不到 15 平方米的小房间里，双方最终达成和解协议，餐饮公司赔偿束某某 48000 元整，双方再无其他纠纷。

在整个执行程序中，对方当事人为躲避执行，采取两次变更股东，将重大财产转移，关门不营业等手段，但援助律师两次到工商局调查对方当事人的原始档案，对其注册资金变更、股东变更、法定代表人变更事宜调查清楚，及时申请法院对其变更注册资金时有无抽逃资金情况进行调查，在发现其存在抽逃资金事宜后，又及时追加原始股东为被执行人，到房管局调查了原始股东的3套住房，并申请法院对房产进行查封。在援助律师的不懈努力、逐步追诉下，对方当事人主动提出和解。最终，束某某做出重大让步，同意只赔偿48000元，这是援助律师不能左右的，当事人有权处置自己的权利，也应当尊重当事人的权利。

【法律分析】

一、农民工维权成本高

束某某工伤赔偿案件是山东省农民工维权工作站成立以来办理的比较典型的工伤赔偿案件。从2008年7月2日工伤事故发生到2011年8月20日双方达成和解协议，耗费4年多的时间，历经两次工伤认定、两次行政复议、两次行政诉讼、一次劳动能力鉴定、一次劳动仲裁、两次民事诉讼、一次执行程序，最终在束某某就赔偿金额做出重大让步的情况下，双方才达成和解协议。

就案件本身而言，能够确认双方存在事实劳动关系，以及束某某所受伤害为工伤的证据是比较明显的。而本案之所以经历如此之多的程序，主要是因为对方当事人想借法律程序耗费束某某的精力和时间。

本案折射出农民工维权成本高的两个主要原因：一是法律规定复杂；二是对方当事人不予配合。

针对工伤事故赔偿，法律规定了工伤认定、劳动能力鉴定、劳动仲裁、民事诉讼等程序。当然，在工伤认定中可能出现行政复议、行政诉讼等程序。从法律设计的初衷来看，立法者试图设计出一套近乎完美的程序来保护当事人双方，而正是这种烦琐的法律规定不仅没有有效地保护当事人，还为某些当事人逃避法律责任提供了挡箭牌。本来进城务工的农民文化程度就不高，对法律知识了解得不多，再加上因工伤导致的身体残疾需要治疗，很多时候农民工往往做出一种委曲求全的选择。即便是在本案中，束某某在援助律师的帮助下走完了整个诉讼程序，但最终在赔偿金额上还是做出了重大让步。

工伤事故发生后，农民工面对的责任主体大多数是单位。在建筑工程案件中甚至有时会面对数个责任主体。单位在社会资源的占有上较个人一般处于优势地位，这就使得在处理工伤事故时，农民工往往处于弱势地位。这样无论是通过法律程序还是双方私了，农民工的利益都很难得到完全的保护。在本案中，对方代理人不惜触犯法律毁灭证据，就是在其主动提出和解的情况下，还找来了路某某所在单位的领导给其做工作，争取少赔偿。可见，农民工维权之难！

换一个角度，农民工维权成本高不仅体现在农民工本身所消耗的成本，更体现在对方当事人及司法机关为此所消耗的成本。拿本案来说，对方当事人为了逃避责任请来代理人为其提供全程法律服务，需要支付各个阶段的律师费。当事人停止营业、变更法定代表人、转移股权、抽逃注册资本、离婚等行为本身就是一种社会资源的损耗。此外，对方代理人在找社会关系通过非正常途径解决本案时，也会有一些不言自明的花费。而政府部门和法院为本案的解决也需要支付一些物力和人力，这本身也在占用稀缺的行政和司法资源。因此，笔者建议，我国立法机关有必要对工伤赔偿程序做修改。

二、在处理工伤赔偿案件中，能否主张解除劳动关系，要求经济补偿？

在本案中，束某某获得的赔偿项目比较全面，不仅包括一次性伤残补助金、一次性工伤医疗补助金、一次性伤残就业补助金等费用，还包括解除劳动关系的经济补偿金、双倍工资。这也是山东省农民工维权工作站成立以来办理工伤赔偿案件获得赔偿最全面的一个案件。在工伤事故发生后，当事人是否可以分别基于工伤事故和劳动关系解除同时向对方当事人主张工伤待遇和经济补偿呢？法律没有具体的规定，而实践中的做法不一。

工伤保险赔偿的属性之一是社会保障性。工伤保险是用人单位承担劳动关系中法定的安全注意义务的必然结果。现代社会的工伤保险赔偿制度是对雇主过失责任的补充和完善。作为社会发展选择的结果，对工伤事故责任的处理首先应当强调其社会保障属性，让受伤职工能够"伤有所养、死有所赔、遗有所慰"，使受伤职工及其亲属及时得到妥善的救治和救济。

关于经济补偿金的性质，"因其补偿项目的不同，分别具有补贴、制裁和法律制约的性质"。我国《劳动合同法》设立经济补偿金的初衷在于尽量维护一种稳定的劳动关系。一旦出现解除劳动合同的情形，能给予劳动者一定的经济补偿。出现《劳动合同法》第 38 条规定的情形，导致劳动关系解除时，对企业而言，经济补偿金则具有制裁性。

可见，工伤保险赔偿和经济补偿是基于不同的法律事实而产生的两种不同的法律关系。从诉讼的角度讲，一个法律关系只能导致一个诉讼。因此，法院在处理工伤保险赔偿时，不应受理解除劳动合同、支付经济补偿的诉讼请求。但实践中，一旦工伤事故发生，劳动者和用人单位大多数情况下都不愿意再维持劳动关系，从而使得诉讼发生后劳动关系解除成为常态。若是在工伤事故处理完后，再进行基于解除劳动关系的诉讼，这不仅会增加劳动者的负担，而且也不符合我国诉讼法的便民原则。因此，会出现在处理工伤保险赔偿时，同时对解除劳动合同、支付经济补偿金一并处理的情形。从保护劳动者的角度讲，这样的诉讼请求和处理结果也有利于实现当事人利益的最大化。

2. 打虎故里伸正义

——记宓某某工伤赔偿案

【导读】

2007 年 3 月 7 日，经本村村民张某某介绍，宓某某到阳谷县某机械厂液压车间从事液压工作。2007 年 12 月 20 日下午，宓某某在操作液压机时，被液压机压掉右手整个手掌。之后，某机械厂将宓某某送往聊城市中医医院住院治疗 44 天。宓某某受伤后，某机械厂支付了医疗费，但再也没有支付其他费用。此后，宓某某多次就赔偿事宜与厂方协商，均被拒绝，后到山东省农民工维权工作站申请法律援助。最终，在援助律师的帮助下，某机械厂一次性支付宓某某各项赔偿共计 84000 元。

【案件回顾】

●工作期间受伤，与厂方协商无果

2007 年 3 月 7 日，山东省阳谷县闫楼镇某村村民宓某某，经本村村民张某某介绍到当地的某机械厂工作。张某某是班长，平时宓某某都是听他指挥，干什么活，什么时间干，都没个固定的安排。跟大部分进厂务工的农民一样，只要按时发工资，老板让干啥，宓某某就干啥，人家说什么时候干，他就什么时候干。在他的思想意识里，没有劳动合同，没有各种保险，也没关系，他想的只是踏踏实实工作，老板到时候按时给工资就行。虽然一个月只有1000元的工资，但宓某某心想，能在家门口找份工作，总好过背井离乡到外地打工。再说1000块钱在当地也算是不少了。就这样，宓某某在厂里安心地工作，直到那场不幸的悄然来临。

2007年12月20日13：30分左右，宓某某一如既往地操作着那台笨重的液压机。由于电机老化，电钮经常失灵。当完成一个工序后，他试图关掉电钮，哪知那电钮竟失去控制，他的右手被液压机砸在机床上，其中四个手指被压掉，拇指压掉两节，整个手掌糜烂不堪，血流不止，疼痛难耐。同车间的工友们都慌了，张某某、张某、玄某某等人赶紧过来帮忙抢救。厂长刘某某的二儿子刘某见状赶紧给他爹打了电话，说是厂里又出事了。随后，刘某等人一起将宓某某送往阳谷县第三人民医院。因伤势严重，阳谷县第三人民医院在做了简单的消毒和包扎后，建议送往聊城市医院救助。此时，大家已经意识到事情的严重性，赶忙将宓某某转到聊城市中医医院治疗。

因右手掌组织破碎，掌骨基底脱位，聊城市中医医院诊断宓某某为右手毁损伤，决定将其右手整体切除。在医院住院治疗44天后，宓某某出了院。住院期间所花的医疗费，由某机械厂全部承担。

飞来的横祸打破了往日的平静。大病初愈的宓某某每每想起自己的右手，总是暗自伤心。他觉得自己不值，为厂里卖命工作，失去了右手，而厂里仅仅给个医药费，他要为自己讨个说法。他找到村委会主任吴某某和村委会委员齐某某，多次到某机械厂协商赔偿事宜。刚开始厂里人态度蛮横，以种种理由推卸责任，后来终于同意赔偿，但只愿意出3000元，并说其他村里人出事最多赔3000元，给他的钱不可能超过这个数。一只手啊，就值3000元！宓某某想不明白。于是，他和村委会主任、村委会委员等人多次到当地劳动局劳动监察大队、工伤认定科投诉，这些部门不仅没有答复，还告知宓某某，这些企业是他们的衣食父母。承办人员的蛮横指责和行政不作为让宓某某走投无路。

●申请法律援助

失去右手的宓某某没有再找新的工作。因为自家小院前是片水洼地，旁边还有一片郁郁葱葱的小树林，非常适合养些家禽。于是，他便琢磨着养些鸭子，自己干点营生也能减轻家里的负担。这天，宓某某像往常一样在池塘边赶着鸭子，突然一个老汉在远处喊："咱这下有救了。那天我看电视，有个叫山东省农民工维权工作站的地方，可以帮咱打官司，还不要钱，你看我把电话都记下了……"

第一次见到宓某某是 2008 年 3 月 19 日。听完他的遭遇后，援助律师意识到这个案子有些难度。首先，宓某某没有与用工单位签订劳动合同，能证明双方存在事实劳动关系的直接证据只有张某某的证人证言，间接证据是村委会主任吴某某、村委会委员齐某某、村民玄某某的证人证言，而这些证据的证明力较差，从而导致工伤认定难度较大。其次，当事人与村委会成员到厂里多次协商，均不能达成一致意见，协商解决该事的可能性极其渺茫。最后，当事人向劳动行政部门投诉，不仅没有得到答复，反遭无理指责，行政部门的不作为无疑增加了解决该事的难度。说话间，宓某某把他那用棉花层层包裹的右手腕给律师看了看。因为神经末端坏死，不畅通，他的手腕处已形成一个硕大的肉瘤，稍不注意就会感染。看后不禁让人心疼。工作站律师对他说："只要是符合我们工作站法律援助条件的案子，我们都接。"话音还未落，宓某某的眼泪已夺眶而出。在这乍暖还寒的春天，这位朴实的农村老汉已感受到春的温暖。

整理本案的办案思路，关键在于寻找证据，证实双方存在事实劳动关系。尽管对方当事人不予配合，但从实现当事人利益最大化角度，本案最好能以协商方式解决。明确了办案思路后，援助律师决定去趟阳谷。

●援助律师赴阳谷调查取证

2008 年 5 月 19 日上午，在当事人的陪同下，工作站两名援助律师一起来到某机械厂。结果，对方当事人先给援助律师吃了个"闭门羹"。虽然大门紧锁，但可以清晰听到院内有人讲话。任援助律师如何叫门，始终不见有人开门。既然这样，援助律师决定去阳谷县人力资源和社会保障局举报。

相关领导热情地接待了援助律师。在得知来意后，相关领导立即协调工伤认定科和劳动监察大队组成联合办案小组，赴对方当事人处调查。然而到某机械厂时，大门依然紧闭。经协商，工厂负责人答应下午接受调查。

下午，援助律师与人力资源和社会保障局的联合办案小组一起进入某机械厂调查取证。律师表明了对案件的观点，同时对工厂负责人的谈话进行录音、记录，配合办案小组人员对工厂负责人进行劳动教育。此次调查取证，对方当事人亲口承认宓某某是其员工，且是在工作时受伤。这样就证明了双方存在事实上的劳动关系，即达到了取证的目的。同时，援助律师也摸清了对方不予赔偿的借口：不在工作时间（中午休息时间），受伤时所从事的工作不属于其工作范围。

当天，在当地村委会办公室，援助律师分别对村民张某某、村委会主任吴某某、村委会委员齐某某进行调查取证。

在调查中律师发现，某机械厂经常发生类似的工伤事故。

当天晚上回到宾馆，援助律师赶紧整理已经调取的涉案证据，连夜拟定工伤认定申请书，次日便向工伤认定科提交。因为这次调查取证比较顺利，所以宓某某被认定为工伤的可能性较大。为了节省办案时间和经费，援助律师同时拟定了劳动能力鉴定申请书，交予当事人，以便其在工伤认定结论出来后提交。

●工伤认定、劳动能力鉴定、劳动仲裁

2008年9月16日，阳谷县工伤认定科电话通知援助律师领取工伤认定结论通知书。在得知已经确认宓某某为因工受伤后，援助律师赶紧安排当事人去领取，同时提醒当事人提交劳动能力鉴定申请。几天后，宓某某打电话告诉律师，在提交劳动能力鉴定申请时，工作人员告诉他，现在工伤认定还没有生效，还得再等60天。放下电话，援助律师当即与阳谷县工伤认定科、聊城市劳动能力鉴定委员会电话交涉。援助律师认为，工伤认定和劳动能力鉴定属于两个不同程序，既然工伤认定结论已经出来，劳动能力鉴定委员会就应当受理当事人提交的申请。若是对方当事人提出行政复议，劳动能力鉴定程序中止即可。而工作人员执意认为，只有工伤认定结论生效后才能受理劳动能力鉴定申请，所以必须等 60 天后才能受理。在多次交涉无果的情况下，援助律师只能和当事人一起等待。

转眼两个月过去了，援助律师打电话联系宓某某，催促他申请劳动能力鉴定。等当事人拿到劳动能力鉴定结论通知书已经是 2009 年 1 月 16 日。鉴定结论为劳动功能障碍程度五级。考虑到临近过年，援助律师建议当事人年后再提起仲裁申请。宓某某欣然地答应了。

2009 年 3 月 5 日，援助律师向阳谷县劳动人事争议仲裁委员会提出仲裁申请，请求解除劳动关系并支付经济补偿金 2000 元；请求某机械厂支付宓某某一次性伤残补助金 16000 元，一次性医疗补助金 27520 元，一次性伤残就业补助金 48160 元，停工留薪期工资 15000 元，住院伙食补助费 1260 元，交通费 428 元，未签订合同 2 倍工资 12000 元，共计 122368 元。5 天后，阳谷县劳动争议仲裁委员会给宓某某下达了案件受理通知书，并确定 3 月 27 日 9 时开庭审理本案。

庭审中，对方代理人认为，宓某某所受伤害不属于工伤，理由是"该伤系本人违法加班造成，与单位无关"。另外，他们主张，宓某某在厂里负责电焊工作，而其擅自操作液压机，不慎导致伤残。对于援助律师提交的工伤认定结论通知书，对方代理人则认为，不知道宓某某已经申请工伤认定，也没有得到通知，而且没有收到工伤认定结论，客观上剥夺了其提起行政复议或行政诉讼的权利，属于程序违法，因此工伤认定结论通知书不具有法律效力。对于劳动能力鉴定结论通知书，对方代理人同样以不知道、没收到辩驳。此外，对于援助律师请求解除事实劳动关系，支付经济补偿金 2000 元的诉请，对方代理人认为，不属于同一法律关系，不是本案受理范围。

庭审中，证人张某某出庭作证，证明争议双方存在事实劳动关系。

面对对方代理人的辩驳，援助律师不卑不亢，据理力争。首先，根据张某某的证人证言，宓某某没有具体的工作时间和工作任务，都是听从值班班长安排。其次，对于工伤认定结论通知书和劳动能力鉴定结论通知书，宓某某没有义务通知对方，是在认定书发生法律效力后才申请劳动能力鉴定的。自 2008 年 9 月 16 日工伤科做出工伤认定，到 2009 年 3 月 27 日仲裁庭开庭审理本案，已过 6 个月，早已超过 2 个月的复议期间，因此对方当事人丧失了提出行政复议的权利。再次，根据《工伤保险条例》及相关规定，在申请工伤待遇的同时，可以同时提出解除事实劳动关系请求，要求对方支付解除劳动合同补偿金。由于对方对工伤认定结论通知书提起行政复议，阳谷县劳动人事争议仲裁委员会做出中止本案审理的决定。

庭审后的次日，即 2009 年 3 月 28 日，某机械厂向阳谷县人民政府提起行政复议。时隔 2 日，宓某某收到行政复议申请受理通知书，其被列为第三人参加复议。依照法律程序，援助律师向阳谷县人民政府提交了行政复议答辩状，表明对本案的观点。

为了避免对方拖延办案时间，援助律师决定改变办案思路，尽最大努力以协商方式解决本案。

●援助律师多方努力协商，获得赔偿

2009 年 5 月中旬，援助律师再次来到阳谷。这次援助律师找到了阳谷县政府法制办相关负责人，表明希望尽量协商解决此事。2009 年 6 月 23 日，阳谷县劳动人事争议仲裁委员会组织宓某某、某机械厂调解。县政府亦派人参加。调解工作持续了整整一天。双方就赔偿金额始终不能达成一致意见。眼看到了下班时间，大家都口干舌燥、身心疲惫。坚持就是胜利，最后在多方的共同努力下，对方答应一次性支付现金 84000 元。就在仲裁委草拟调解书的时候，对方提出一下没有那么多钱，要求分两次支付。想想办理该案的诸多细节，援助律师坚决主张一次性付清。当天晚上 6 点，对方当事人终于把 84000 元钱筹齐。

【法律分析】

一、事实劳动关系的确定

一般而言，依据我国法律规定，因工作遭受事故伤害或患职业病产生的纠纷，须依次进行工伤认定、劳动能力鉴定，在此基础上给予工伤保险待遇。根据《工伤保险条例》第 18 条规定："提出工伤认定申请应当提交下列材料：（一）工伤认定申请表；（二）与用人单位存在劳动关系（包括事实劳动关系）的证明材料；（三）医疗诊断证明或者职业病诊断证明书（或者职业病诊断鉴定书）。……"因此，劳动关系的存在也就成了认定工伤的先决条件。

《劳动合同法》第 10 条规定："建立劳动关系，应当订立书面劳动合同。已建立劳动关系，未同时订立书面劳动合同的，应当自用工之日起一个月内订立书面劳动合同。用人单位与劳动者在用工前订立劳动合同的，劳动关系自用工之日起建立。"可见，劳动合同是证明劳动关系存在的主要证据。但实践中存在着大量没有签订劳动合同的情形，特别是农民工，这就需要寻找证据证明存在事实劳动关系。这也是办理农民工案件面临的普遍问题。

本案中，当事人没有与单位签订劳动合同，而证明双方存在事实劳动关系的证据证明力较差，导致工伤认定申请很难受理。本案办案律师通过向人力资源和社会保障局投诉的方式，取得了较为明确的证明事实劳动关系的证据，然后直接申请工伤认定。巧借他人之力取证，节约了办案时间。

二、工伤事故纠纷处理程序复杂，农民工维权成本较高

针对工伤事故纠纷，我国《劳动法》和《工伤保险条例》规定了不同于一般民事案件的处理程序。从法律程序上看，事故发生后，单位可以 30 天内提出工伤认定申请，工伤认定部门 60 天内做出工伤认定。对认定不服的可以 60 天内申请行政复议，复议单位 60 天内做出复议决定。对复议决定不服的，可以 15 天内提起行政诉讼，法院 3 个月内审结。而对行政诉讼不服的 15 天内有权上诉，法院 2 个月内审结。然后，用人单位或劳动者可以在 30 天内进行伤残等级鉴定和劳动能力鉴定，鉴定机关 60 天内做出鉴定结论。对鉴定结论不服的，可以在 15 天内申请复查。对复查结果不服的 15 天内可以向上一级鉴定委员会申请重新鉴定。我国现行法律法规对复查和重新鉴定的时间没有规定。接着，对赔偿金额有争议的，可以在 60 天内提出仲裁申请，仲裁机关 60 天内做出裁决；对裁决不服的，可以在 15 天内提起民事诉讼，法院 3 至 6 个月内审结。对一审判决不服的，可以在 15 天内提起上诉，法院 3 个月内审结。如果上述程序全部走完，大约需要 2 年的时间。本来就处于弱势地位的农民工没有时间和精力消耗在这烦琐的程序里。

根据北京市农民工法律援助工作站撰写的《农民工维权成本调查报告》得出的结论，"按目前的农民工维权体系，从劳动监察、劳动仲裁到诉讼，农民工要付出巨大的经济成本、时间成本。此外，为了处理农民工案件，国家还要付出包括劳动监察部门官员、仲裁员、法官等人工资在内的政府成本和

法律援助成本。一般情况下，讨薪 1000 元需要付出综合成本至少 3000 元，这还是保守的计算"。结合本案，用人单位的拖延滥讼，使当事人身心极度疲惫。自案发到调解完成，已过 1 年半的时间，当事人在阳谷、聊城之间跑了近 50 次。受伤的手时隐时痛，还需二次手术，农田中的庄稼荒芜了，年过八旬的父母还需照顾，当事人承受着巨大的精神压力。从程序上说，仅工伤认定的确认，用人单位可以再拖延 7 个月的时间（行政复议期间 2 个月、一审 3 个月、二审 2 个月，当然这还不包括可能延长的时间和各级办案单位之间拖延交付卷宗的时间）。如果劳动仲裁后，用人单位再继续滥讼，继续向法院提出起诉，一审后如果再上诉，等到案件的执行程序，当事人甚至可能已经家破人亡、精神崩溃了。笔者认为，这套办案程序有必要修改。

3. 维权获赔偿　开心回家过大年

——记熊某某工伤赔偿案

【导读】

熊某某于 2011 年初开始在山东庆云某金属制品厂从事炉前工工作。2011 年 9 月 9 日，熊某某因锅炉爆炸受伤，该伤经德州市人力资源和社会保障局认定属于工伤，经德州市劳动能力鉴定委员会鉴定为六级伤残。但对方欲支付当事人 2 万元钱，一次性解决工伤赔偿事宜，并解除劳动关系。熊某某因家庭困难，向山东省农民工维权工作站申请法律援助。因熊某某老家远在江西，援助律师受理案件后积极组织材料帮助其申请仲裁并努力进行调解，最终，在案件调解当日帮助当事人拿到 65000 元赔偿款。

【案件回顾】

● "旅游式"打工生活

熊某某于 1983 年 9 月出生在江西省高安市某村。初中毕业后，他没有继续读高中，而是跟随同村其他进城务工人员南下广州打工。在广州 4 年的打工经历，让他的思想发生了转变，也让他慢慢习惯了这种生活方式，他开始了时下比较潮的"旅游式"打工生活。从广东省出发，他先后辗转到浙江省、河北省、湖南省等地打工，从事过搬运工、电焊工、水泥工等多种工作。

2011年春节刚过，熊某某再次整装出发，踏上他崭新的打工旅途。2月28日，在同乡夏某某的介绍下，熊某某来到山东省德州市庆云某金属制品厂（以下简称"金属公司"）工作，并与单位签订了劳动合同。刚开始，熊某某被安排做打炉工。一个月后，他被调到三车间做炉前工。金属制造属于特殊行业，操作不慎不仅容易导致中频炉内产品质量不合格，更有甚者会发生炉内爆炸、沸腾等事故，对炉前工的安全生产和炉前操作人员的人身安全构成威胁。为此，金属公司制作了《冶炼工段炉前工操作规程》，对具体加料操作程序细节做出规定。按照操作规则的规定，熊某某、房某某、王某某、赵某某四人被分为一组，一人负责开液压导车，一人负责化验，两人负责钩铁，每天四人轮流分工合作。

熊某某和同事必须在每天早上7点赶到单位，然后每个车间厂长给他们开会，强调安全生产注意事项，要求工作期间必须佩戴安全帽，不能睡觉，更不允许酗酒。之后，熊某某会和其他工人一起，按照事前分工开始一天的工作。炉前工是一份危险的工作，假如倒入中频炉内的废料含有密封件，则极易发生锅炉爆炸事故，对此金属公司又安排专人，在废料被运往车间前，将掺杂在废料中的密封件剔除。

为了防止意外事故发生，金属公司分批多次组织操作人员到当地劳动部门培训。

熊某某也曾经参加过一次培训。虽然工作危险，但每月5000元到6000多元的工资待遇还是深深吸引着他。他计划着等攒够了钱，再换个其他的地方工作。

● 锅炉意外爆炸致残

时间到了2011年9月9日。初秋的太阳依然燥热，无情地烘烤着整座城市，而此时的熊某某正在车间中频炉前忙活着。按照分工，熊某某当天负责开导车将废料运到中频炉内，而班长房某某负责化验，王某某和赵某某两人则负责钩铁。

工作还没一个小时，四人身上的衣服已被浸湿。王某某脱下上衣，甩开膀子，抡起钩子，使劲将磁盘吊上的废铁钩下。而赵某某则一个劲地拼命喝水，一杯水下肚后，很快变成身上的汗水，接着他又喝下一杯。由于水喝得太多，赵某某和王某某说了一声后，便急匆匆跑去厕所。而此时，突然传来"嘣"的一声巨响。只见一团火球卷裹着浓烟从三车间上空瞬间腾起，顿时天空弥漫着焦灼的刺鼻味。而此时火势中的人们已乱作一团，哭着喊着奔向不同的方向。

金属公司三车间中频炉发生爆炸事件惊动了当地公安、消防、安全生产监督部门等。庆云县常家镇安全生产监督管理中心做出强制措施决定书，认定金属公司"三车间原材料存在密封件等易燃易爆物品，无具体的清除隐患措施，无法保障安全生产，依据《中华人民共和国安全生产法》决定采取以下强制措施：三车间停产停业整顿，未达到安全生产条件不得开工生产"，并罚款10000元。而就在事故发生的前三天，即2011年9月5日，庆云县常家镇安全生产监督管理中心到金属公司检查，未发现操作存在安全隐患。

此次事故导致王某某受重伤，熊某某等8人受轻伤。事故发生之后，熊某某被120急救车送往庆云县人民医院。根据医生的诊断，熊某某面颈部红肿、湿润，局部形成水泡，疼痛明显面积达7%；双手红肿、湿润，疼痛明显面积约4%；躯干、双下肢也有一定程度的烧伤。在医生为熊某某外敷湿润烧伤膏几天后，烧伤位置肿胀明显减轻，但因表皮组织被破坏，皮肤依然有明显红润，局部水泡暂时无法消除。6天后，熊某某被转到山东武警总医院继续治疗。主治医生确诊为：少于体表面积10%中度烧伤。2011年9月16日，在全凭静脉复合麻醉的情况下，主治医生为熊某某进行了烧伤冲洗清创术，清除双上肢创面坏死组织及污物，术后给予消炎、换药治疗抑制瘢痕增生。13天后，熊某某出院。

●协商赔偿无望，寻求法律援助

熊某某在接受治疗的同时，金属公司已经向德州市人力资源和社会保障局提出工伤认定申请。2011年10月24日，德州市人力资源和社会保障局做出认定工伤决定书，认为熊某某受到的事故伤害，符合《工伤保险条例》第14条的规定，属于工伤认定范围，认定为工伤。随后，熊某某对其所受伤残等级情况提出鉴定申请。2011年11月1日，德州市劳动能力鉴定委员会经组织鉴定，根据《劳动能力鉴定职工工伤与职业病致残等级》（GB/T 16180—2006）确定熊某某劳动功能障碍程度为 6 级，无生活自理障碍。

拿着工伤认定书和劳动能力鉴定书，熊某某找到了金属公司，希望能就赔偿事宜进行协商。但金属公司负责人告诉他，事故发生的主要原因在于熊某某往炉中倒废料时没有挑拣密封件，导致炉中发生爆炸；金属公司不但不会给予赔偿，还要追究熊某某的责任。听到这话熊某某感到满心的委屈，按照金属公司《冶炼工段炉前工操作规程》的规定，在炉前工将废料倒入中频炉前，有专人负责挑拣密封件。为了证明自己对事故的发生不承担任何责任，熊某某想找负责挑密封件的人作证。可是他找遍了金属公司上下，没有一个人敢说自己负责挑密封件。熊某某又暗地多方打听，得知以前负责挑密封件的人早就被金属公司辞退了，甚至和他一起工作的班长房某某、因上厕所躲过一劫的赵某某也没有了踪影。即便如此，熊某某也没有放弃希望，他又找到介绍他到单位工作的夏某某从中调和，但是金属公司只愿意出 2 万元一次性解决工伤赔偿事宜，并解除劳动关系。2 万元对于身受 6 级伤残的熊某某来说只是杯水车薪，远远不足以支付其后续治疗。

每次看到镜子里脸上和脖子上明显的瘢痕，熊某某总是暗自伤心，从江西远赴山东打工，孑然一身面对这突如其来的事故，他不知道下一步该怎么办。熊某某想到了用法律手段解决此事，于是他在网上搜集信息，寻找办理农民工工伤赔偿案件的律师。不经意间，一则关于山东省农民工维权工作站帮助农民工讨薪的新闻吸引了他的注意。

2011 年 11 月 5 日，按照网上提供的联系方式，熊某某怀着忐忑的心情来到了山东省农民工维权工作站。当天，值班律师接待了熊某某，并让律师助理做谈话记录。根据熊某某的口述及其提供的工伤认定书和劳动能力鉴定书，律师初步判断本案符合维权站受理法律援助的范围，为熊某某办理了法律援助手续。

经全面细致地研究分析案件材料，援助律师认为本案当事人熊某某所受伤害已经被认定为工伤，劳动功能障碍程度被鉴定为 6 级，本案事实清楚，证据充分，并且经过了工伤认定和劳动能力鉴定程序，办案周期应该不长。但实际上整个办案过程却超出了援助律师的预期，让援助律师费尽周折。

●仲裁申请立案，对方提出鉴定异议

2011 年 11 月 18 日，熊某某再次来到维权站，将所有相关证据提交给援助律师。随后，援助律师根据所掌握的证据，拟定仲裁申请书，请求金属公司支付熊某某医疗费 14 元、护理费 1333 元、交通费 3009 元、一次性伤残补助金 64000 元、一次性工伤医疗补助金 50544 元、一次性伤残就业补助金 84240 元、停工留薪期间工资 7915 元、解除劳动合同经济补偿金 4000 元，以上合计：215055 元。同年 11 月 22 日，援助律师驱车赶往德州市庆云县，到当地工商行政管理局调查了金属公司工商登记信息。援助律师原打算与熊某某一起到金属公司调解，但根据熊某某的讲述，调解获取赔偿的希望不大。鉴于工伤认定、劳动能力鉴定已经做出，援助律师建议熊某某直接申请劳动仲裁，如果当事人双方愿意，再进行调解也可以。确定了直接申请仲裁的办案思路后，援助律师陪同熊某某一起到庆云县劳动人事争议仲裁委员会申请立案。

2011 年 11 月 28 日，援助律师接到熊某某打来的电话，说是仲裁委已经正式受理了本案，但金属公司对劳动能力鉴定结论不服，认为熊某某面部伤情较轻，未形成瘢痕，无面部重度异物色素沉着或脱失，德州市劳动能力鉴定委员会适用标准错误，鉴定结论注明熊某某的劳动能力鉴定结论等级为 6 级，显然属于错误，并表示已经向山东省劳动能力鉴定委员会申请了重新鉴定。从电话里，援助律师明显感觉到熊某某内心的焦虑，担心案件会被无休止地拖延下去。我国《工伤保险条例》第 26 条规定了当事人申请再次鉴定的权利，但对再次鉴定时限没有规定，而本案恰好发生在年底，鉴定机构很可能会在年后出具鉴定结论，这样一来无疑增加了熊某某的经济负担，况且自事故发生后，熊某某就再也没有到金属公司上过班，只等着拿到赔偿款后回江西老家。

援助律师对本案又反复思忖，努力寻找突破口，争取让熊某某在年前将赔偿款拿到手。2011 年 12 月 14 日，援助律师再次联系了庆云县仲裁委，询问金属公司是否提交证据材料。相关负责人说，金属公司仅向仲裁委提交了劳动能力再次鉴定申请书，未提交其他证据材料，更没有提交山东省劳动能力鉴定委员会出具的受理通知书。由此得知，金属公司称其申请再次劳动能力鉴定的证据不足。

● 开庭时间确定，对方提出赔偿反诉

5 天后，援助律师接到仲裁委打来的电话，说是金属公司未向其提供证据证明已经申请再次鉴定，因此本案确定于 2012 年 1 月 9 日下午开庭。但是金属公司又提出反诉，称熊某某"在工作中，不服从管理，不听从指挥，违反操作规程，造成锅炉爆炸、人员受伤"，给金属公司造成 100 万元的巨大损失。听到这一消息，援助律师感到非常震惊。

援助律师安排助理律师到庆云县仲裁委进行阅卷，将对方反诉材料一并复印摘抄。阅卷时援助律师发现，2011 年 11 月 20 日，金属公司代理人向三车间厂长做了一份调查笔录，称事发当天，熊某某违反车间操作规程，没有检查进料，而王某某也曾对熊某某大声警告，但因熊某某性格执拗、倔强，不听劝说，不服从管理，造成中频炉爆炸。援助律师认为，三车间厂长与金属公司存在利害关系，且其说法与公司《冶炼工段炉前工操作规程》的规定存在矛盾，对该份调查笔录内容的真实性产生怀疑。之后，援助律师针对对方诉讼，给予答辩，并将答辩意见交给仲裁委。

● 仲裁开庭审理，最终达成调解

2012 年 1 月 9 日下午两点，本案如期在庆云县劳动人事争议仲裁委员会开庭。虽然援助律师对金属公司提出的反诉一直主张不应合并审理，但仲裁委以"已请示领导"为由，将本诉和反诉一起审理。庭审中，金属公司答辩认为，熊某某工伤赔偿事项计算标准存在问题，熊某某对事故发生存在重大过错，劳动能力鉴定书上被鉴定人姓名并非熊某某，对鉴定结论存在异议。

根据援助律师调查的熊某某账户明细，2011 年 8 月，熊某某工资为 5512 元，9 月份工资为 4500 元，因此当事人在金属公司处上班平均工资为 5006 元/月。援助律师以此为依据为熊某某计算各项赔偿项目。但金属公司提供了熊某某工伤医疗证，证实熊某某工资为 1685 元。仲裁委向熊某某调查了工资发放情况，并表示已经向当地人社局做了调查，查明熊某某工资为 1685 元。在与熊某某商议后，援助律师主张熊某某工资基数可以按照《工伤保险条例》第 64 条的规定予以认定。《工伤保险条例》第 64 条规定："本条例所称工资总额，是指用人单位直接支付给本单位全部职工的劳动报酬总额。"

针对金属公司答辩所称的劳动能力鉴定书上被鉴定人姓名并非熊某某，对鉴定结论存在异议等问题，援助律师认为，姓名出现错误只是鉴定机关的笔误，没有及时修改，属于鉴定单位的责任，况且根据工伤认定书，劳动能力鉴定结论所记载的单位、时间、地点，金属公司应该能够认识到被鉴定人姓名错误仅是笔误。

另外，金属公司一直主张对鉴定结论存在异议，但并没有在法律规定的15天内向山东省劳动能力鉴定委员会提出再次鉴定申请，也没有相应的受理通知书等材料，可以视为对鉴定结论的认可，当然发生法律效力。

金属公司反诉熊某某赔偿 100 万经济损失，提供了《冶炼工段炉前工操作规程》及庆云县常家镇安全生产监督管理中心 2011 年 9 月 5 日做出的现场检查记录等材料，证实金属公司规章制度健全，对员工培训到位。另外，金属公司提供了庆云县安监局给王某某做的调查笔录，证实事故发生时王某某曾呵斥熊某某，让其检查是否存在密封件等易爆物品。对于上述证据，援助律师质证认为，《冶炼工段炉前工操作规程》和现场检查记录不能证明金属公司对熊某某进行了培训，而且熊某某当时负责开导车，无责任挑拣密封件。炉前工作为一种危险性较高的工种，应该持有特殊操作许可证才能上岗，熊某某并不具有该许可证，可见金属公司管理制度不完善。在安监局向王某某做调查笔录后，王某某曾电话告诉熊某某，他是被迫在调查笔录上签字的，否则金属公司将不再支付医药费。援助律师认为，安监局应该对事故出具调查报告说明事故发生的原因等问题，而金属公司仅提供安监局对王某某的调查笔录，其权威性值得怀疑。

最后，金属公司代理人又提供了购买炼炉的发票、王某某医药费发票等作为其主张 100 万经济赔偿的依据，都被援助律师以违反法律规定等逐一反驳。按照法律规定，在双方当事人做完最后陈述后，仲裁委组织双方进行调解。援助律师根据 1685 元/月的标准对各项赔偿数额重新进行计算，约为 12 万元。考虑到熊某某为江西人，如果执意主张 12 万元赔偿，恐怕以后执行困难。在与熊某某商议后，援助律师调解意见为 10 万元。但对方代理人认为赔偿数最多为 3 万元。双方调解意见悬殊，一时很难达成一致意见。援助律师坚持认为至少赔偿 10 万元，但熊某某发生了动摇，在援助律师接电话的间隙，同意金属公司赔偿 65000 元，前提是金属公司需要额外支付申请劳动能力鉴定的 250 元，同时金属公司同意放弃对熊某某的反诉请求。

2012 年 1 月 10 日，在庆云县仲裁委办公室，金属公司代理人将 65000 元现金交给了熊某某。

【法律分析】

一、工伤认定申请由谁提出？

我国《工伤保险条例》第 17 条规定，职工发生事故伤害或者按照职业病防治法规定被诊断、鉴定为职业病，所在单位应当自事故伤害发生之日或者被诊断、鉴定为职业病之日起 30 日内，向统筹地区社会保险行政部门提出工伤认定申请。遇有特殊情况，经报社会保险行政部门同意，申请时限可以适当延长。用人单位未按前款规定提出工伤认定申请的，工伤职工或者其近亲属、工会组织在事故伤害发生之日或者被诊断、鉴定为职业病之日起 1 年内，可以直接向用人单位所在地统筹地区社会保险行政部门提出工伤认定申请。

根据该条规定，工伤认定一般由用人单位提出，用人单位未在规定时间内提出工伤认定时，工伤职工或其近亲属、工会组织也可以直接向当地社会保险行政部门提出。但需要注意的是，工伤职工自己提出工伤认定请求时需要提供与用人单位存在劳动关系（或事实劳动关系）的证明材料。

援助律师认为，如果工伤职工或者其直系亲属不能申请工伤认定，可以委托其他人申请工伤认定。因为申请工伤认定是《工伤保险条例》赋予职工的一项法定权利，除非职工放弃这一权利，任何人无权剥夺。从这一原则出发，无论职工是否有能力申请工伤认定，都有权按照民法的有关规定委托代理人代其行使这项权利。

二、关于劳动能力鉴定问题

根据《工伤保险条例》第 23 条的规定，劳动能力鉴定由用人单位、工伤职工或者其近亲属向设区的市级劳动能力鉴定委员会提出申请。

规定由用人单位提出劳动能力鉴定申请，是因为职工发生工伤与用人单位有直接或间接的关系。用人单位负有保证职工作业场所安全生产的义务和职责，职工与用人单位之间存在劳动关系，用人单位应该保护职工的合法权益不受侵犯。

工伤职工或其直系亲属提出劳动能力鉴定申请的情况是，工伤职工（或其直系亲属）认为自己的病情稳定，实际造成的损害影响了劳动能力，并且用人单位没有及时提出进行劳动能力鉴定申请。

《工伤保险条例》还规定，申请劳动能力鉴定应提交工伤认定决定和职工工伤医疗的有关资料。工伤认定决定是由劳动保障行政部门根据国家的法规、政策，确定职工受伤或者患病是否属于工伤范围的书面决定。《工伤保险条例》第14条规定："职工有下列情形之一的，应当认定为工伤：（一）在工作时间和工作场所内，因工作原因受到事故伤害的；（二）工作时间前后在工作场所内，从事与工作有关的预备性或者收尾性工作受到事故伤害的；（三）在工作时间和工作场所内，因履行工作职责受到暴力等意外伤害的；（四）患职业病的；（五）因工外出期间，由于工作原因受到伤害或者发生事故下落不明的；（六）在上下班途中，受到非本人主要责任的交通事故或者城市轨道交通、客运轮渡、火车事故伤害的；（七）法律、行政法规规定应当认定为工伤的其他情形。"

第15条规定："职工有下列情形之一的，视同工伤：（一）在工作时间和工作岗位，突发疾病死亡或者在48小时之内经抢救无效死亡的；（二）在抢险救灾等维护国家利益、公共利益活动中受到伤害的；（三）职工原在军队服役，因战、因公负伤致残，已取得革命伤残军人证，到用人单位后旧伤复发的。职工有前款第（一）项、第（二）项情形的，按照本条例的有关规定享受工伤保险待遇；职工有前款第（三）项情形的，按照本条例的有关规定享受除一次性伤残补助金以外的工伤保险待遇。"

职工工伤医疗的有关资料是指职工受到事故伤害或者患职业病，到工伤保险指定的医疗机构进行治疗过程中，由医院记载的有关负伤职工的病情、病态、治疗情况等资料。劳动能力鉴定机构据此审查负伤职工的伤情是否处于稳定状态，能否进行劳动能力鉴定。

4. 扑朔迷离，谁是责任主体？

——记高某某人身损害赔偿案

【导读】

受援助人高某某跟随包工头石某某在承包商诸城市某建筑工程公司承建的报社小区从事木工工作。2008年7月28日下午，高某某在搬运钢管过程中受伤，后经司法鉴定为二级伤残。高某某向山东省农民工维权工作站申请法律援助。在一审中，援助律师历经13个月，先后到诸城市11次，辗转16个地方收集证据，行程6000余公里，花费8800余元，最终一审判决赔偿数额为531866.1元。该案的案情复杂，调查取证工作量大，拖延时间长，路程远，费用高，创造了山东省农民工维权工作站援助案件纪录。

【案件回顾】

今年45岁的高某某是山东省阳谷县张秋镇某村人，有两个女儿和一个儿子。2008年6月的一天，刚从外面做完木工活回来的高某某看到家里来了位客人，正是自己的朋友石某某。据石某某讲，他在诸城市承包了个工程，想请他去做木工，每天工资80元。起初高某某拒绝了，因为家里并不是非常困难，他又是个恋家的人，要他外出打工，他实在舍不得家里。可耐不住石某某的多次劝说，高某某咬了咬牙，和其他几个农民工一起，跟随石某某来到诸城，加入了农民工打工队伍中。

石某某所说的工程是在诸城市某建筑工程公司承建的诸城市某小区3号、4号楼做木工制模板工作。高某某和其他几个民工负责这两栋楼所有的木工活。

2008年7月28日下午，木工们当天的工作基本做完了，受建筑公司项目经理别某某安排，在石某某姐夫的带领下，高某某同王某某、王某、付某某和一个司机一起，到某供电公司仓库拉钢管。在拉钢管的过程中，摆放钢管的架子突然发生断裂，高某某由于在最里面，没能及时跑出来，被砸在了钢管下。经过在场其他几位工人的努力，高某某从钢管下被救出。当时看管仓库的工作人员拨打了120，可是当急救车赶来时，高某某已经陷入昏迷状态。经过诸城市人民医院的抢救，高某某虽已脱离了生命危险，但被诊断为：两小腿骨折，腰椎骨骨折，下肢截瘫，伤情非常严重。

高某某的妻子得到消息后连夜赶到诸城市人民医院，她没有想到丈夫受到这么严重的伤害，也没有想到受伤后竟然没人负责给他治病，更没有想到这次到诸城后，连续 11 个月没能回家，一直在医院为丈夫喂饭、喂药、翻身、按摩、端屎端尿……在将高某某送去医院后，石某某作为包工头拿了 1 万元，项目经理别某某拿了 2.5 万元。可是抢救和住院共花去 7 万多元的医疗费，截至 2008 年 11 月份，共计拖欠医院医疗费 4 万余元。此时医院因高某某拖欠医疗费，已经不再为其继续治疗。包工头石某某已经再也拿不出一分钱，项目经理别某某为此也下落不明，无法联系。高某某处在叫天天不应、喊地地不灵的境地。其间，由于高某某大小便失禁，尿道中插有导尿管，且无钱更换，致使好几次发生导尿管与肌肉粘连的事故，生命危在旦夕。无助的妻子不得不向家中年迈的父母说了实情，靠亲戚朋友的帮助，筹得部分医疗费，到医院门口的小店购买了导尿管、止痛消炎药品、擦洗必需品，自己为其更换导尿管……面对这突如其来的横祸，夫妻俩时常抱头痛哭；几次在夜深人静时，夫妻两人商量跳楼自尽，但考虑到家中未成年的儿女、年迈的老人而不得不放弃。

高某某的妻子是个非常坚强的人，面对如此残酷的现实，她一直在为丈夫讨个公道而奔波。但在受到无数次的白眼、刁难后，她彻底失望了……无尽的压力压在这个 7 口之家上，他们在无助中慢慢吞咽着巨大的痛苦。

如果不是高某某的父亲，他们一家的生活可能会一直灰暗下去……作为父亲，儿子受到的伤害让他痛苦万分，在照顾好家庭的同时，他也在时刻寻觅着求助的信息。一个偶然的机会，他从收音机中听到了山东省农民工维权工作站的律师到山东电视台《乡村季风》担任嘉宾的一档节目。抱着试一试的心理，高某某的父亲拨通了工作站的电话。工作站律师对其提供的情况做了详细记录，并表示如果情况真实，可以提供法律援助。

几天后，高某某的父亲和包工头石某某来到了山东省农民工维权工作站。

从石某某的口中，援助律师得知，原来这个工程的开发商是诸城市某房地产开发公司，承包商是诸城市某建筑工程公司，别某某是诸城市某建筑工程公司的项目经理，石某某作为包工头从别某某那里承包了诸城市某小区 3 号、4 号楼所有的木工活。

办理完相关手续之后，一段艰辛的法律援助历程开始了。

●第一次到诸城

2008 年 12 月 12 日下午，两名律师在经历了 5 个多小时的颠簸后到达诸城市。当时的办案思路是两手准备，一方面向诸城市人力资源和社会保障局举报，争取让其出面调查事实，借用政府的力量协调各方处理此案，达成赔偿协议；如果不行，根据人力资源和社会保障局调查的事实，再向工伤认定部门申请工伤或向人民法院按照人身损害赔偿起诉。于是，13 日早，两名律师先到诸城市人民医院骨外科探望高某某，在病房里为其做接待笔录并办理委托代理手续。随后，到诸城市工商管理局调取了开发商某房地产开发公司和某建筑工程公司的基本信息，经查：诸城市某建筑工程公司的营业执照早已被吊销。办案律师比较兴奋，如果某房地产开发公司将工程承包给被吊销的公司，那么属于违法承包，这两个单位承担连带赔偿责任。得到这一重大信息后，援助律师到诸城市人力资源和社会保障局办公室投诉。

该局的相关负责人热情地接待援助律师，并联系了工伤认定等部门对该案进行协商，最后达成初步计划：工伤部门尽快联系高某某进行工伤认定，纪委联系开发商和承包商到医院支付拖欠的医疗费，让受害人尽早出院。

但事情并没有这么简单，事后援助律师多次联系诸城市人力资源和社会保障局，均没有下文，后来才知道本案的相关负责人已经调到其他部门工作。

转眼间快过年了，高某某着急想回家过年，他又几次给援助律师打来电话，希望尽快帮他解决。援助律师又多次联系沟通相关部门，但并没有得到满意的答复。

那一年，高某某在医院过的年，除夕夜，他给援助律师发来了表示感谢的短信。

新年一过，援助律师又开始了为高某某奔波的历程。

●第二次到诸城

2009 年 2 月 17 日早，援助律师再次乘车去诸城市，到人民医院见到当事人，决定进行调查取证工作，准备起诉。

援助律师先到高某某工作的某小区的施工现场拍照取证，拍下开发商即诸城市某房地产开发公司和承包方即诸城市某建筑工程公司的牌子。然后去诸城市建设局调查双方的承包合同，但得到的答复是合同在诸城市建筑施工局。到达建筑施工局后，建筑施工局又说合同在诸城市行政审批中心。来到诸城市行政审批中心，相关工作人员说该合同是建设局与审批中心、施工局分家前的合同，可能在老档案室，第二天安排人查出来后联系律师。援助律师随后又到人力资源和社会保障局监察大队，查阅了调查办理该案的全部材料，其中有对项目经理别某某和包工头石某某的调查笔录，还有以诸城市人力资源和社会保障局名义下达的文件。

第二天即 2009 年 2 月 18 日，为了提高办案效率，援助律师决定分头行动。刘律师先去供电公司仓库的事故现场调取证据，然后到工商局调查建筑公司是否清算及被吊销营业执照的具体时间。而李律师则在旅馆中准备诉讼文书。上午，李律师在旅馆拟定了起诉状、先予执行申请书、财产保全申请书、司法鉴定申请书、缓缴诉讼费申请书等法律文书。下午，援助律师又到医院见高某某，要求就缓缴诉讼费问题提供其户口所在地村民委员会的家庭生活困难证明；就被抚养人生活费请求提供 9 岁女儿和年迈父母的户口证明；对于其在外边因医院不予医治而产生的医药费，到药店开具正式发票。然后到医院提取当事人病情诊断证明、两人护理证明、已花费及拖欠医药费证明、后续治疗费证明。开始，主办医师以当事人没有出院，不能提供病历为由不予配合，与对方耐心交流后，对方才出具。当天晚上，援助律师重新整理全部诉讼材料和证据。

第三天即 2009 年 2 月 19 日，援助律师再次到医院见当事人，拿到传真过来的村委会的困难证明和其女儿、父母户口的基本信息，到药店开具的正式发票。又去诸城市工商局调查某供电公司的工商信息，并在工商局大厅修改诉讼材料，追加供电公司为被告。后到诸城市行政审批中心，得知：当时的某房地产开发公司与某建筑工程公司的承包合同，已经因时间长查不到了，但从施工记录中查到某小区 3 号楼是非法工程，没有手续，4 号楼承包方是诸城市某某建筑工程公司，并非是某建筑工程公司。援助律师要求建筑施工局出具证明，但遭到拒绝。两名援助律师交流案情后决定：暂不列某某建筑工程公司为被告，等某建筑工程公司和某房地产开发公司把它咬出来后再说。下午，律师到诸城市人民法院立案，然后立即到诸城汽车站乘车回到济南。

2 月 20 日上午，援助律师接到诸城市人民法院立案庭的电话，得知已经立案，经院长审批只交纳了 1200 元的诉讼费，明确 3 月 24 日上午 9 时开庭。

●第三次到诸城

3 月 24 日上午 9 时，援助律师准时来到诸城市人民法院开庭。

在庭审过程中，被告诸城某房地产开发公司没有出庭；被告诸城某建筑工程公司对其名称提出异议，应该是某建筑工程有限公司，主体列错了，不承担责任；某供电公司声称自己仓库中从没有发生什么安全事故，不承担责任。

鉴于上午开庭的情况，下午援助律师做出如下工作安排：先到工商局查某建筑工程有限公司的基本信息，以便确定其与某建筑工程公司的关系；然后到诸城人民医院调查 2008 年 7 月 27 日下午该院 120 救护车将当事人高某某运到医院的出事地点，以便明确事故地点就是供电公司仓库，追究供电公司的责任。

到工商局调查后得知：某建筑工程公司吊销后，又成立了某建筑工程有限公司，两公司的法定代表人和地址全部一样，就是后者名称多了"有限"两个字。然而到人民医院的工作非常不顺利，通过往返急诊室、120 出诊室和 120 车队十几次，查阅了几十本出诊、出车记录，基本得到了案件的事实：当天出诊大夫是孙某，司机是嫣某，出车登记的名称是杨庄子。然而在要求对方出证明时，对方又借口不予配合。虽然没有取到一手证据，但基本事实已经查清。

3 月 25 日，援助律师到人民法院将在工商局调查的某建筑工程有限公司的基本信息和两份调查取证申请书（一份是向诸城市人民医院调查从何处将高某某抢救到医院，一份是向诸城市人力资源和社会保障局调查项目经理别某某和包工头石某某的笔录）交给书记员后，急忙乘车回到济南。

其间，该案的主办法官多次联系援助律师，让援助律师过去一下。同时援助律师也想过去追加诸城市某建筑工程有限公司为被告，撤回对诸城市某建筑工程公司的起诉。于是就有了第四次的诸城之行。

● 第四次到诸城

4 月 10 日上午，援助律师到达诸城市人民法院。办理完追加被告某建筑工程有限公司的申请后，对是否追加项目经理别某某为被告与法官发生争议。法官认为需再追加别某某为被告，便于查清事实，但律师认为当初也曾想把别某某列为被告，因其下落不明，如果追加其为被告，可能无法正常送达，最后公告送达，不但给当事人增加公告费，而且还可能将案件拖延下去，不能及时维护当事人的权益。最后，在法官一再承诺能送达的前提下，又追加别某某为被告。

就赔偿数额问题，在一次性付清款项的前提下，最终法官基本同意赔偿 30 万的方案（包括拖欠的 4 万元的医疗费）。但具体承担责任主体，主办法官认为还需慢慢做工作。

● 第五次到诸城

5 月 5 日上午 9 时，高某某案在诸城市人民法院开庭审理。在开庭前，经过考量，决定让当事人高某某亲自出庭。这次出庭，虽然给当事人因雇专用车而增加 100 元的交通费，但可能达到意想不到的效果，至少可以给对方当事人增加压力。事实上，当事人躺在担架上出庭的情形首先使对方代理人都对当事人的不幸遭遇表示同情，不再像以前那样抱以无所谓的态度。此次庭审除被告石某某因其母亲病危没有到庭外，其他四被告全部到庭。

庭审现场，被告的强大阵容和原告的弱小无力形成了鲜明的对比。原告席上，担架上躺着的原来强壮的七尺男儿，现在却像一个无助的孩子。原告高某某陈述的时候，他的妻子在旁边无声地哭泣。这样的庭审现场，这样凄惨的场面，代理律师虽然是从业十几年的老律师，但也难以控制自己的情绪！

其间，援助律师就要求众被告先予执行支付当事人拖欠医药费问题，多次与主办法官交流，并被通知 5 月 19 日下午 3 时再次开庭。

● 第六次到诸城

5 月 19 日下午 3 时，该案再次开庭审理。

庭审中，某房地产开发公司承认了自己作为此工程的开发商，与某建筑工程有限公司签订承包合同，将工程承包给某建筑工程有限公司的事实，但认为自己没有责任；被告某建筑工程有限公司的律师也出庭，认可了承包该工程的事实，但认为应由别某某个人承担责任；别某某的代理律师到庭参加诉讼，认可了以某建筑工程有限公司名义承包该工程的事实，但认为应由公司承担责任；被告供电公司拿出了一份别某某与诸城市龙光某建筑工程有限公司的协议，证实钢管不是供电公司的，而是别某某寄存在仓库的，原告的受伤与供电公司没有关系，供电公司同时主张仓库也不是供电公司的，自己对此不负责任。

援助律师对四被告的观点提出异议。被告某房地产开发公司因将工程违法承包给别某某个人挂靠的建筑公司，且在施工过程中监管不力，应承担连带赔偿责任；被告某建筑工程有限公司作为工程的承包主体，实质上将全部工程转包个人施工，违反《中华人民共和国建筑法》（以下简称《建筑法》）及相关法律、法规，应承担连带赔偿责任；被告别某某非法挂靠某建筑工程有限公司，又将木工工作转包给被告石某某，应承担连带赔偿责任；因当事人受伤是由于摆放钢管的钢架断裂造成的，供电公司提出的证据与本案没有直接关系，其对仓库安全的疏于管理直接造成当事人受伤，也应承担连带赔偿责任。

通过此次开庭，案件的基本事实已经查清。在调解过程中，因各方争议较大，初步达成以下意见：先由被告别某某在 28 日前为当事人付清拖欠医院的 4 万余元医疗费，等当事人拿出病历，提交给司法鉴定机关，且由司法鉴定机关检查完当事人伤残情况后，让当事人出院回家或到其家中附近医院继续治疗。待伤残鉴定结论出来后，再继续审理。法庭口头裁定中止审理。

在端午节前夕（5 月 28 日），高某某打电话过来，被告别某某已经结清了所拖欠的医疗费 4 万余元，此外，还支付了当事人 2500 元的交通费；医院方面也表示"特事特办"，争取 3 天整理出病历，让当事人早一天做完司法鉴定，早一天回家。

● 第七次到诸城

2009 年 7 月 1 日，诸城市人民法院通知办案律师，高某某的司法鉴定已经做出。7月10日，当事人的司法鉴定书邮寄到工作站。鉴定结果一个二级伤残，一个九级伤残，三个十级伤残，但对于提出申请的营养费没有给予鉴定。于是，办案律师根据鉴定结论，准备变更诉讼请求。过程中，办案律师对当事人按照农村还是城镇计算伤残补助金问题，多次与当事人及其他律师交流，考虑到变更后的诉讼请求已经达100多万元，且当事人是农民工的证据可能不被采纳，决定按照农村居民标准计算。

因需向诸城市人民法院提交变更诉讼请求书，同时向诸城市人民医院调取司法鉴定费票据，向医院调取营养费的证据及向将当事人送回老家阳谷县的司机郝师傅调取交通费900元票据，援助律师第七次赴诸城市。

7月23日，援助律师到达诸城市。调取司法鉴定费票据和当事人的交通费发票比较顺利，但在提交变更诉讼申请书和调取营养费证据时遇到麻烦。

首先，潍坊市龙城司法鉴定所（在诸城市人民医院内）认为营养费不属于鉴定范围。向院方主治大夫取证时，以不属于出证范围被拒绝，与医务处交流也无果。

其次，对于变更诉讼申请书，法院主办法官认为赔偿数额太高，对方可能对鉴定提出异议；同时对起诉某供电公司也表示不满。援助律师认为这是按照较低的标准计算的，因当事人的伤情太重，没法再减；对起诉某供电公司的证据，应由对方举证，因为在对方大院的仓库里发生事故，且该仓库没有在房地产部门登记，如果证明无责任，应举证该仓库的所有权不是它的。但回来后，援助律师还是认为法官的观点有一定道理，故决定在下一次开庭前，再去诸城市国土资源局和建设规划局调查一下案发仓库所属土地的归属，以确认责任者。

7月28日，接到诸城市法院主办法官的通知，8月13日下午该案继续开庭。

● 第八次去诸城

8月13日上午，按照计划，援助律师到诸城市行政审批中心，在国土资源局窗口和城市规划局窗口进行取证。工作人员按照不同依据查找供电公司所属土地的情况，但是因援助律师不知该土地的地号和证号，他们登记的材料年代久远、凌乱不堪，虽查了一个多小时也没有结果。援助律师担心如果再查下去，影响上午到城市规划部门的调查，于是 11 时许赶忙到城市规划部门调查。

到了城市规划局，经查涉案的房屋没有经过该部门的许可，属于非法建筑。然而当援助律师要求其出具相关证明时，对方也委婉拒绝。无奈，一上午的调查取证以无果告终。

下午 3 点，庭审开始，主办法官发现被告席上只有两个被告：别某某和某建筑工程有限公司，其余三被告没到庭。等了 10 分钟，缺席开庭。

庭审中，法官首先让援助律师把先予执行和财产保全的申请撤回，援助律师认为不可，法官则以原告没有提供担保为由口头驳回。对被告别某某提出追加龙光某建筑工程有限公司为被告的申请，经合议庭研究不予准许。又把以前的几个证据重新质证一遍。最后焦点集中在潍坊龙城司法鉴定所出具的鉴定结论上。两被告均认为该鉴定依据的事实不实，法律依据不足，申请鉴定人员出庭做出说明。法庭无奈休庭。法官通知律师将追加诉讼请求的诉讼费在休庭后 20 天内交上，开庭时间另行通知。鉴于三被告没有参加开庭的情况，法庭收取 100 元的送达费，对五被告下次开庭邮寄送达传票。

●第九次去诸城

根据诸城市人民法院的通知，10 月 12 日本案再次开庭。

然而此次的开庭进展依旧不大。鉴于上次庭审时被告别某某、诸城市某建筑工程有限公司曾提出要求鉴定人员出庭接受质证，故此次开庭的目的是：经合议庭评议，同意两被告提出的请求，通知鉴定人员出庭，同时要求两被告交纳鉴定人员出庭费用 200 元。

●第十次去诸城

根据对方当事人的申请，诸城市人民法院决定通知鉴定人员到庭接受质证。10 月 28 日，援助律师再次来到诸城市人民法院，参加庭审。

庭审过程中，被告别某某和诸城市某建筑工程有限公司针对鉴定意见中存在的异议请求鉴定人员予以说明。鉴定人员出庭并做出如下说明：（1）该鉴定意见书的出具是通过对原告所有的检查、手术记录和查体综合做出的；（2）一至四级伤残系为完全丧失劳动能力，需要完全护理；（3）该所只是建议原告的后续治疗费、原告使用的残疾辅助器具，且所建议使用的残疾辅助器具中"截瘫支具"对原告所受到的伤害功能性恢复具有必要性，为方便原告生活和提高生活质量，"高靠背带座轮椅带餐桌"亦必须使用，其他残疾辅助器具有助于提高原告的生活质量。鉴定人员退庭后，主办法官对原告的具体诉讼请求逐一进行审理。在这个过程中援助律师看到，被告为了减轻自己的责任，可谓是绞尽脑汁地提出辩论意见。

鉴定人员的陈述让援助律师对本案的判决结果有了信心，也预感到法院不可能对伤残情况进行重新鉴定。

● 第十一次去诸城

接到诸城市人民法院通知，11 月 24 日援助律师再次来到诸城市人民法院参加庭审。

此次开庭，主办法官首先告知被告，他们申请重新鉴定事宜，经合议庭合议不予允许。接着，法官对高某某因伤住院所花费的医疗费进行核实，同时询问高某某是否有木匠资格等。在庭审最后，主办法官询问是否同意调解，原告愿意在 40 万至 45 万元之间进行调解，而被告则不同意调解。至此，本案在一审法院的庭审全部结束。

2010 年 1 月 18 日，援助律师接到诸城市人民法院通知，得知案件已经判决，被告石某某、诸城市某建筑工程有限公司、别某某等承担连带赔偿责任，对高某某所受伤害赔偿 531866.1 元。1 月 22 日，援助律师收到判决书。

本案从立案到收到判决书历经一年两个月，援助律师先后辗转赴诸城 11 次，每次花费时间至少 2 天，如此计算有一个多月的工作日；每次行程来回550 公里，11 次的行程 6000 余公里。故该案的审理时间、律师花费时间、行程可谓次次创造并刷新着纪录。

● 援助律师办理该案件的感慨

取证艰难。为了收集证据，援助律师找过诸城市的很多单位，去过诸城市建委、建筑施工局、工商行政管理局、房地产管理局、行政审批中心、人力资源和社会保障局的工伤认定部门和劳动监察部门、安全管理部门、当事人受伤事故现场、当事人打工的小区、人民医院的医务处及骨外科、急诊科、

120 出诊室、120 车队、档案管理部门等 16 个地方，采取拍照、查档、录音录像、摘抄、复制笔录等手段，每次近 5 小时的路程，加之时有恶劣天气，难度之大，几乎从来没有遇到过。

【法律分析】

农民工维权案件涉及的法律关系往往比较复杂。实践中，农民工维权案件往往会涉及多个责任主体，也就涉及多个法律关系，特别是农民工在建筑工地受伤时更是如此。一旦事故发生，发包方、承包方、包工头等往往会相互推诿，而对于援助律师来说，则需要理清法律关系，找准责任主体。

本案涉及 8 个主体，发包方诸城市某房地产开发公司、发包方认可的承包方诸城市某建筑工程有限公司、从诸城市行政审批中心查到的承包方诸城市某某建筑工程公司、从建筑工地现场广告牌上载明的承包方诸城市某建筑工程公司、项目经理（大包工头）别某某、小包工头石某某、案件发生地仓库所在的某供电公司、仓库内钢管的存放单位诸城市龙光某建筑工程有限公司。为了达到既查清主要案件事实，又不使案件过于复杂的目的，援助律师在立案时只列发包方诸城市某房地产开发公司、广告牌上的承包商诸城市某建筑工程公司、仓库的所有人某供电公司、小包工头石某某四方为被告，后来又根据案情的变化，追加诸城市某建筑工程有限公司、项目经理别某某两个被告。该案涉及责任主体之多，涉及法律关系之多，足以证实案件的复杂性。

1. 诸城市某建筑工程有限公司的违法行为

《建筑法》第 29 条规定："禁止总承包单位将工程分包给不具备相应资质条件的单位。禁止分包单位将其承包的工程再分包。"《最高人民法院关于审理建设工程施工合同纠纷案件适用法律问题的解释》第 4 条规定："承包人非法转包、违法分包建设工程或者没有资质的实际施工人借用有资质的建筑施工企业名义与他人签订建设工程合同的行为无效。"《最高人民法院关于审理人身损害赔偿案件适用法律若干问题的解释》第 11 条规定："雇员在从事雇佣活动中因安全生产事故遭受人身损害，发包人、分包人知道或者应该知道接受发包或者分包业务的雇主没有相应资质或者安全生产条件的，应当与雇主承担连带赔偿责任。"《劳动和社会保障部关于确立劳动关系有关事项的通知》规定："四、建筑施工、矿山企业等用人单位将工程（业务）或经营权发包给不具备用工主体资格的组织或自然人，对该组织或自然人招用的劳动者，由具备用工主体资格的发包方承担用工主体责任。"

本案被告某建筑工程有限公司将工程承包后，安排被告别某某为工地的项目经理，授权别某某全面负责该工程施工的事实证据确凿。对此，在庭审中，被告某建筑工程有限公司、别某某、某房地产开发公司、石某某都认可。另根据我国法律的相关规定，被告别某某的行为应视为被告某建筑工程有限公司的行为，相关的权利义务由某建筑工程有限公司承担。别某某在管理施工过程中，违反上述法律法规，将工程承包给自然人石某某，其违法行为带来的后果应由某建筑工程有限公司承担。

2. 被告别某某的违法行为

被告别某某在履行项目经理职务过程中，严重违反建筑法律法规，将工程肢解分包给不具备资质的自然人，且对本案的发生起着至关重要的作用，其具体安排高某某到案发地点被告供电公司仓库从事运输钢管工作，与原告高某某的受伤行为有直接的因果关系，应依法承担连带赔偿责任。

3. 被告供电公司的特殊侵权行为

《民法通则》第126条规定："建筑物或者其他设施以及建筑物上的搁置物、悬挂物发生倒塌、脱落、坠落造成他人损害的，它的所有人或者管理人应当承担民事责任，但能够证明自己没有过错的除外。"联系本案，根据原告高某某的陈述、被告别某某的陈述、法院依职权调查的诸城市人民医院案发当天的出诊医生的笔录及原告工友的证人证言等大量证据，证实本案涉案的仓库就在被告供电公司的后院，根据不动产"房随地走"的属性，应该可以推定涉案仓库的所有权人系被告供电公司。故根据上述法律，供电公司对本案的发生主观上有疏忽大意的故意，客观上有疏于管理的行为，应依法承担赔偿责任。

4. 被告某房地产开发公司的违法行为

某房地产开发公司将某小区3号、4号楼承包给被告某建筑工程有限公司后，对工程的合法分包、安全施工有监督义务，正是由于该被告没有履行上述义务，才导致被告某建筑工程有限公司将工程违法分包给石某某的事实，导致在施工过程中管理混乱，直至本案的发生。故该被告对案件的发生应当承担赔偿责任。

5. 被告石某某的违法行为

《最高人民法院关于审理人身损害赔偿案件适用法律若干问题的解释》第11条规定："雇员在从事雇佣活动中遭受人身损害，雇主应当承担赔偿责任。雇佣关系以外的第三人造成雇员人身损害的，赔偿权利人可以请求第三人承担赔偿责任，也可以请求雇主承担赔偿责任。雇主承担责任后，可以向第三人追偿。"

本案中，被告石某某本身系自然人，没有施工资质，但是实施了非法承包工程的行为，应对其行为承担相应法律责任。

5. 他乡打工触电致残　援助律师联纵维权
——记栾某某等3人触电致残案

【导读】

栾某某在高密市某交通设施有限公司承包的某省道沂南某收费处从事收费处的雨棚维修工作，在与工友转移脚手架过程中，脚手架与路面上方的高压线接触（该段高压线路产权人是某供电公司），从而导致栾某某触电受伤，经诊断为电击伤（三级），左足损伤为七级伤残，全身瘢痕为十级伤残。某交通设施有限公司在支付初步治疗费用后，再也不愿承担任何赔偿，无奈栾某某向山东省农民工维权工作站申请援助。援助律师奔走于高密市、潍坊市、沂南县、莒县四地，进行大量的调查取证，将四被告起诉至法院。最终，高密市人民法院判决某供电公司赔偿栾某某各项损失76232.17元。

【案件回顾】

●他乡打工触电致残

2010年8月15日，山东电视台农科频道某记者给山东省农民工维权工作站打来电话,声称在潍坊高密市有三个触电受伤的农民工需要提供法律援助。与当事人电话联系,并初步了解案情后,当天值班律师立刻向工作站刘主任汇报了情况。在征得刘主任同意后,援助律师决定到潍坊为三位农民工办理法律援助手续。

次日,援助律师来到潍坊市人民医院,见到了躺在病床上的栾某某等三位农民工兄弟。援助律师的到来,为突遭不幸的三个家庭带来了希望。在得知律师是为其提供免费法律援助后,三位当事人眼含泪水,向援助律师讲述了案发的具体情况。

栾某某等三人是高密市夏庄镇人,平日里靠着给乡里乡亲做家庭装修为生。他们有个朋友叫张某某,在高密市某交通设施有限公司(以下简称"交通设施公司")工作。2010年7月5日,交通设施公司承包了临沂市公路局某省道沂南某收费处(以下简称"沂南某收费处")雨棚维修工程。因为工程人手不够,张某某便找了栾某某等三人帮忙。交通设施公司没有与他们三人签订任何合同文书,只是口头承诺每天工资150元。

2010年7月21日下午6时许,栾某某等三人在对沂南某收费处雨棚进行维修时,隶属于山东浮来山建筑集团某公司(以下简称"浮来山集团某公司")的施工队恰好在对雨棚地面进行施工。为了给地面施工队伍提供方便,栾某某等三人不得不转移脚手架。在三人手推脚手架进行转移过程中,铁质脚手架顶端接触到路面上方35000伏高压线,顿时三人浑身抽搐,当场倒地昏迷不醒。在场负责监工的张某某见状后,赶紧用木板将脚手架与高压线分开,随后拨打了120急救电话和110报警电话,并通知交通设施公司侯经理。当天,栾某某等三人被紧急送往沂南县妇幼保健院救治。因伤情严重,两天后三人又被转至潍坊市人民医院继续治疗。

● 联合承包方追究发包方

考虑到当事人家庭贫困、栾某某急需医疗费的情况,援助律师当天并没有急于赶回济南,而是联系了交通设施公司的侯经理,希望能协商解决此事。电话里侯经理称当时没有时间,只能第二天过来。援助律师心想,先去工商局摸摸交通设施公司的底细,明天协商也更有针对性。于是,援助律师连夜赶往高密市,第二天一大早来到当地工商局。从调取的相关登记信息看,交通设施公司属私人企业，注册资本为 30 万元，没有从事建筑工程维修的资质。掌握这一信息后，援助律师脸上并没有露出喜悦。根据多年的办案经验，栾某某等三人获取赔偿的总金额将远远超过 30 万，这意味着，交通设施公司无力支付赔偿。如果依据工伤赔偿思路办案，不仅耗时长，而且最终可能因为交通设施公司无力赔偿，三位当事人应有利益得不到实现。想到这里，援助律师决定改变办案思路，按照第三人侵权办理此案。而对于交通设施公司，援助律师决定争取让其先行支付医疗费。

初步确定办案思路后，律师与交通设施公司侯经理见了面。一碰面，侯经理便向办案律师坦诚交代，交通设施公司设在一个村庄里，没有实际工作人员，类似于皮包公司性质，虽然注册资本是 30 万，其实也就只有 10 万。另外，交通设施公司没有施工维修资质，是挂靠其他公司才承包下沂南某收费处的维修工程。面对侯经理的坦诚，援助律师亦是开诚布公地讲明本案的办案思路重在寻找第三人承担侵权赔偿责任，而交通设施公司作为三位当事人的用工单位，需要积极主动提供医药费，协助当事人尽快治愈。

援助律师的办案思路让侯经理茅塞顿开。自打触电事故发生后，侯经理就四处咨询律师，打听自己应该承担多少赔偿责任，而几乎所有的律师告诉他，交通设施公司作为用工单位，应该承担主要责任，况且与三位当事人没有签订劳动合同，还要支付双倍工资。对这飞来的横祸，侯经理一筹莫展。但是听了援助律师的分析后，他才明白，根据第三人侵权的思路起诉本案，他有可能不承担责任，但若是依照工伤事故赔偿，他则需要承担全部责任。侯经理当即承诺为栾某某三人支付医疗费，配合治疗。随后，侯经理向援助律师提供了其与沂南某收费处签订的合同书、某省道沂南某收费站顶棚改造价格预算表、《安全生产协议书》、《廉政协议》等书面材料，以及案发时收费处录像等视频资料。同时，援助律师向侯经理做了调查笔录。为进一步掌握案情，援助律师又让侯经理找来张某某，对案发现场情况进行调查。至此，联合承包方（即交通设施公司）追究发包方（即沂南某收费处）和供电单位责任的意向初步达成。

栾某某等三人在医院继续接受治疗。在三位当事人治疗过程中，交通设施公司积极予以配合，主动承担了医药费。

● 奔走多地市调查取证

为查清案件事实，准确把握办案思路，援助律师决定到沂南县、莒县、高密市进一步调查取证。

2010 年 10 月 20 日，工作站两位律师驱车赶往沂南县，到当地工商局调取了某供电公司注册登记相关信息。触电事故发生后，沂南县安全生产监督管理局在第一时间赶到现场，就事故救援、现场处置做出安排，同时沂南县安全生产监督管理局、沂南县公安局、沂南县总工会、沂南县监察局组成沂南县"7·21"触电事故调查组对事故原因进行调查，并于 2010 年 8 月 11 日做出《沂南县"7·21"触电事故调查报告》。援助律师决定到沂南县安监局调取该份调查报告。可到了安监局，工作人员告诉办案律师上午领导不在，下午再过来调取。等到了下午，负责领导回来了，却以各种理由推托，始终不肯让办案律师查阅调查报告。无奈之下，援助律师只能等立案后申请法院调取。

晚上回到住处，两位律师悉心研究了本案的法律关系，并就案发时地面施工队伍浮来山集团某公司是否承担责任产生争议。最后，他们果断决定，"撒大网捕鱼"，将浮来山集团某公司列为被告。第二天，两位办案律师乘车来到莒县，调查浮来山集团某公司注册登记信息。

第三天，即 2010 年 10 月 22 日，两位律师来到三位当事人家中搜集证据，发现三个家庭已经乱作一团。三位当事人的父母、妻子、子女齐聚在栾某某家中，七言八语地向律师讲述三人的受伤情况。栾某某的父母均出生于 1920 年，已过耄耋之年，还需日日为儿子操心。而栾某某从潍坊市人民医院出院后，双手瘢痕挛缩畸形、双腕正中神经、屈肌腱缺损，五指并拢呈固定弯曲状，手指骨关节没有知觉，无法活动，给其日常生活带来极大不便，甚至大小便都需要在父亲的帮助下完成。提到这些，栾某某和母亲、妻子情不自禁地掉下了眼泪。见到这些，援助律师再次给当事人做思想工作，让他放心，一定会为其争取最大限度赔偿。在交流中，援助律师得知，栾某某刚出院不久，根据医院规定，病例在出院 7 天后才能复印。于是，援助律师让他们准备好病例和发票、车票，下次来时一并交给律师。

2010 年 11 月 10 日，栾某某电话联系援助律师，称他们三人的病例均已复印出来。得知这一消息，援助律师再次来到高密市，继续收集证据，准备起诉材料。在计算请求赔偿数额时，因三位当事人受伤程度、住院情况、家庭成员组成各异，需要分别列出赔偿项目、数额、计算方式和依据、法律规定，整个过程非常烦琐，需要认真审核计算，反复核对，考验着援助律师的细心和耐心。另外，除了起诉状，援助律师还为三位当事人准备了缓交诉讼费申请书、伤残鉴定申请书、财产保全申请书、调查取证申请书等材料。援助律师花了整整一下午和一晚上的时间才将这些材料准备齐全。次日，援助律师到高密市人民法院申请立案，并将整理好的所有诉讼文书和证据提交给立案庭法官。因本案起诉的四位被告横跨两个地级市，分属三个县，本案在送达阶段耗时两个多月。最终，负责法律文书送达的法官采用电话、邮寄等多种方式，将起诉状送交给所有被告。

2011年1月20日，援助律师收到高密市人民法院的传票，确定本案于同年3月1日在高密市人民法院第十二审判庭开庭审理。

由沂南县安全生产监督管理局、沂南县公安局、沂南县总工会、沂南县监察局联合做出的《沂南县"7·21"触电事故调查报告》是本案的关键证据，但是援助律师在之前的调查取证中无法调出。在本案立案时，援助律师曾向高密市人民法院申请调查该份报告，但直到开庭前夕，由于各种原因，法院始终没有去调查。因该份调查报告的重要性，援助律师同主办法官反复沟通，最终说服主办法官在开庭前一天到沂南县安监局调查了涉案的报告。从事后的庭审和判决看，《沂南县"7·21"触电事故调查报告》在认定本案事实、确认承责主体方面对本案原告非常有利。援助律师的这次努力，巩固了最初的办案思路，也为最终维护当事人权益打下坚实基础。2011年3月1日，确定的开庭审理当天大雪纷飞，致使一方被告无法从沂南县赶到高密市，法官不得不将本案改为3月28日另行开庭审理。

栾某某等三人中，其中一人的伤情比较严重。2011年2月21日至3月18日，他在家人的陪护下，又在北京某医院住院治疗25天，导致其伤残鉴定无法在开庭前做出。鉴于此，在3月28日开庭时，主办法官仅就栾某某、栾某人身损害赔偿进行审理。

●舌战群儒，据理力争

本案原告为栾某某、栾某，被告为交通设施公司、沂南某收费处、某供电公司、浮来山集团某公司。整个庭审过程从下午2点持续到晚上7点，其间休息一次。

庭审中，就栾某某人身损害赔偿问题，援助律师主张四被告连带赔偿原告医药费、后续医疗费、功能训练费、误工费、护理费、住院伙食补助费、残疾赔偿金、被抚养人生活费、精神损害抚慰金、鉴定费，共计137613.14元。主办法官首先询问了栾某某伤残鉴定情况，并让援助律师将鉴定结论出示给四位被告。接着交通设施公司对原告的主张进行答辩，认为原告触电受伤是事实，但其自身对受伤存在过错；另外，原告要求的损害赔偿数额计算标准过高，交通设施公司已经事先支付了医药费136000元。沂南某收费处辩称，栾某某是交通设施公司的工作人员，出现事故也是在为交通设施公司从事工作过程中发生的，交通设施公司是独立的法人，本案属于工伤事故，应申请工伤认定，不属于法院直接受理的范围；原告在诉讼请求中适用法律不明，如果按人身损害赔偿处理的话，沂南某收费处不是本案适格主体；此外，事故发生系高压线与脚手架接触导致当事人触电受伤，应该由电力设施产权人承担责任，与沂南某收费处无关。沂南某供电公司则主张：（1）本案原告栾某某与四个被告之间存在两个法律关系，原告与交通设施公司属于劳动关系，而与沂南某供电公司构成侵权法律关系，原告将两个法律关系混淆，不能将所有被告在一个法律关系中同时列为被告；（2）根据国家法律规定，架空线路与地面的垂直距离应为7米，而实际该架空线路与地面的垂直距离为7.18米，因此，原告触电时，供电公司的电力设施线路符合国家规定；（3）根据《电力法》的规定，如果在高压线附近施工，必须经过电力部门的批准，原告栾某某与交通设施公司未经批准非法作业，是导致事故发生的直接原因；（4）原告栾某某是完全民事行为能力人，对于公路架空线路完全能够看到，在明知有架空线路的情况下，仍推着高达8.3米的脚手架通过，其本身存在过错；（5）原告要求的生活补助费没有做出说明，精神损害赔偿无法律依据。浮来山集团某公司答辩认为，其从未承包工程，也没有授权，因此不是本案适格主体。随后，在征得原告栾某某同意后，援助律师撤销了对浮来山集团某公司的起诉。

接着进入法庭调查阶段，主办法官根据援助律师的陈述和被告的答辩，将问题集中在：（1）原告与被告之间的法律关系；（2）原告受伤经过、原因、治疗经过、造成的损失、请求赔偿的依据。

针对原告栾某某与被告之间的关系，援助律师向法院提交了在高密市工商局、沂南县工商局调取的企业注册登记信息，以及对交通设施公司侯经理和张某某的调查笔录。以上证据证明交通设施公司注册资本只有30万，没有工程承包资质，而沂南某收费处没有进行严格审查，故其发包关系是非法的；某供电公司负责沂南线路的管理和维修；调查笔录证实原告栾某某与交通设施公司属临时雇佣劳务关系不是劳动关系，且交通设施公司平时对员工没有严格的管理，未与员工签订书面劳动合同。

对于该组证据，被告交通设施公司没有发表任何质证意见。而沂南某收费处质证认为，栾某某与交通设施公司形成劳动关系，而与其他被告是侵权法律关系，原告应首先申请工伤认定，不应直接按人身损害赔偿起诉；交通设施公司与沂南某收费处构成承包合同关系。某供电公司质证认为，作为劳务关系，是发生在公民与公民之间的关系，法人与公民之间不能形成劳务关系，交通设施公司是独立的法人，因此原告与交通设施公司应该构成劳动关系；出事地点距离施工地点大约50米，对于架空高压线路在6.5米的事实，不予认可。

对于诸位被告代理律师口若悬河的质证，援助律师亦是舌战群儒、语惊四座。交通设施公司与沂南某收费处属于非法承包关系，交通设施公司注册资金不符合条件，发包关系非法；原告栾某某与交通设施公司之间的关系应以栾某某与交通设施公司之间的陈述为准，而不能靠第三人的推断；某供电公司在高压线管理、维护中存在过错，从而导致高压线与地面垂直距离低于国家规定的距离；沂南某收费处将路障由原来的四排变为一排，导致延伸到高压线下面，存在过错，没有为原告的施工提供良好的安全环境，且没有向交通设施公司汇报。接着主办法官向栾某某本人调查了工作时间、工资、工作安排等情况。

庭审中，沂南某收费处向法院提供了其与交通设施公司签订的承包合同。

沂南某收费处认为，将工程发包给交通设施公司，简单的劳务关系不需要资质要求，承包合同合法有效；事故是在交通设施公司承包工程中发生的；事故地点不在承包工作的范围内，相距收费站50米，本案发生的地点与收费处没有任何关系。而援助律师认为：（1）根据该承包合同第1条"工程目标及内容：本工程为某省道沂南某收费处收费雨棚维修等项目，包括供货、安装、调试以及售后服务内容"的规定，售后服务不是简单的劳务关系；该承包合同第7条第2款明确约定，甲方（即沂南某收费处）有义务提供良好安全的施工环境，而本案的工作环境存在安全隐患。（2）沂南某收费处认为简单的承包合同不需要资质是错误的。根据该承包合同的附件，该维修工程的发包需要具有资质，而交通设施公司提供的资质是借用别人的，其提供的资质一级和注册资本100万等信息是伪造的，沂南收费处明显审查不严，具有过错。（3）通过从收费处调取的录像资料，路障已经延伸到高压线下面，发包方存在过失。对于该份视频资料，援助律师将事先整理好的《视频资料简要说明》分别发给被告，接着用随身携带的电脑播放了录像资料，并逐一向各位被告解说，询问他们是否有异议。此外，承包合同规定必须要安检员负责两队伍的协商工作，但事故发生时，安检员未在场，即便是案发后，110、120都已经到达，仍然没有看到安检员的身影，收费站存在严重过失。某供电公司则认为，无论承包合同是否有效，都只能证明交通设施公司与沂南某收费处之间的承包关系，交通设施公司基于承包人的身份，只能与原告栾某某之间构成劳动关系。

本案证人张某某出庭作证，详细描述了事故发生经过，并证实其受交通设施公司雇佣后，找来栾某某等人干活，约定的工资为150元/天，管吃管住；交通设施公司没有职工，承包工程后，临时找人干活，甚至涉案脚手架都是交通设施公司租赁的；事故发生时，安检员没有在场。

对于原告栾某某与各位被告之间的关系，双方代理律师互不相让。为了缓和双方剑拔弩张的情形，主办法官宣布休庭10分钟。

再次开庭后，主办法官组织原被告双方就本案涉及的第二个焦点问题，即原告受伤经过、原因、治疗经过、造成的损失、请求赔偿的依据进行法庭调查和辩论。

援助律师认为，事故发生的主要原因是作为发包方的沂南某收费处在发包工程时没有严格审查，将工程发包给没有资质的交通设施公司，而且现场管理存在过失，没有协调好维修方与路面施工方的工作，导致路障延伸到高压线下面，为事故的发生埋下了隐患。现场没有安检员管理，工作人员擅离职守，让原告等人推着脚手架离高压线越来越近。沂南某收费处没有提供良好的工作环境，且没有对原告进行及时的抢救。某供电公司对高压线的管理没有尽到安全管理义务，导致高压线下垂，违背了国家规定的 7 米高度，实际上只有 6.5 米左右。再者，根据某供电公司答辩，高压线附近的工程需要经过审批，然后才能施工，而交通设施公司和沂南某收费处没有经过审批，存在过错。

对于援助律师的主张，交通设施公司没有发表任何意见。沂南某收费处认为，原告栾某某等人擅自违章作业，将脚手架推到承包合同约定的施工范围以外，从而导致事故发生，收费处不存在过错；隔离墩是否延伸到高压线下面，不是收费处的义务所在，收费处只负责验收成果，至于隔离墩的管理，是交通设施公司的事情。某供电公司认为，事故属原告栾某某违法作业造成，且没有尽到注意义务才导致。对于架空高压线的高度，某供电公司提供了事故现场照片、沂南县经审局勘验结论以及国家关于架空线地面垂直高度规定等证据材料。沂南县经审局勘验结论认为，涉案高压线垂直距离为 7.18 米，符合国家相关规定，而脚手架高度为 8.3 米，远远超过高压线高度。

针对某供电公司提供的沂南县经审局勘验结论，援助律师认为，经审局是供电公司的主管单位，本身具有利害关系，其勘验结论是在 7 月 25 日出具，但案发时间是在 7 月 21 日，此时现场已经破坏，真实性值得怀疑。另外，根据交通设施公司与脚手架租赁公司签订的《租赁协议》，脚手架每节固定为 1.6 米，施工使用的脚手架共四节组成，共计 6.4 米，加上地上轮子 20厘米，共计 6.6 米左右，因此，低于国家规定高压线垂直距离 7 米。

随后，法院组织双方就沂南县安监局联合其他部门制作的现场调查报告进行质证。援助律师强调，该份调查报告指出高压线与路面的垂直高度大约为 6.5 米。交通设施公司对报告认定原告栾某某为其职工予以否认，其他没有异议。沂南某收费处称，报告能认定原告挪动脚手架是应路面施工方要求，而并非收费处人要求；事故发生地点在防雨棚南侧 50 米，不在承包施工区域范围内；事故原因分析报告依据《安全生产法》认定，其内容并非事故形成原因；报告事故原因分析只是行政责任，与民事赔偿责任不对等。

针对诸被告辩称，援助律师补充认为，从收费处调取的录像资料及照片可以看出，脚手架的高度并非被告主张的 8.3 米；隔离墩已经延伸到高压线下，就可以推断收费处管理区域延伸到高压线下。之后，法院组织双方就赔偿项目及标准进行证据交换和质证。

在法庭辩论阶段，援助律师及被告代理人，就被告对原告是否赔偿以及怎样赔偿、法律依据等问题展开辩论。最后，原被告双方均不同意调解，开庭审理结束。庭审后，援助律师与主办法官交流，在征得栾某某的同意下，撤回了对交通设施公司和沂南某收费处的起诉，但保留对他们另行起诉的权利。

栾某某到北京某医院治疗时，主治医生认为需对其双手进行神经截除手术，但高昂的手术费又让他望而却步。经鉴定机构鉴定，栾某某电击伤为三级伤残。2011 年 4 月 10 日，高密市人民法院对栾某某人身损害赔偿案进行审理。

2011 年 6 月 25 日，高密市人民法院认定，栾某某与交通设施公司构成雇佣关系，其在从事雇佣活动中受伤，可以要求雇主赔偿，也可以要求侵权的第三人赔偿。另外，栾某某作为完全民事行为能力人，在推行脚手架过程中未尽到充分的安全注意义务，对事故发生存在重大过失。最终，法院判决某供电公司赔偿栾某某医药费等各项损失共计 80331.67 元的 70%，即 56232.17 元，及精神抚慰金 20000 元，两项共计 76232.17 元。

【法律分析】

一、劳动关系、劳务关系、雇佣关系的界定

1. 劳动关系

从广义上讲，生活在城市和农村的任何劳动者与任何性质的用人单位之间因从事劳动而结成的社会关系都属于劳动关系的范畴。从狭义上讲，现实经济生活中的劳动关系是指受国家劳动法律法规规范的劳动法律关系，即双方当事人是被一定的劳动法律规范所规定和确认的权利与义务联系在一起的，其权利和义务的实现，是由国家强制力来保障的。

劳动法律关系的一方（劳动者）必须加入某一个用人单位，成为该单位的一员，并参加单位的生产劳动，遵守单位内部的劳动规则；而另一方（用人单位）则必须按照劳动者的劳动数量或质量给付其报酬，提供工作条件，并不断改进劳动者的物质文化生活。虽然双方的劳动关系是建立在平等自愿、协商一致的基础上，但劳动关系建立后，双方在职责上则具有了从属关系。用人单位作为劳动力使用者，要安排劳动者在组织内和生产资料结合；而劳动者则要通过运用自身的劳动能力，完成用人单位交给的各项生产任务，并遵守单位内部的规章制度。这种从属性的劳动组织关系具有很强的隶属性质，即成为一种隶属主体间的以指挥和服从为特征的管理关系。

2. 劳务关系

劳务关系是劳动者与用工者根据口头或书面约定，由劳动者向用工者提供一次性的或者是特定的劳动服务，用工者依约向劳动者支付劳务报酬的一种有偿服务的法律关系。

劳务关系是由两个或两个以上的平等主体，通过劳务合同建立的一种民事权利义务关系。该合同可以是书面形式，也可以是口头形式和其他形式。它由《民法通则》《合同法》等进行规范和调整，建立和存在劳务关系的当事人之间是否签订书面劳务合同，由当事人双方协商确定。劳务关系、劳务合同是一种顾名思义的通俗称呼，在《合同法》中是没有这类名词的。属于承包劳务情形的劳务合同，似可归属法定的"承揽合同"；属于劳务人员输出情形的劳务合同，似可归属法定的"租赁合同"。劳务合同与劳动合同不同，没有固定的格式，必备的条款。其内容可依照《合同法》第12条规定，由当事人根据具体情况自主随机选择条款，具体约定。

3. 雇佣关系

雇佣关系是指受雇人向雇用人提供劳务，雇用人支付相应报酬形成的权利义务关系。它是雇主和受雇人达成契约的基础上成立的，雇佣合同可以是口头，也可以是书面的。实际生活中常见的雇佣形式有：家庭雇用保姆，私人之间的雇用（如车主雇人开车），雇请钟点工，聘用离退休人员，不具有招工资格的单位（如法人内部机构）招用临时工等等。

雇佣关系是一种私法上的关系，强调当事人双方的意思自治，只要当事人双方的约定不违反法律的强行性规定，不违反公序良俗，国家就不予干预，其权利义务的调整主要参照《民法通则》等民事法律规范。雇佣合同在我国法律中没有明确规定，但大陆法系各国一般都对雇佣合同设有规定，例如《法国民法典》《德国民法典》。

二、劳动关系和雇佣关系的区别

（1）主体范围不同。凡平等主体的公民之间、公民与法人之间均可形成雇佣关系，而劳动关系主体具有单一性，即一方只能是劳动者个人，另一方面只能是企业、事业单位等用人单位。

（2）紧密程度不同。劳动关系中，劳动者隶属于用人单位，受其管理和约束，要求劳动者遵守用人单位的各项制度，服从用人单位的工作安排，双方是管理与被管理、支配与被支配的关系。而雇佣劳务关系中，双方是平等的主体关系，一方不受另一方约束（这里的约束非指合同约束，实为工作约束），工作安排上有较大的空间，不具备隶属性。

（3）待遇以及劳动报酬支付不同。劳动关系中，劳动者依据我国法律享有休息休假的权利、获得劳动安全卫生保护的权利、接受职业培训的权利、享受社会保险和福利等法定的权利。其劳动报酬支付是由法律规定，并具有规律性，通常是按月、足额并以现金的方式发放。而在雇佣劳务关系中，劳动者仅享有报酬请求权等极少的权利保障，对于享受社会保险和福利等权利只能依据双方先前的约定才能享有。其劳动报酬支付一般是按次结清，就是在工作完成之后，由雇用方一次性支付给受雇用方报酬，也可以由双方约定发放报酬的时间、方式等，并不受劳动法律法规的强制性约束。

（4）劳动人员是否连续稳定地从事工作不同。一般而言，劳动关系中劳动者有长期、持续、稳定地在用工单位工作的主观意图，同时用人单位在招聘时也是以劳动者长期为单位提供劳动为目的，具有长期、持续、稳定性。而雇佣关系中一般是以完成一项工作为目的，并不是在用人单位连续、稳定地工作，所以，不具有长期、持续、稳定的特征。

（5）法律适用不同。因劳动关系发生纠纷，要依据《劳动法》《劳动合同法》以及《工伤保险条例》等系列劳动法律进行解决，而因雇佣关系发生纠纷，则要依据《民法通则》以及《最高人民法院关于审理人身损害赔偿案件适用法律若干问题的解释》等来处理。

三、劳动关系与劳务关系的区别

（1）法律依据不同。劳动关系由《劳动法》规范和调整，而且建立劳动关系必须签订书面劳动合同。劳务关系由《民法通则》和《合同法》等进行规范和调整，建立和存在劳务关系的当事人之间是否签订书面劳务合同，由当事人双方协商确定。

（2）主体不同。劳动关系中的一方应是符合法定条件的用人单位，另一方只能是自然人，而且必须是符合劳动年龄条件，且具有与履行劳动合同义务相适应的能力的自然人；劳务关系的主体类型较多，如可以是两个用人单位，也可以是两个自然人。法律法规对劳务关系主体的要求不如对劳动关系主体要求的那么严格。

（3）当事人之间隶属关系不同。处于劳动关系中的用人单位与当事人之间存在着隶属关系是劳动关系的主要特征。隶属关系的含义是指劳动者成为用人单位中的一员，即当事人成为该用人单位的职工或员工（以下统称职工）。而劳务关系中，不存在一方当事人是另一方当事人的职工这种隶属关系。

（4）当事人之间承担义务不同。劳动关系中的用人单位必须按照法律法规和地方规章等为职工承担社会保险义务，且用人单位承担其职工的社会保险义务是法律的确定性规范；而劳务关系中的一方当事人不存在必须承担另一方当事人社会保险的义务。

（5）用人单位对当事人的管理不同。用人单位具有对劳动者违章违纪进行处理的管理权。如对职工严重违反用人单位劳动纪律和规章制度、严重失职、营私舞弊等行为进行处理，有权依据其依法制定的规章制度解除与当事人的劳动合同，或者对当事人给予警告、记过、降职等处分；劳务关系中的一方对另一方的处理虽然也有不再使用的权利，或者要求当事人承担一定的经济责任，但不含当事人一方取消当事人另一方本单位职工"身份"这一形式，即不包括与其解除劳动合同或给予其他纪律处分形式。

（6）支付报酬不同。劳动关系中的用人单位对劳动者具有行使工资、奖金等方面的分配权利。分配关系通常包括表现为劳动报酬范畴的工资和奖金，以及由此派生的社会保险关系等。用人单位向劳动者支付的工资应遵循按劳分配、同工同酬的原则，必须遵守当地有关最低工资标准的规定；而在劳务关系中的一方当事人向另一方支付的报酬完全由双方协商确定，当事人得到的是根据权利义务平等、公平等原则事先约定的报酬。

6. 诉争两年疑无路　援助半截又一村

——记马某某人身损害赔偿案

【导读】

当事人马某某受吴某某雇用在商河县怀仁镇某街村民委员会发包的农民新居楼项目打工。2009年7月31日，在工作过程中马某某不慎被郭某某驾驶的郭某所有的吊车砸伤右小腿，经司法鉴定为五级伤残。2009年10月30日，马某某曾向法院提出诉讼，但法院认为案情特别复杂，迟迟不予结案，当事人无奈撤诉。援助律师接受委托后，耐心与主办法官交流，追加村委会、大包工头为被告，确定了各主体的赔偿责任。最终，法院判令被告商河县怀仁镇某街村民委员会、吴某某、郭某、郭某某、路某某承担按份责任，赔偿当事人医疗费、护理费、误工费、残疾赔偿金、精神抚慰金等费用共计157613.26元。

【案件回顾】

●吊车侧翻，小腿被砸

为落实新农村建设政策，解决广大城镇居民住房问题，提升城镇居民生活质量，山东省商河县怀仁镇某街村民委员会（以下简称某村委会）根据城镇总体规划要求，在该村兴建49套两层小楼，取名为怀仁镇某居民小区。2009年4月，某村委会与邻村村民吴某某签订《委托建房协议书》，由吴某某作为总承包人承建该工程。

协议签订后，吴某某又将承包工程中的部分零星活分包给路某某和马某某，并安排他们负责施工指挥。虽然路某某没有建筑施工资质，但他从事建筑工程已有不少的年头。

路某某有个初中同学叫郭某，一直跟随他在工地上干活。多年的工地打工生活不仅让郭某赚了些钱，而且掌握了建筑工地上的营生手段。郭某心里一直估摸着买台吊车在工地上揽活。在与家人商议后，2009年7月21日，郭某从泰安市花75000元买了台吊车。这样，路某某就将工地上所有吊车的活承包给郭某，不再租用其他人的吊车。和郭某一起被路某某雇用的还有一个叫郭某某的人，此人以前在工地上开过塔吊，和郭某还是亲戚关系，于是郭某找来他一起轮换开吊车。就这样，工地上需要用吊车时，郭某和郭某某就开吊车工作，闲下来时就和其他人一起在工地上干些小工的零活。

2009年7月29日，郭某的一位亲戚翻盖老房子需要用吊车，便联系了他。于是郭某开车载着郭某某一起到怀仁镇小街子干活。原打算上午就能完工，下午还能赶回工地，不耽误工地的活，但村里上午整体停电，无奈只能等到下午再干。中午时，郭某给路某某打了电话，说明下午不能赶回工地，并帮工地联系了杨武镇的吊车。晚上从小街子回来后，郭某为郭某某开了当天的工资。

第二天一早，郭某开着吊车来到了工地。一见到马某某，郭某赶紧把车停住，并从车上跳下，嘴里不停地解释昨天在小街子忙，没能赶回来，耽误了工地施工。马某某满脸阴沉地说："昨天你找的那吊车干一下午就给了100块钱，活还没干完，你瞅瞅，二楼的楼板还搁那呢。"顺着马某某手指的方向，只见十几块3米多长的楼板整体摆放在工地上。郭某赶紧顺着马某某的话说："我这就让郭某某开车把那楼板给搬了。"郭某一边说，一边安排郭某某吊楼板。

郭某某以前开的是塔吊，都是半空作业，对地面作业的吊车还不太熟悉，每次只能吊一块楼板，还要来回打几个趔趄。马某某看在眼里，急在心里，告诉郭某某一次吊两块楼板，加快工作进度。于是郭某某按照马某某的指挥，一下吊起了两块楼板。可就在楼板被吊起的瞬间，吊车突然发生侧翻，高高抬起的吊车臂不偏不倚地砸在了马某某的右腿上。只听马某某"啊"的一声惨叫，倒在了工地上。

闻讯赶来的工友为马某某做了简单包扎后，赶忙将他送到了济南军区总医院。经医生检查，马某某右小腿距膝盖 1/3 处已被砸断，皮肤、软组织挫伤，右小腿残端血管、神经、肌肉及骨质断端外漏，而被砸断小腿部分毁损严重，肌肉发白，已经没有任何张力。在征得马某某和亲属同意后，医生当天为他进行了残端修整手术。在医院住院 19 天后，马某某安装假肢出了院。

● 协商未果，起诉赔偿

正直壮年的马某某一时无法接受这飞来的横祸。他是家里唯一的经济支柱，妻子在家务农，没有任何经济收入，儿子只有 15 岁，还在读初中，父亲已经 81 岁了，全凭着他养老。另外，每次走在村里，邻居都用异样的目光看着马某某的右腿，这无形中给他增加了巨大的精神压力。

马某某曾找过郭某要求赔偿，但郭某一个劲地给他抱怨倒霉，21 日买的新吊车，30 日就出事故砸到人，一共没干 10 天的活，还没来得及挣钱就得先赔钱。后来马某某才知道，事发第二天，郭某就在当地复兴门市以 55000 元将吊车处理了。马某某又找到开吊车的郭某某要求赔偿，可郭某某推托自己没有经济能力，无法给予赔偿。

多次协商赔偿无果，马某某心灰意冷。2009 年 10 月 30 日，马某某以郭某某、郭某为被告起诉到商河县人民法院，请求两被告赔偿医药费 49136.3 元，交通费 650 元，住院伙食补助费 720 元，以及误工费、护理费、残疾补助金、被抚养人生活费、精神损害抚慰金、假肢安装费等。同时，马某某提出伤残等级鉴定申请，请求对其伤残等级、医疗终结期限及误工时间、住院期间、院外护理时间及人数、假肢安装的次数、每次的费用数额、营养费等进行鉴定。

法院受理马某某起诉后，2009 年 11 月 9 日，郭某请求商河县人民法院追加路某某为本案被告，理由是"事故发生时的吊车是在路某某租用期间，路某某应承担事故的相应责任"。随后，法院依次向郭某、郭某某、路某某下达了应诉通知书、举证通知书、传票等法律文书。

2010 年 4 月 20 日，商河县人民法院对外委托山东某司法鉴定所对马某某伤残情况进行鉴定。经鉴定，马某某右小腿毁损伤为五级伤残；误工时间为评残前 1 天为止；护理时间为 90 天，其中住院期间 2 人护理，出院后 1 人护理；假肢安装费为每次 3300~18000 元，每 3~5 年更换 1 次；营养费不属于鉴定范围。

2010 年 5 月 13 日，根据鉴定结论，马某某又向法院提出变更诉讼请求申请书，变更后的赔偿事项和金额为：医疗费 49136.3 元，交通费 650 元，住院伙食补助费 720 元，误工费 7598 元，护理费 3161 元，残疾补助费 73428 元，被扶养人生活费 8515.5 元，精神损害抚慰金 5000 元，假肢安装费 96000 元，共计 244208.8 元。

2010 年 7 月 19 日，商河县人民法院对本案进行开庭审理。马某某在当地请了一位律师为其代理。庭审中，郭某和郭某某一致声称吊车是工地租用的，租赁费 100 元/天，并且吊车侧翻是因为马某某指挥不当，导致超负荷工作。路某某则坚持认为，吊车为郭某所有，事故是由郭某某操作不当所致，其不应承担任何责任。庭审后，法院组织当事人双方进行调解，但被告都推脱不应该承担责任。

● 法院迟迟不判，申请法律援助

此次开庭之后，马某某开始了漫长的等待，法院对本案迟迟不判决，似乎本案就这样石沉大海。马某某不愿意再这样毫无终日地等待，他找到了山东省农民工维权工作站。

维权站律师对案件进行了初步了解，断定本案属于维权站法律援助范围。援助律师为马某某办理了法律援助手续。在援助手续批准后，援助律师与马某某进行了充分的沟通，对事故发生时的情况以及涉案相关人员做了比较全面的了解。马某某离开维权站后，援助律师反复思考本案，认为单纯列郭某、郭某某、路某某为被告存在错误，本案存在其他法律关系，相应还存在其他责任主体。

为进一步查清本案事实，援助律师来到商河县怀仁镇某居民小区建筑工地，向工地工人了解事故发生情况，并对工程发包方、承包方、实际施工者进行调查。随后，援助律师找到马某某之前委托的律师，向其核实案件进展情况，及初次开庭时诸被告答辩意见和理由。最后，援助律师来到商河县人民法院，提出追加某村委会、吴某某为本案被告，理由是某村委会所建造楼房为砖混结构的上下两层的小院，共计 49 套，具有规模性，并非农村自建房，施工人应具有相应的建筑资质，而吴某某没有资质，因此某村委会和吴某某存在违法分包和承包行为。但对援助律师的办案思路主办法官不能接受，坚持认为某村委会和吴某某不应成为本案被告。援助律师认为追加本案被告不仅考虑到某村委会和吴某某的上述违法行为，更考虑到他们实际的经济情况，有能力承担赔偿责任，有利于判决的执行。但是主办法官无法接受援助律师的办案思路。

2010 年 9 月 27 日，主办法官通知郭某三位工友到商河县人民法院怀仁派出法庭接受调查。11 月 28 日，主办法官又到怀仁镇小街子村进行调查。12 月 7 日至 8 日，主办法官分别对路某某和郭某进行调查。

援助律师得知法院调查后，再次来到商河县人民法院找到主办法官进行阅卷。援助律师发现，郭某三位工友一致证实，郭某、郭某某都受路某某雇用在工地上做零工；郭某买了吊车后请来郭某某帮其开车。路某某和郭某分别证实，以前路某某租别的吊车，自从郭某买来吊车后，路某某就让郭某承包了工地上所有的吊车活，双方没有约定价格，只是在事故发生后，郭某才询问路某某吊车一天租金多少。另外，法院通过向小街子村村民调查，证实郭某某跟随郭某曾在当地使用吊车施工。法院一系列调查证实：路某某和郭某既存在雇佣关系，又存在吊车租赁关系；路某某和郭某某存在雇佣关系；郭某某和郭某存在雇佣关系。

令援助律师遗憾的是，法院没有对某村委会和吴某某之间的非法发包关系进行调查，也没有对吴某某与路某某、马某某之间的非法转包关系进行调查。

援助律师锲而不舍坚持最初的办案思路。2010 年 12 月 30 日，援助律师向法院提出追加某村委会、吴某某为本案被告的申请。但此时已经到了 2010 年年底，本案自受理一年多没有判决，主审法院建议马某某先撤诉，再另行起诉。得到这一消息，马某某十分不解，万分焦虑，担心案件不能再起诉，自己的人身损害也不能获得赔偿。但援助律师认为撤诉对案情进展是个转机，这样再次起诉时就可以将某村委会、吴某某、郭某、郭某某、路某某都列为被告。援助律师为马某某解释了诉讼程序法律规定，并给他分析了另行起诉可以追加被告，这才打消了他的疑虑。2011 年 1 月 7 日，马某某向法院提出了撤诉申请，法院做出裁定。

●重新起诉，说服法官

就在马某某撤诉后的第三天，援助律师为他另行拟定起诉书。这次援助律师在起诉书中将某村委会、吴某某、郭某、郭某某、路某某同时列为被告。立案后负责审理本案的主办法官依然是之前的那位，对于援助律师的办案思路，法官依然不予认可，但又因为起诉书中被告都已经列明，必须查明案件事实。自立案起，本案一拖再拖，4 个月之久没有开庭。

2011 年 6 月的一天，法官通知马某某和援助律师到法院接受调查。援助律师预感到这是本案确定各方法律关系的又一次契机，于是在去法院之前细心整理了本案证据目录，将证据名称、证明的事实详细罗列，并以比较醒目的方式一一标识。同时，援助律师整理了代理词，从三个方面论证了诸被告与原告之间的法律关系，同时对诉讼请求事项所依据的法律及计算公式绘制表格。在充分准备之后，援助律师与马某某一起来到商河县人民法院。援助律师向法官提交了事先准备的证据材料、代理词等，同时分析了本案涉案当事人之间的法律关系，将被告的违法行为、应当承担的法律责任逐条指出。主办法官神情专注地认真聆听并频频点头。见法官态度稍稍发生了转变，援助律师就一鼓作气将案件的办案整体思路一并讲出，还结合自身已经办结的典型案件与法官交流。主办法官紧锁的眉头慢慢舒展开来，这一细微的变化又一次被援助律师捕捉到，于是援助律师让坐在旁边的马某某将长裤卷起，脱下安装的假肢，露出残肢。相信见到这种情况，法官的怜悯之心早已油然而起。这次晓之以理动之以情的谈话过程非常成功。

●开庭审理，各个击破

2011 年 7 月 22 日，商河县人民法院公开开庭审理本案。面对马某某的起诉，某村委会答辩认为，所建楼房是怀仁镇村民自行投资所建，与村委会无关。吴某某则认为，农民自建房屋只有两层，属于低层住宅，并且其已经与马某某、路某某签订了建筑工程合同，该合同在性质上属于承揽合同，根据《最高人民法院关于审理人身损害赔偿案件适用法律若干问题的解释》第 10

条规定，承揽人在完成过程中自身造成损害的，定作人不承担赔偿责任。郭某某称，其跟随路某某、马某某干活，因马某某指挥不当才导致事故发生，应该由马某某自己承担责任。郭某辩称，其提供吊车给路某某使用，只收取租赁费；在吊车租赁期间，由承租人负责安排雇佣其他专业技术吊车司机驾驶该车辆；事故发生期间，该吊车完全是由路某某、马某某二人占有、使用、管理和支配；其提供吊车本身没有瑕疵，自己不存在过错，根据《合同法》第 246 条的规定，不应该承担责任。

路某某听到郭某的说辞火冒三丈，一口咬定已经将吊楼板工作承包给郭某，而郭某某受郭某雇用，其不应该承担事故责任。五个被告都矢口否认事故与自己有关，并互相指责应由他人承担责任。

见到这种情况，援助律师借力打力、各个击破。首先，根据法律规定，所有农村土地的住宅建房都需要向村委会申请，报镇政府或县政府批准，尤其对于如此大规模的建筑群，村委会负有管理权，一句"不清楚谁建房"的空话是不可能搪塞过去的，因此某村委会应该清楚是谁投资建房、发包给谁承建。其次，吴某某所承建的工程有七座住宅楼，既然已经与包清工的路某某签有权利义务明确的协议，其所称与发包方没有签订协议是不符合常理的。另外，承包建筑工程应该具备相应的建筑资质，而吴某某尚未向法院提交证据证实其具有该资质。再次，本案中郭某某具有双重身份。在做零工时，跟着路某某被吴某某雇用；在开吊车时，被车主郭某雇用。本案案发时，郭某某在从事吊车工作，因此应该认定郭某和郭某某存在雇主和雇员的关系，应与其承担连带责任。最后，郭某作为吊车的所有者、管理者、受益者应该承担责任。郭某主张与路某某是租赁关系，无证据证明。本案中，路某某和马某某一起跟随吴某某提供劳务，是农民工代表，不应承担责任。在法庭调查阶段，某村委会还是坚持认为工程属于村民自行投资建房，谁盖房不清楚。但吴某某却说是某村委会委托他建的房，并与村委会之间签有《委托建房协议》。鉴于吴某某没有向法院提交《委托建房协议》，主办法官宣布休庭。

2011 年 8 月 26 日、9 月 1 日，商河县人民法院又先后两次组织本案开庭，对某村委会和吴某某提交的《委托建房协议》、吴某某和路某某之间签订的《承包协议》、马某某提交的医药费单据、鉴定结论等证据材料组织质证。

3 个月后，商河县人民法院做出判决，认定涉案工程具有规模性，某村委会作为该工程的所有人，应将工程发包给具有相应建筑资质的单位，而本案承包人吴某某不具备该资质，并且又将该工程分包给不具有资质的路某某，所以某村委会、吴某某、路某某均存在过错。案发时，郭某作为吊车的所有人、受益人，郭某某明知道自己没有取得相应驾驶资质而驾驶吊车，导致事故发生，对此郭某和郭某某存在过错。而马某某作为路某某的合伙人，又是现场指挥者，由于指挥不慎，未对自己尽到必要的安全防范义务，本身存在一定过错，应该承担相应责任。最终，法院判决五被告赔偿马某某各项损失共计 157613.26 元，其中某村委会承担 10% 的责任，吴某某承担 20% 的责任，郭某承担 10% 的责任，郭某某承担 20% 的责任，路某某承担 10% 的责任，马某某自己承担 30% 的责任。

【法律分析】

一、建筑工程承包关系、雇佣关系、承揽关系、租赁关系

建筑工程承包关系一般指的是承包人进行工程建设，发包人支付价款的一种法律关系，其又包括工程勘察、设计、施工等法律关系。根据我国《合同法》第 272 条第 3 款的规定，承包人不得将工程分包给不具备相应资质条件的单位。雇佣关系是指受雇人向雇用人提供劳务，雇用人支付相应报酬而形成的权利义务关系。它是雇主和受雇人在达成契约的基础上成立的。雇佣合同可以是口头也可以是书面的。实际生活中常见的雇佣形式有：家庭雇用保姆，雇请钟点工，不具有招工资格的单位招用临时工等等。承揽关系是承揽人按照定作人的要求完成工作，交付工作成果，定作人给付报酬的法律关系。承揽包括加工、定作、修理、复制、测试、检验等工作。租赁关系是出租人将租赁物交付承租人使用、收益，承租人支付租金的一种法律关系。本案涉及主体众多，法律关系复杂，焦点是关于赔偿主体的确定。

本案中，某村委会将涉案的农民新居楼工程发包给自然人吴某某，原告马某某受吴某某雇用在涉案工地上打工，吴某某无相应承包工程的资质，根据《最高人民法院关于审理人身损害赔偿案件适用法律若干问题的解释》第 11 条之规定，某村委会、吴某某依法对马某某遭受的事故伤害承担连带责任。

郭某某在本案中具有双重身份。在干零工时，他是跟随路某某被吴某某雇用；在开吊车时，则是被吊车车主郭某雇用。本案案发时，郭某某在从事开吊车的工作，应认定郭某某、郭某之间存在雇佣关系，因此，对于雇员郭某某对他人造成的伤害，雇主郭某应与郭某某一起承担连带责任。

路某某与马某某受雇于吴某某，同是提供劳务的农民工，其与吴某某签订协议是以农民工代表的身份做出的行为，与吴某某之间应该是雇佣关系，而非工程承包关系，更不是吴某某主张的承揽关系。援助律师认为，对于马某某所受伤害，路某某不应该承担责任。

二、连带责任和按份责任的区别

连带责任是指在二人以上共同侵犯他人合法权益或者以共同危险行为致人损害时，加害人之间由于存在共同过错，或者虽无共同过错，但加害人的行为之间直接结合致人损害，加害人之间不分先后，均有直接向受害人承担全部责任的义务。按份责任是指在二人以上的侵权行为造成他人的同一损害结果时，如果加害人之间无共同过错，其侵权行为间接结合造成他人损害的，加害人之间按照过错大小，或其原因力大小，各自承担其相应的责任。

根据连带责任人之间责任分配和最终归属的不同情况，连带责任可区分为普通连带责任、不真正连带责任。普通连带责任是指连带责任人的行为给受害人造成损害后，尽管内部存在责任份额的分配问题，但任何一位连带责任人最终均应承担法律后果。不真正连带责任是指连带责任人的行为给受害人造成损害后，尽管受害人可以不分先后直接向任何一位行为人要求承担全部赔偿责任，但实际上最终承担法律后果的为其中一人，不需分担法律后果。《最高人民法院关于审理人身损害赔偿案件适用法律若干问题的解释》第11条的规定就是典型的不真正连带责任，因雇主的责任最终应由第三人承担。

依照上述分析，本案中，某村委会、吴某某、郭某、郭某某、路某某应该对马某某所受伤害承担连带赔偿责任，而非按份责任，因此，商河县人民法院的判决有值得商榷之处。

7. 捍卫正义　维护公平

——记仇某某、张某某等77名农民工拖欠工资案

【导读】

仇某某、张某某等77名农民工跟随小包工头宋小春、宋小杰在济南市某旧村改造9号楼打工。工程完工结算时，因当年人工成本增加，大包工头陈某某对农民工工资无故克扣，导致小包工头宋小春、宋小杰无利可图，无法向77名农民工发放工资。宋小杰随后失踪。为讨回血汗钱，77名农民工向山东省农民工维权工作站申请法律援助。最终，在援助律师多次调查取证协商下，77位农民工工资全部讨回。

【案件回顾】

●打工生活艰难，遭遇克扣工资

2008年4月3日，山东省巨野县的宋氏两兄弟宋小春、宋小杰带领分别来自巨野县和嘉祥县的77名农民工，在济南市某旧村改造9号楼打工。根据工程需要，这77名农民工被分成三组，其中宋小春带领20人负责模板制作工作，其余的人跟随宋小杰工作，45个人负责瓦工，12个人负责钢筋相关工作。

农民进城打工的日子是极其辛苦的。和普通的农民工一样，这77个农民工每天人均工作时间超过10个小时，甚至有时达13个小时。他们每月正常工作时间都在300个小时以上，是普通人法定月工作时间的2倍。他们通宵加班的工资与白班工资相同，或者是白班工资的1.5～2倍，而这还要看包工头是否大方。遇到工程紧的时候，他们可以连续工作50多个小时，甚至3天3夜不休息。

坚韧的生命状态不是每次都能换回对等的社会待遇。对于农民工而言，工伤事故、拖欠克扣工资等是他们经常面临的问题。如很多农民工一样，本

案中的 77 个农民工也没能逃脱现实的摆布。

2008 年 8 月 26 日，某旧村改造 9 号楼的主体工程完工了。但是当作为小包工头的宋氏两兄弟与包工头陈某某结算时，对方以施工过程存在材料浪费等为借口故意克扣，迟迟不给结算。原来，当初陈某某与宋小春、宋小杰约定的是每平方米 760 元的人工费，可是当年人工费涨得快，到了工程竣工时，陈某某无利可图，所以才找出各种理由百般刁难。同年 8 月 31 日，在宋氏兄弟的多次争取下，陈某某终于将承包工程量和工人工资给予结算。从结算结果看，77 名农民工工资合计 454949.2 元。陈某某的克扣导致小包工头宋氏兄弟无利润可挣，于是宋小杰将结算单交付给农民工后便下落不明。之后，77 个农民工自发组织起来到发包方山东某开发公司大门堵截过两次，可终究没能讨回工资。幸运的是，一个偶然的机会，在一档新闻节目里，他们得知山东省农民工维权工作站可以提供法律援助，于是宋小春拨通了工作站的电话。

●寻求法律援助，调解协商毫无结果

2008 年 9 月 4 日，宋小春、仇某某、张某某来到工作站，向援助律师详细地讲述了他们的情况。由于该案涉及人数多，案情复杂，欠薪数额高达 454949.2 元，且因农民工急需回家秋收秋种，已经堵过发包方大门两次，情况非常紧急。援助律师将每名农民工所拖欠工资逐一落实后，给他们办理了法律援助手续。随后，援助律师马上电话联系了包工头陈某某，希望能协商解决此事。可几次电话中，他都推辞说事务繁忙，没时间协商。

两天后，援助律师来到工程发包方山东某开发公司，对该公司与大包工头陈某某之间的承包事宜及支付工程款情况进行调查。该公司的苏经理接待了援助律师。在了解到工作站的性质及案情后，苏经理表示一定全力配合工作站为农民工维权。在与苏经理的交谈中，援助律师得知，该公司还拖欠陈某某 100 多万元工程款。于是援助律师建议，在涉案农民工的工资没有拿到之前，公司不能再为陈某某支付任何款项，否则追究其连带责任。对于此次的交谈，援助律师做了录音。

2008 年 9 月 8 日，援助律师再次电话联系陈某某。由于发包方山东某开发公司对其施加了压力，这次陈某某表示愿意调解。得知陈某某态度有所改变，援助律师赶紧联系农民工代表宋小春、仇某某、张某某来工作站调解。

调解工作持续了整整一个上午。陈某某以前也是个农民工，后来发迹了，开始承包工程。虽然是农民工出身，但是陈某某丝毫没有同情和维护农民工的意思，除了吹毛求疵外，他还口口声声骂农民工是一群"刁民"，干活不讲信誉等等。而宋小春等三人亦是不服，多次与陈某某大声争吵。三位援助律师分别对双方做工作，希望各自控制好情绪，心平气和地解决问题。援助律师首先给陈某某分析了本案的法律关系。某旧村改造 9 号楼的主体工程已完工结算，数额具体明确，且结算单上有陈某某本人的签名。另外，农民工宋小春等提供的农民工工资单内容具体准确，且上面记载的工资总数与结算单上拖欠工资数额相符。两份证据足以证实 77 名农民工被拖欠工资的事实。援助律师从农民工的角度劝解陈某某，农民工出身的他应该能明白，工资都是农民工的血汗钱，他们挣的每一分钱都是用汗水甚至是生命换来的。这样晓之以理动之以情的劝说，让陈某某的态度稍稍有了改变。可当再次谈判时，双方的情绪又变得激动起来。三位援助律师一上午的努力，终究没能让双方达成协议。

●幸运遇见领导，事情有所转机

2008 年 9 月 10 日，援助律师与 20 多名农民工再次来到发包方山东某开发公司讨要工资。幸运的是这次遇见该单位领导检查工地施工情况。于是，援助律师和农民工当即找到领导，向该领导说明拖欠工资情况。该领导得知有 77 个农民工未发工资后大发雷霆，并严厉训斥负责人，责令公司左经理安排相关事宜，及时给农民工发放工资。次日，援助律师与陈某某联系，此次他表示同意先支付部分工资款，余款需宽限几天。

2008 年 9 月 12 日即中秋节的前两天，在援助律师的协调下，77 位农民工代表宋小春、仇某某、张某某与陈某某达成协议，陈某某一次性现金支付农民工工资 35 万元，余款 10 万元于 10 月 20 日前付清。宋小春等三人也当场写下承诺书，保证将所得全部款项如数发放给农民工。而陈某某亦承诺，如果在 10 月 20 日不能一次性结清，愿意承担 3% 的违约金。虽然没能让农民工拿到全部工资，但至少他们可以过一个宽裕舒坦的中秋节了。对此，援助律师也感到高兴。

2008 年 10 月 20 日，援助律师联系仇某某，落实所欠余款发放情况，得知陈某某已将余款全部发放。至此，77 位农民工工资全部讨回。

2008 年 10 月 21 日，宋小春、仇某某等十几名农民工代表到工作站办理结案手续。为表达对李强、刘国伟、单伟东三位援助律师的谢意，他们送来一面铜匾，上写："捍卫正义，维护公平。"

【法律分析】

一、关于农民工工资发放的法律规定

我国《劳动法》第 59 条规定："工资应当以货币形式按月支付给劳动者本人。不得克扣或者无故拖欠劳动者的工资。"《工资支付暂行规定》第 6 条规定："用人单位应将工资支付给劳动者本人。劳动者本人因故不能领取工资时，可由其亲属或委托他人代领。用人单位可委托银行代发工资。用人单位必须书面记录支付劳动者工资的数额、时间、领取者的姓名以及签字，并保存两年以上备查。用人单位在支付工资时应向劳动者提供一份其个人的工资清单。"第 7 条规定："工资必须在用人单位与劳动者约定的日期支付。如遇节假日或休息日，则应提前在最近的工作日支付。工资至少每月支付一次，实行周、日、小时工资制的可按周、日、小时支付工资。"第 8 条规定："对完成一次性临时劳动或某项具体工作的劳动者，用人单位应按有关协议或合同规定在其完成劳动任务后即支付工资。"另外，国家劳动和社会保障部、建设部联合下发的《建设领域农民工工资支付管理暂行办法》规定："三、企业必须严格按照《劳动法》、《工资支付暂行规定》和《最低工资规定》等有关规定支付农民工工资，不得拖欠或克扣。……七、企业应将工资直接发放给农民工本人，严禁发放给'包工头'或其他不具备用工主体资格的组织和个人。企业可委托银行发放农民工工资。……十、业主或工程总承包企业未按合同约定与建设工程承包企业结清工程款，致使建设工程承包企业拖欠农民工工资的，由业主或工程总承包企业先行垫付农民工被拖欠的工资，先行垫付的工资数额以未结清的工程款为限。十一、企业因被拖欠工程款导致拖欠农民工工资的，企业追回的被拖欠工程款，应优先用于支付拖欠的农民工工资。十二、工程总承包企业不得将工程违反规定发包、分包给不具备用工主体资格的组织或个人，否则应承担清偿拖欠工资连带责任。"

实践中，农民工工资大多不是按月发放，而是按照季度或年度或根据工程竣工时间发放。平时，小包工头或自己垫资，或从上级包工头领取资金，每月向农民工发放几百元的生活费用。这种工资发放模式决定了农民工被拖欠工资数额大、时间相对集中等特点。

二、建筑工程层层分包，劳动者应当向谁讨工资？

《最高人民法院关于审理建设工程施工合同纠纷案件适用法律问题的解释》第1条规定："建设工程施工合同具有下列情形之一的，应当根据合同法第五十二条第（五）项的规定，认定无效：（一）承包人未取得建筑施工企业资质或者超越资质等级的；（二）没有资质的实际施工人借用有资质的建筑施工企业名义的；（三）建设工程必须进行招标而未招标或者中标无效的。"《合同法》第52条的规定是："有下列情形之一的，合同无效：……（五）违反法律、行政法规强制性规定的。"而《建筑法》第22条规定："建筑工程实际招标发包的，发包单位应当将建筑工程发包给依法中标的承包单位。建筑工程实行直接发包的，发包单位应当将建筑工程发包给具备资质条件的承包单位。"第65条规定："发包单位将工程发包给不具有相应资质条件的承包单位的，或者违反本法规定将建筑工程肢解发包的，责令改正，处以罚款。"根据上述法律和司法解释的规定，建筑工程违法发包给不具备相应资质条件的个人的，该承包合同无效。

《最高人民法院关于审理建设工程施工合同纠纷案件适用法律问题的解释》第2条规定："建设工程施工合同无效，但建设工程经竣工验收合格，承包人请求参照合同约定支付工程价款的，应予以支持。"第26条规定："实际施工人以转包人、违法分包人为被告起诉的，人民法院应当依法受理。实际施工人以发包人为被告主张权利的，人民法院可以追加转包人或者违法分包人为本案当事人。发包人只在欠付工程价款范围内对实际施工人承担责任。"根据上述规定，将工程发包给个人的，建设施工合同无效，但实际施工人可以向转包人、违法分包人、发包人主张自己的权利，此项权利仍然是依据无效合同而产生的。因此，实际施工人对转包人、违法分包人、发包人主张的权利是基于建筑工程施工合同产生的债权，而不是基于劳动法产生的工资债权。

劳动和社会保障部《关于确立劳动关系有关事项的通知》规定："四、建筑施工、矿山企业等用人单位将工程（业务）或经营权发包给不具备用工主体资质的组织或自然人，对该组织或自然人招用的劳动者，由具备用工主体资格的发包方承担用工主体责任。"发包方如果将工程发包给不具备用工主体资格的个人，发包方应当承担用工主体资格，也就是发包方应当作为用人单位，向劳动者支付工资。

结合本案，涉案工程发包方为山东某开发公司，总承包方为山东某建筑集团公司，大包工头为陈某某，小包工头为宋小春、宋小杰。工程层层分包后，开发商、承包商、大包工头、小包工头相互之间形成一个金字塔结构，位于最底层的是人数众多的农民工。大包工头和小包工头往往是不具备用工主体的自然人，如本案的陈某某、宋小春、宋小杰。根据上述法律规定，企业应该将工资直接发放给农民工本人，这有利于避免大、小包工头对农民工工资的随意克扣。但是实践中常常面临这样一个难题，即平时农民工只与包工头联系，而对上游的承包方、发包方不了解。此时，包工头就充当了一个媒介，建立起农民工与承包方、发包方之间的联系，而这种联系既包含工程的施工，又包含工资的发放。

8. 曲折讨薪　终获赔偿

——记郁某某、周某某等 40 名农民工拖欠工资案

【导读】

郁某某、周某某等 40 名农民工来自安徽、江苏各地。2008 年 7 月 24 日至 11 月 19 日，他们在包工头吴某某承包的济南市某小区工地从事建筑工作。该工程的承包方为江苏某建设工程有限公司。然而当工程竣工后，包工头吴某某却突然下落不明。为了能在春节前拿回工资，他们聚集在济南泉城广场打横幅讨要血汗钱。援助律师得到这一消息后立即赶赴现场进行安抚。之后，援助律师与农民工一起找到承包方的负责人进行协商，并提议承包方对吴某某的工程量进行结算，在拖欠吴某某人工费的余额内先支付农民工的工资。三天后，承包方将一张 126000 元的汇票交到农民工代表郁某某、周某某等人手里。

【案件回顾】

● 广场聚众维权

2008 年 12 月 15 日下午，山东省农民工维权工作站的援助律师正在整理手头的卷宗。突然，一阵急促的电话铃响起。在简单的几句对话后，援助律师马不停蹄地赶往济南泉城广场。到了泉城广场，援助律师发现在广场的西北角位置，有十几个农民工手举条幅，向建筑公司示威，强烈要求讨回他们的血汗钱。援助律师来到他们面前，找到了刚才打电话的农民工郁某某。情绪激动的郁某某告诉律师，他们是从安徽、江苏各地来济南的农民工。2008 年 7 月 24 日至 2008 年 11 月 19 日，他们在包工头吴某某承包的济南市某小区工地从事建筑工作，该工程的承包方为江苏某建设工程有限公司（以下简称某公司）。然而当工程竣工后，包工头吴某某却突然下落不明。他们找到某公司，该公司项目经理刘某给他们的答复是 12 月 8 日能给解决问题。可是一个星期过去了，某公司还是没有解决这一问题。春节临近，这些农民工们都惦记着拿到钱后回家过年。眼看在工地上等候 20 多天还是没有希望后，他们只能到泉城广场举条幅抗议。在了解了具体情况后，援助律师说："你们在这里举条幅解决不了问题，还是先回到工地，我和你们一起去工地，找某公司的人，问问你们的工资问题。""好，好……"身边的十几个农民工你一言我一语地说道。

● 协商一度升温

来到工地后援助律师才知道，除了在泉城广场的那十几个农民工外，还有二十几个农民工在工地上等消息，两者加起来一共有 40 名农民工讨要工资。见律师过来，这二十几个农民工也赶忙围过来，争先恐后地向律师说明他们的情况。闻讯赶过来的其他几个工程队的农民工也向援助律师反映他们的工资没有结算。看着这群情绪异常激动、脸上写满愤怒的农民工兄弟，援助律师意识到事态的严重性。

援助律师和农民工一起找到了某公司的项目经理刘某。刘经理声称已经给农民工结算过工资，不可能再重复结算。而农民工则说没在任何人领取过工资。刘经理见农民工人数众多且情绪激动，便借给领导打电话询问的时间，躲到工地办公室不出来。鉴于双方的情绪异常,稍有不慎可能导致矛盾激化,律师先安抚了40个农民工,建议他们控制好自己的情绪,由律师代表他们与某公司交涉。

刘经理的办公室位于工地移动板房的最里端。援助律师敲开了办公室的门,代表农民工与总承包商协商。刘经理还是坚持工资已经给吴某某结算过了,因此如果农民工想要工资,他们应该直接找吴某某去要。援助律师说:"如果真的领到了工资,这些农民工没有一个愿意留在工地上不走。马上过年了,他们肯定都是等着拿钱回家过年。而且按照我国法律规定,农民工的工资应该直接发到农民工手中,而不是交给没有用工资质的个人。"为了查明事实真相,援助律师建议让四五个农民工代表一起参加协商。援助律师来到农民工面前,希望他们推荐五个代表到办公室一起协商。可到了办公室,援助律师发现来了十几个农民工代表。双方又是各持己见,不愿意妥协,局面再度升温,甚至出现推搡辱骂的情况。援助律师大声地劝解双方人员保持冷静,并告知他们这样闹下去是无益于问题解决的。援助律师向农民工承诺,一定会帮他们讨回工资,让他们顺利回家过年,但前提是他们要配合律师的工作,不能再吵闹。然后,援助律师让双方选派代表继续协商如何处理该问题。

● 事件发生转机

郁某某、周某某等40个农民工跟随包工头吴某某工作,而吴某某又是分包的某公司所承包的工程。作为中间人,吴某某的失踪无疑增加了解决问题的难度。在双方的争论中,律师得知吴某某在某公司还有几个工程没有结算。再考虑到根据法律的规定,某公司应该将钱直接交给农民工。于是援助律师马上提议,某公司对吴某某的所有工程量进行结算,再由某公司在拖欠吴某某人工费的余额内支付农民工的工资。但刘经理不同意,认为吴某某本人不在现场,没有办法结算。此时,郁某某提醒援助律师,工地上有个叫易某某的人,平时农民工有什么事情都找他处理。于是援助律师赶紧让人把易某某找来。询问后得知,12月5日,吴某某授权委托易某某代理签署文件和处理与建设施工有关的一切事务。

易某某的出现,让局面有所缓和。这时,某公司也同意给吴某某结算,可是易某某却怕承担责任,不愿意办理结算。援助律师又找到易某某,给他解释，吴某某授权委托他代为签署文件和处理建设施工有关的一切事宜，意味着他有义务积极地履行委托事项，基于他的代理行为所产生的一切法律后果，由吴某某承担。在援助律师的再三劝说下，易某某最终也答应积极配合结算。

建设工程结算涉及的工程项目有 20 多项，每一项都需要计算工程已完工量及应支付的款项。因为涉及大量数据需要认真反复核对计算，结算工作持续了 3 个多小时。结算结果显示，某公司拖欠吴某某人工费 126000 元。当结算结束时，已经过了晚上 8 点。

眼看事情马上就解决了，可又发生了变故。第二天，作为吴某某代理人的易某某找不到了，这样给农民工结算工资的工作没法进行下去了。因为刘经理一直不同意直接给农民工发工资，援助律师只好再次给刘经理做工作。易某某有授权手续，他与某公司结算属于代理权限范围内的事情，具有法律效力。而某公司将工资直接交付给农民工则是法律的直接规定。经过苦口婆心的劝说后，刘经理最终答应将工资直接发给农民工，但需要制作工资表。

第三天上午，在山东省农民工维权工作站办公室，某公司将一张 126000元的汇票交给农民工代表郁某某、周某某、夏某某。郁某某等三人做出承诺，工资款将全部发放到每一位农民工手中，并向某公司提交农民工签字按手印的工资表和身份证复印件，保证不再向某公司追索劳动报酬。

2008 年 12 月 28 日，郁某某等人将一份由 40 人签名按手印的农民工工资发放表交给工作站。为了感激援助律师为他们讨回了工资，郁某某代表 40 个农民工，将一块巨匾送到援助律师手中，上写："诚信赢天下。"

【法律分析】

一、包工头失踪，农民工向谁讨要工资？

《建筑领域农民工工资支付管理暂行办法》第 7 条规定："企业应该将工资直接发放给农民工本人，严禁发放给'包工头'或其他不具备主体资格的组织和个人。"

2012 年 1 月，山东省济南市人力资源和社会保障局、市城乡建设委员会、市公安局联合制定《济南市建筑业农民工工资支付管理办法》，规范建筑业企业工资支付行为。该办法规定，总承包企业对农民工工资支付管理负总责，专业承包、劳务分包企业对拖欠农民工工资承担直接责任。总承包企业因转包、违法分包工程造成拖欠农民工工资的，由总承包企业承担全部责任。同时该办法还规定，企业应当根据劳动保障法律法规和劳动合同约定的工资标准，按月以货币的形式足额支付农民工工资；对承担工期不足一个月的，企业应当按照实际用工时间全额支付农民工工资。企业不得以工程款被拖欠等经济合同纠纷为由拖欠、克扣农民工工资。企业应当将工资直接发放给农民工本人，并由农民工本人签字确认，不得发放给其他组织和个人，不得采取施工作业队（班、组）长代领代发的方式支付农民工工资。企业可委托银行发放农民工工资。建设单位或工程总承包企业未按合同约定与建设工程承包企业结清工程款，致使建设工程承包企业拖欠农民工工资的，由建设单位或工程总承包企业先行垫付农民工被拖欠的工资，先行垫付的工资数额以未结清的工程款为限。企业因被拖欠工程款导致拖欠农民工工资的，追回的被拖欠工程款，应优先用于支付拖欠的农民工工资。

本案中，某公司是承包方，吴某某是包工头。根据上述法律的规定，某公司应该直接将农民工工资发放到农民工本人手中，并应由农民工本人签字确认，而不能让吴某某代为转发。特别是作为中间人的吴某某突然消失，意味着农民工实际未获得工资，作为发包方的某公司对此应该承担责任。谈判中，援助律师得知吴某某尚有部分工程款没有结算，根据法律规定，承包方应当对完工工程进行结算，并在未结清的工程款限内，直接支付农民工工资。

二、农民工讨薪案件中，调解是解决问题的有效方法

本案的一个重要特点是，援助律师在三天内即将40位农民工被拖欠工程款讨回。调解在本例集体性农民工讨薪过程中发挥着重要的作用。为了能及时拿回血汗钱，调解和仲裁、诉讼的方式可以同时运用。而选择调解的手段来解决农民工案件能降低农民工的维权成本。农民工因本身知识、技能的限制，就业途径非常不正规。为了能在城市中挣点钱，他们常常干着劳动强度大、技术要求低的工作。而从事这种工作，无论是农民工本身还是用人单位都不太可能严格按照《劳动法》的规定办理相关手续。这种非正规就业的特点导致农民工相对其他劳动者而言，其权利更容易受到侵害。往往在权利被

侵害时，他们有维权的意识，却没有足够的证据。事实劳动关系的认定和包工头当初约定的工资待遇等，都需要农民工提供证据予以证明。没有证据，他们根本无法享受到法律提供的维权途径。除此之外，农民工为了讨回血汗钱还需要不停地奔波在用人单位、劳动监察、劳动仲裁、法院和其他政府部门之间，漫长的时间消耗着他们有限的精力和财力。特别是在中秋节、春节期间，农民工心里更急迫地想获得工资。从农民工的切身利益出发，援助律师会首先考虑通过调解的手段来处理此类案件。

用调解的办法为农民工讨回工资，不仅耗时较短，而且一般不会有执行上的障碍，对方常常会按照约定直接向农民工支付工资，这对农民工是极其有利的。但从援助律师的办案实践看，调解也存在一定的弊端，即大多时候拿不到经济补偿金，只能拿回被拖欠的工资。从农民工的实际出发，这点一般是可以接受的。

9. 艰难调解维权路

——记陈某某人身损害赔偿纠纷案

【导读】

自 2005 年 10 月起，当事人陈某某跟随边某某在济南市天桥区某彩印厂从事纸箱装裱涂胶工作。2007 年 8 月 18 日上午 9 时左右，陈某某在工作中右手及右前臂不慎被机器挤伤。后被送往济南军区总医院进行救治，入院诊断记载为皮肤软组织剥脱伤，拇指袜套样剥脱等。出院后，陈某某又先后两次到医院诊断。该伤经司法鉴定机构鉴定属于六级伤残。陈某某欲就赔偿事宜与某彩印厂协商，但边某某称不予赔偿，但可以安排她到单位工作，并为其缴纳保险。因协商赔偿无果，陈某某到山东省农民工维权工作站申请法律援助。经援助律师多方调查取证，以人身损害为由起诉到法院。经过多次开庭、协商和调解，某彩印厂分三次支付陈某某各项损失共计 70000 元整。

【案件回顾】

●打工不幸致残，协商赔偿艰难

陈某某，1987 年 6 月出生在鲁西北聊城茌平县一个普通的农村家庭。2005 年 10 月，年仅 18 岁的她与同村的女孩一起来到济南，跟随一个叫边某某的人在某彩印厂从事纸箱装裱涂胶工作。

周而复始的打工生活持续了两年，陈某某的工资也从刚开始的 800 元涨到了 1500 元，这让这个初出茅庐的小姑娘感到非常满足，也逐渐萌生了在济南长期发展的念头，但命运并没有依照她所盘算的那样发展。

陈某某的脑海里清晰地刻画着那天的场面。2007 年 8 月 18 日上午 9 时，狂风卷裹着乌云在人们头顶上快速地飘过，远处浓密的云层押着急促的雨点正向厂房袭来。而此时正在车间工作的陈某某完全沉浸在机器的轰鸣声中，对外面天气的变化浑然不觉。这时，边某某让陈某某将车间的门窗关严实，防止雨水打湿纸箱。陈某某这才抬起头看看外面，并按照厂长边某某的吩咐将门窗关好。车间闷热浑浊的空气里掺杂着胶漆味、汗臭味，再加上机器散发的热气、噪声，陈某某几次觉得眩晕。

突然，一声惨叫犹如一支令箭，从浑浊的空气里穿出。只见陈某某右手前臂被死死地挤在了机器里，并且机器还在缓缓地施加压力。相邻的工友于某赶紧关停了机器，并和其他工友一起将陈某某送进了济南军区总医院。

经医生诊断，陈某某的伤情是右手及右前臂挤压伤，皮肤软组织剥脱伤，拇指袜套样剥脱等。当天，医院为陈某某进行了伤口缝合、骨折克氏针内固定、剥脱皮肤原位回植手术。在以后的治疗中，陈某某部分皮肤出现坏死情况，医院又为其进行了清创手术和皮肤移植手术。2007 年 10 月 15 日，在缝线拆除、克氏针拔出、伤口愈合后，陈某某出了院。在济南军区总医院住院的 54 天里，陈某某父母给予了她悉心的照顾，厂长边某某为其支付了所有的住院费和医药费。

因右手拇指及右手虎口部分缺失，2008 年 3 月 25 日，陈某某再次到济南军区总医院治疗。主治医生对其实施手术，将陈某某左第二足趾游离移植到右拇指，并对其右拇指腹部皮瓣进行修复。48 天后，陈某某出院。但是再造的"拇指"又发生部分坏死。同年 8 月 25 日，陈某某又一次到医院，医生对其右拇指进行修复。突如其来的变故打破了陈某某的生活轨迹，也斩断了她所有的美好梦想。

出院后，她没有再回到单位上班，而是跟随父母回到了聊城茌平老家。女儿外出打工致残，父亲心里像是压着块石头。陈某某的父亲打电话找到厂长边某某，希望工厂能就事故进行赔偿。但是边某某却说厂里几近破产，没有现金进行赔偿，但是可以安排陈某某到工厂里做些轻便的工作，并为她办理养老保险。陈某某的父亲不愿意让女儿远离父母再到济南打工，更不愿意与厂长期周旋，他想一次性解决此事，拿到赔偿款，尽快为女儿右手进行后续整容修复。

双方多次电话交流都没有达成一致意见，而时间已经到了 2009 年 5 月。边某某一直坚持让陈某某到单位上班，并给她补齐 2009 年过年以来的全部工资，陈某某的父亲也一直在考虑是否可行。他也曾几次到厂里找过，亲眼看到厂里经济效益不佳，要求一次赔偿确实是存在困难，但是如果答应女儿到厂里工作，难保有一天厂里破产了，女儿还是要回老家。再三考虑，陈某某的父亲还是坚持最初的想法，要求一次性赔偿。

●申请法律援助，维权律师周密调查取证

就在双方僵持不下的时候，陈某某在报纸上看到了山东省农民工维权工作站为农民工讨薪的事迹报道，并按照上面所留的电话号码打了过去。接听电话的是当天值班律师。初步了解案情后，援助律师建议陈某某带着所有的证据材料到维权站办理法律援助手续。

2009 年 6 月 3 日上午，陈某某和父亲一起来到维权站。援助律师热心地接待了他们父女，并安排助理对谈话内容进行记录。陈某某详细叙述了案件发生的全过程，而旁边坐着的父亲则在一边扑哧扑哧地掉眼泪。望着陈某某残缺的右手，援助律师心里不禁阵阵酸楚。接下来，援助律师为陈某某办理了法律援助手续。

案件审批下来后，援助律师立即对本案展开调查取证。2009 年 6 月 5 日，援助律师到济南市工商行政管理局调取了某彩印厂注册登记情况。从法人登记情况看，某彩印厂法定代表人并非陈某某所提供的厂长边某某，而是边某荣。边某荣何许人也，而他又与边某某存在什么关系，援助律师不得而知。

因为陈某某一直没有对伤残情况进行鉴定，援助律师帮她联系了山东大舜司法鉴定所，并陪同她一起到该机构进行拍照鉴定。2009 年 7 月 1 日，山东大舜司法鉴定所做出鉴定意见，陈某某右手外伤产生的后遗症鉴定为六级伤残，后续治疗费（拇指对掌功能重建）约需 10000 元，安装假指一次费用为 380 元，正常使用年限为 1～2 年。看到这份鉴定结论，陈某某没有提出任何异议，也同意援助律师根据鉴定结论为其计算赔偿项目。

接着，援助律师对陈某某与某彩印厂之间存在劳动关系展开调查。双方没有签订劳动合同，更没有缴纳社会保险，没有工作服，没有饭卡，而陈某某在某彩印厂宿舍的铺盖也早被收拾一空。援助律师让陈某某联系以前的工友，争取能让他们出来作证，同时提醒陈某某的父亲在下次给边某某打电话时进行录音。

2009 年 8 月 24 日，陈某某来到维权站，向援助律师提供了在济南军区总医院住院的病历首页，上面有边某某的签字，证实双方存在劳动关系。但援助律师认为上面的签字不能证明是边某某的字迹，更不能说明是边某某所签。援助律师进一步询问手术协议书上的签字情况，得知是边某某所签，并且每次向医院交纳押金，也是边某某签的字。对于陈某某所提供的证据线索，援助律师还需要深入调查。另外，援助律师向陈某某了解了边某某和边某荣的关系，得知两人是叔侄关系，因为边某荣年事已高，没有精力管理公司，就让边某某负责厂里大小事务。至此援助律师才明白边某某原来是某彩印厂的实际负责人。在这次的询问中，援助律师还了解到，在案发之前，某彩印厂为陈某某购买过人身意外伤害保险，但是具体在哪个保险公司投的保，陈某某不清楚。

2009 年 8 月 4 日，援助律师来到某彩印厂，找到了边某某，希望能够进行起诉前调解，争取以调解方式处理本案，怎知边某某以厂里资金周转不过来为借口，只同意安排陈某某到厂里做清洁工，不愿意赔偿。同时边某某执意认为，已经为当事人花费医药费 10 万余元，并且认为陈某某伤残是多次做手部整容手术及医疗失误所导致，没有赔偿的必要。任凭援助律师如何给边某某讲法律规定，边某某始终不愿意赔偿。最后，边某某极不耐烦地抛出了

"这厂子不是我的，你们去找我叔吧，这事和我没关系"的话语。调解未果下，援助律师通知陈某某本案将提起诉讼，让她抓紧将收集到的医药费发票、交通费车票及户口本信息邮寄过来。

2009年8月25日，援助律师对本案展开了一天的调查。他首先来到济南市工商局、天桥区工商局调查了某彩印厂的原始档案资料。随后，又到天桥区黄台派出所、北园派出所调取了边某某的基本信息。最后到济南军区总医院查询了陈某某所有住院病历、交费单据等。

●起诉立案

2009年9月1日，援助律师带着所有已经整理好的证据材料及起诉书来到天桥区北园法庭申请立案。负责接待的工作人员在简单阅读了起诉书后告诉援助律师，本案属于工伤赔偿案件，按照诉讼程序要求应该先申请工伤认定和劳动仲裁，不能直接起诉到法院，况且本案已经过了诉讼时效。

工作人员的办案态度援助律师早有预料。本案虽然属于工伤案件，但是按照我国《工伤保险条例》的规定，职工发生事故伤害的，所在单位应当自事故伤害发生之日起30日内提出工伤认定申请。用人单位未按规定提出工伤认定申请的，工伤职工可在事故伤害发生之日起1年内，直接向用人单位所在地统筹地区社会保险行政部门提出工伤认定申请。本案当事人陈某某是在2007年8月18日发生的工伤事故，到2009年再提出工伤认定申请，明显已经超过了法律规定的时间限制。按照工伤赔偿思路办理本案肯定不行。

另外，根据山东省高级人民法院《关于印发全省民事审判工作座谈会纪要的通知》（鲁高法〔2005〕201号）规定，对于工伤纠纷案件可以按照人身损害赔偿纠纷案件提起诉讼。但是本案又面临一个新的难题，本案即使按照人身损害赔偿案件提起诉讼，也存在诉讼时效的问题。根据我国《民法通则》的规定，身体受到伤害要求赔偿的诉讼时效时间为1年，而本案陈某某明显已超过了这个时间规定。但是援助律师也只能按照人身损害赔偿案件试着到管辖法院立案，同时注意搜集诉讼时效中断的证据。援助律师提醒陈某某的父亲，让他在和边某某联系时进行录音，证实双方一直为事故赔偿事宜进行协商，存在诉讼时效中断的事由。援助律师选择人身损害赔偿的诉讼策略还考虑到了陈某某希望一次性解决本案的愿望，有利于当事人尽快获得赔偿款。

援助律师向负责立案的工作人员提供了事先准备的录音材料，证实在 2009 年 7 月 2 日陈某某的父亲曾联系边某某协商赔偿事宜，现在起诉还在诉讼期限内。此外，援助律师给工作人员解释了按照工伤程序办理本案已经超过时间，最终还是需要按照人身损害赔偿案由解决。援助律师向工作人员提供了陈某某在医院住院的病历、三次住院记录等材料。半天的交流后，工作人员同意先将案件材料留下，至于是否能最终立案，还须经立案庭庭长审查并签字后才能确定。

2009 年 10 月 9 日，就在援助律师想打电话询问是否可以立案时，北园法庭工作人员打来电话，说是庭长已经签字，同意以人身损害赔偿受理本案。得知已经立案后，援助律师马上通知了陈某某，让她将案件诉讼费交到法院，等待法院确定开庭时间审理。

● 对簿公堂，巧言维权

本案涉及证据较多。2009 年 11 月 13 日，北园法庭组织当事人双方进行证据交换。当援助律师按时到庭时，被告知对方律师临时有事未能到庭，证据交换日期另行确定。

2009 年 12 月 1 日，北园法庭开庭审理本案。陈某某起诉的诉讼请求为：被告赔偿原告医疗费 96 元、误工费 14720 元、护理费 3201.5 元、交通费 400 元、伤残补助金 163050 元、后期治疗费 10000 元等，共计 208332.5 元。

出庭参加审理的某彩印厂代理人赵某答辩认为，身体受到伤害，伤情明显的应该从事故发生日起 1 年内起诉到法院，本案已经超过诉讼时效；陈某某为裱胶工，而其因为好奇到压盒机上玩，她自身对事故发生存在过错；对于陈某某起诉的赔偿事项，不是用于治疗本案伤害所必需的费用，特别是委托鉴定机构的伤残鉴定费，更不应该获得支持；本案案由是人身损害赔偿纠纷，应该适用交通事故伤残计算标准，而不是职工工伤鉴定标准计算赔偿数额；陈某某第二、三次的住院治疗不是必需、合理的治疗，况且第一次治疗病历中明确记载已经治愈，没有并发症，其后续治疗并非必要的治疗；陈某某的伤残情况，特别是脚趾伤残（陈某某在治疗中将脚趾切割移植到手指），是由于后期手术不当导致的伤残，对于司法鉴定机构所认定的伤残等级存在异议；陈某某是农村户口，应该按照农村人均纯收入标准计算赔偿。

援助律师提交第一组证据《麻醉同意书》《手术协议书》《患者授权委托书》，证实内容是陈某某受伤的时间为 2007 年 8 月 18 日，伤情是右手及右前臂挤伤，住院时的代理人是边某某，以证明陈某某与某彩印厂存在事实劳动关系，边某某是该厂的实际负责人。

对于该组证据，某彩印厂代理人赵某认为，陈某某第一次治疗是手术治疗，但是第二、三次治疗未经某彩印厂签字同意，即使第一次陈某某授权边某某处理此次事故，但是不能由此推断陈某某对所有的事情已经授权，况且边某某不是法定代表人，其签字不能代表某彩印厂；对于陈某某后两次住院治疗，某彩印厂不清楚。赵某话音刚落，主办法官便向赵某询问是否真的不清楚后两次住院治疗情况，同时限令某彩印厂在庭审后三日内答复，否则视为这两次住院医疗费没有支付。

接下来，援助律师继续举证。援助律师提供的第二组证据是陈某某父亲与某彩印厂边某某协商处理纠纷时的一段录音资料，证明双方一直协商处理此次纠纷，本案诉讼时效存在中断事由。随后，援助律师当庭播放了该段录音。对于该份录音资料的真实性，赵某没有提出异议，但是认为录音的时间是 2009 年 7 月 2 日，距事故发生已经两年，明显超过诉讼时效，而且边某某不是某彩印厂法定代表人，无权代理被告。

接着，主办法官让陈某某陈述了事实经过，并让她提供证据证明。陈某某之前联系的证人于某原本打算出庭作证的，但真到了开庭的当天却又联系不上了。主办法官又向某彩印厂询问陈某某的工作时间，赵某的答复是："时间不长，断断续续，具体情况不清楚。"同时，主办法官对陈某某工资情况进行调查，并告知某彩印厂三日内提供工资发放表，否则视为举证不能。

对于陈某某具体工作问题，陈某某自己说没有具体工种，裱胶工做完后就做压盒机的工作。但是某彩印厂坚持声称对陈某某工作有具体的分工，并申请证人秦某出庭作证。秦某到庭后说："我证实陈某某在工厂里做裱胶工作。我是副厂长，负责考勤，单位有具体分工。"接着，援助律师向秦某发问。援助律师几个简单的问题已经将边某某与某彩印厂的关系、厂里的具体分工情况问得一清二楚，使得秦某的证人证言不攻自破。在援助律师质问期间，对方代理人多次请求法官打断律师的发问，都没有得到法官的同意。

主办法官认为本案案情复杂，宣布休庭。

●积极主动调解，分期获得赔偿

因为本案被告某彩印厂法定代表人和实际负责人不是同一人，援助律师在起初的起诉状中将某彩印厂和边某某全部列为被告。但立案庭庭长认为，如果以人身损害赔偿案由起诉到法院，必须将被告边某某去掉，只能起诉某彩印厂，否则不予立案。无奈援助律师只能将边某某撤回。鉴于某彩印厂的法定代表人边某荣已经80多岁，且公司已经长时间不能营业，面临破产；边某某虽是实际负责人，但不是本案被告，那么即使案件判决，在执行时也存在很大困难，因此援助律师尽量争取调解结案。

2010年4月12日，北园法庭组织双方进行调解，经过一上午的协商，最终陈某某与某彩印厂达成协议：某彩印厂赔偿陈某某残疾赔偿金、误工费、护理费、医疗费、交通费、后期治疗费、精神损害赔偿金等各项费用，共计72212.5元。具体付款方式为：2010年4月30日前支付22212.5元，2011年4月30日前支付20000元，剩余30000元于2012年4月30日前付清，如有一次逾期支付，则支付违约金20000元；陈某某与某彩印厂之间所有的债权债务纠纷归于消灭，陈某某不再向某彩印厂主张除本协议约定之外的任何权利。

当天，陈某某拿到了某彩印厂支付的22212.5元。

某彩印厂并没有按照调解协议的约定在2011年4月30日之前支付20000元。陈某某为此事再次联系了山东省农民工维权工作站请求帮助。5月9日，援助律师为陈某某再次办理法律援助手续。5月18日，援助律师拟定申请执行书，请求天桥区法院强制执行调解协议中到期余款20000元及违约金20000元。5月23日，天桥区法院正式受理本案。

经多次与对方协商，某彩印厂承认有欠款的事实，但是以资金周转困难为由推脱。虽然某彩印厂资金困难是事实，但是援助律师保持每周一次催促主办法官和对方当事人的频率催讨欠款。2011年8月15日，北园法庭终于组织本案再次进行调解。

参加此次执行调解的当事人是援助律师、陈某某、边某某。援助律师请求某彩印厂支付赔偿款20000元和违约金20000元，但是边某某不同意，说是按照调解协议上的约定只愿意支付20000元赔偿款，并且当天随身只携带了

20000 元现金。执行法官提醒边某某，由于没能及时支付 20000 元，根据协议应该支付违约金 20000 元。边某某也承认自己违约，但只因厂里经济效益差，资金周转不过来，所以才迟延支付 20000 元，并当庭向陈某某道歉，希望能够体谅他的难处。在征得陈某某的同意后，援助律师说："考虑到对方可能的实际困难，我们放弃 10000 元的违约金，那 10000 元不能放弃。"听到这话，边某某一脸为难的样子，并提出改天再来协商的想法。

考虑到陈某某从聊城来一次济南路途较远，援助律师还是坚持当天进行调解。陈某某决定放弃支付 20000 元违约金的要求，同意边某某仅支付 20000 元的赔偿款。

对于陈某某的决定，援助律师深感遗憾。陈某某来自农村，天性纯朴，虽然当时调解时为了催促某彩印厂尽快付款，约定了违约金，但陈某某在法官的协调下还是最终放弃了。陈某某有权处置自己的权利，援助律师应当尊重当事人的选择。

【法律分析】

一、民事调解制度

民事调解制度是指人民法院在审理民事案件的过程中，可以在查明事实的基础上，根据自愿和合法的原则，主持并促使当事人双方达成协议协商解决的制度。调解制度作为解决纠纷的一种机制，是中国固有的传统，在审判中占有重要地位。

调解本质上是一种以双方意思表示一致为核心要素的解决民事纠纷的机制，是私法领域的延伸，充分体现了当事人在纠纷解决中的主导地位。调解的自愿性注重当事人在化解纠纷过程中的主体地位，在自愿的基础上通过协商达成符合双方当事人期望的纠纷解决结果，在情理上更易接受，能够最大限度地保护双方当事人的合法权益，达到"案结事了"的效果。

民事调解制度有着化解纠纷的独特魅力，在最大限度地节约司法资源，减少诉讼成本，防患诉讼风险，为社会消除不安定隐患，在保障和促进社会主义市场经济健康有序发展方面产生着重大而深远的影响。

二、调解书的法律效力

我国《民事诉讼法》第 85 条规定："人民法院审理民事案件，根据当事人自愿的原则，在事实清楚的基础上，分清是非，进行调解。调解应当遵循自愿合法的原则。"《民事诉讼法》第88条规定："调解达成协议，必须双方自愿，不得强迫。调解协议的内容不得违反法律规定。"

调解书是人民法院根据调解协议制作的法律文书，对当事人各方均有法律约束力。人民法院对调解书制作和送达都高度重视。《民事诉讼法》第89条规定："调解达成协议，人民法院应当制作调解书。调解书应当写明诉讼请求、案件的事实和调解结果。调解书由审判人员、书记员署名，加盖人民法院印章，送达双方当事人。调解书经双方当事人签收后，即具有法律效力。"《最高人民法院关于适用〈中华人民共和国民事诉讼法〉若干问题的意见》第84条规定："调解应当直接送达当事人本人，不适用留置送达。"

调解书送达当事人之前，当事人可以反悔。《民事诉讼法》第91条规定："调解未达成协议或调解协议书送达前一方反悔的，人民法院应当及时判决。"《最高人民法院关于适用〈中华人民共和国民事诉讼法〉若干问题的意见》第95条规定："当事人一方拒绝签收调解书的，调解书不发生法律效力，人民法院要及时通知对方当事人。但是调解书一经双方当事人签收后，即具有法律效力，当事人必须履行。"《民事诉讼法》第89条第3款规定："调解书经双方当事人签收后，即具有法律效力。"第216条规定："调解书和其他应当由人民法院执行的法律文书，当事人必须履行。一方拒绝履行的，对方当事人可以向人民法院申请执行。"由于调解书一经送达即发生法律效力，因此当事人对生效的调解书不能上诉。但是如果调解违反了自愿与合法原则，当事人可以对生效调解书申请再审。

因此，无论从现行法律规定还是我国的司法实践来看，生效的调解书和判决书、裁定书的法律效力是相同的，对当事人均有法律约束力。当事人一旦签收调解书后，就必须服从、履行调解书的内容。

结合本案，陈某某在一开始就想一次性协商解决纠纷，而某彩印厂实际经济状况也注定了陈某某不可能获得完全的赔偿，只有在其对损失赔偿数额做出巨大让步的情况下，才有可能拿到赔偿款。另外，在调解书中，援助律师为陈某某约定了高昂的违约赔偿条款，此约定是双方自愿达成的，也符合法律的相关规定。

10. 将维权进行到底

——记刘某某追索劳动报酬案

【导读】

2010 年 3 月 22 日，刘某某经人介绍在某市环境卫生管理处从事环卫工作，双方约定工资为 18.7 元/天，直到 2010 年 5 月 28 日工作共计 68 天。因刘某某要求签订劳动合同，环卫处拒绝并将刘某某辞退。刘某某到山东省农民工维权工作站申请法律援助。经援助律师多方调查取证，主动与对方协商，积极应诉，最终，法院判决环卫处向刘某某支付双倍工资 1441 元、工资差额 661 元，经济赔偿金 920 元，共计 3022 元。

【案件回顾】

刘某某，1970 年 4 月生，山东省某市化龙镇人。

2010 年 3 月 22 日，经人介绍，刘某某来到某市环境卫生管理处做起了清洁工的工作。领班为刘某某分配了任务，指定了负责清扫的路面。按照规定，每天早上刘某某需要在 6 点之前完成清洁工作，并要在 12 点到下午 5 点之间不间断检查路面，保持清洁。虽然工作辛苦，但刘某某却乐在其中。

●幡然醒悟，执意维权

一天，刘某某在一份报纸上看到了一则题为《〈劳动合同法〉实施之后》的报道，讲的是根据新实施的《劳动合同法》劳动者应该享有的待遇以及单位应该履行的义务。详细读来，刘某某明白了劳动者自用工之日起已经与单位建立了劳动关系，单位应该与劳动者签订书面劳动合同，否则应该支付双倍工资。2010 年 5 月 28 日，刘某某来到某市环境卫生管理处，协商签订劳动合同，可负责人嫌他事多，让他回去好好工作，不要找麻烦，否则将他辞退。可刘某某执意认为，应该与他签订劳动合同，否则应该支付双倍工资，并拿出了他看到的那份报纸。你一言我一语让双方的交流慢慢转变成争吵，且愈演愈烈。最后，单位负责人认为刘某某是个"刺头"，不服从管理，将他辞退。

经过几天的纠结，刘某某决定拿起法律的武器捍卫自己的权利！

在查询了涉及劳动争议纠纷的相关法律后，刘某某分别于 2010 年 5 月 31 日、7 月 15 日，以某市环卫局为被申请人，向某市劳动人事争议仲裁委员会申请仲裁，分别要求支付所欠工资 897.6 元和双倍工资 1943.2 元。某市环境卫生管理处认为，刘某某申诉主体并非其单位，所以未在规定时间内提交答辩状，亦未出庭参加审理。8 月 9 日，仲裁委做出裁决书，根据《劳动合同法》第 82 条规定，用人单位自用工之日起超过一个月不满一年未与劳动者订立书面劳动合同的，应当向劳动者每月支付双倍的工资。本案中，某市环境卫生管理处在录用刘某某后，没在规定时间与刘某某签订劳动合同，应自第二个月起依法向刘某某支付双倍工资。《最高人民法院关于审理劳动争议案件适用法律若干问题的解释》（法释〔2001〕14 号）第 13 条规定："因用人单位做出的开除、除名、辞退、解除劳动合同、减少劳动报酬、计算劳动者工作年限等决定而发生的劳动争议，用人单位负举证责任。"但是某市环境卫生管理处未到庭应诉，也未在规定时间内提交答辩状，应当承担没有举证的法律后果。最终，仲裁委裁决某市环境卫生管理处支付刘某某双倍工资 673.2 元。

虽然仲裁结果支持了刘某某双倍工资的请求，但裁决结果仅支付 673.2 元，这与他请求支付的 1943.2 元相去甚远，况且刘某某请求支付所欠工资 897.6 元的申诉状一直没有得到审理。刘某某开始怀疑自己看书看报纸学到的法律知识，怕自己与某市环境卫生管理处对簿公堂的行为成为别人的笑柄，但他又不甘心。刘某某花了三块钱在书店里买了本《劳动合同法》再次研读，这次他又有了新的发现，原来用人单位辞退劳动者是需要支付经济赔偿金的。如获至宝的刘某某再次以某市环卫局为被申请人，向某市仲裁委申请仲裁，要求某市环境卫生管理处支付解除劳动关系经济赔偿金 920 元，但刘某某这次拿到的却是不予受理裁决书。连续三次的申诉一次不了了之，一次获得支持，一次不予受理，这些消息不胫而走，周围人的议论加剧了刘某某的愤怒情绪。

●相信法律，申请援助

2010 年 8 月 23 日，刘某某乘车从某市来到济南，找到了山东省农民工维权工作站。援助律师给刘某某分析了案件涉及的法律关系，他应当享有的权利，而在诉讼程序上，向仲裁委提交的应是"申请书"而不是"申诉书"等等。援助律师巧妙的"授人以鱼并授人以渔"的交流方式为刘某某点燃了希望的火把。援助律师当天为刘某某办理了法律援助手续。

法律援助申请被批准后，援助律师迅速介入此案。刘某某只有工作服作为证据，但是援助律师发现该工作服非常容易加工，无法证明刘某某与单位之间的劳动关系。另外，申请仲裁时刘某某将对方"某市环境卫生管理处"误认为是"某市环卫局"，若起诉到法院，对方肯定会提出程序问题来扰乱诉讼，这无疑增加了本案的解决难度。援助律师决定到某市对本案进行调查取证，同时找单位进行协商。

2010 年 9 月 6 日，援助律师来到某市环境卫生管理处找到该单位负责人。在出示工作证表明身份后，援助律师充分表达了希望调解解决本案的意思。但该单位负责人说，刘某某被辞退是因为当天上班迟到，与领班发生争执，无故不来上班，而不是单位主动将其辞退。当援助律师询问是否与工作人员签订劳动合同时，该负责人称，全市清洁工都没有签订劳动合同。该负责人言语中流露出对刘某某起诉他们支付双倍工资和经济赔偿的反感，甚至有些嘲讽的意味。调解无望之下，援助律师想查阅刘某某工时表，但被以交其他部门核实为由推托。从某市环境卫生管理处出来后，援助律师打算到劳动监察部门进行投诉，但考虑本案被告属于政府部门，投诉后实际效果不是很大。

鉴于此，援助律师迅速转变办案思路，准备向法院起诉。能证明双方存在劳动关系的直接证据没有找到，本案诉讼风险较大，这也成为援助律师最担心的事情。援助律师反复回想了刘某某给他讲的每句话，似乎有某个细节被忽略了。刘某某在某市环境卫生管理处工作共 68 天，应该已经领取过工资，而工资发放方式是什么？想到此，援助律师马上电话联系了刘某某，询问单位发工资是现金还是通过银行转账。刘某某说单位给了一张银行存折，发工资都是通过银行。得知这一消息，援助律师让刘某某赶紧将存折复印一份，邮寄过来。这份关键证据犹如一颗定心丸，让援助律师对本案胜诉有了把握。

● 诉至法院追讨工资

2010年9月10日，在援助律师的帮助下，刘某某以某市环境卫生管理处为被告，向某市人民法院提交了起诉状，请求依法判决被告支付双倍工资1607元，支付解除劳动关系经济赔偿金920元，支付低于某市最低工资标准的工资661元。起诉时，刘某某向法院提交了《山东省人民政府关于公布2010年全省最低工资标准的通知》（鲁政字〔2010〕74号），根据该通知，2010年某市最低工资标准为920元/月。

法院很快确定了开庭时间。如援助律师所料，庭审中，某市环境卫生管理处以仲裁程序当事人是"某市环卫局"而非"某市环境卫生管理处"为由，认为本案违反了劳动争议案件先仲裁后审理的程序要求，法院不应当审理。同时，某市环境卫生管理处认为，刘某某是其临时雇用的环卫工人，双方形成的是一种临时雇佣关系。针对对方的辩称，援助律师提出两点反驳意见：（1）被告是正规单位，在仲裁机关送达了应诉通知、开庭通知等诉讼文书后，即使名字出现错误，也应该积极沟通，而非采取消极的态度，况且"某市环境卫生管理局"在2010年元月变更为"某市环境卫生管理处"，虽然名称发生改变，但办公场所、组织领导安排没有变化。（2）对于一个普通的自然人而言，法律不能期待其能及时知道单位名称的细微变更。另外，名字写错只能界定为笔误，裁定书上已经更正，被告不能以此来抗辩。针对某市环境卫生管理处抛出的双方不存在劳动关系的主张，援助律师向法院提交了银行工资存折，证实争议双方存在事实劳动关系。整个庭审过程都在援助律师的预料之内，对方没有提出有利的反驳证据。庭审后，对方代理律师告诉援助律师，本案在当地影响很大，像刘某某一样的清洁工有上百个，都没有签订劳动合同，而且工资普遍低于最低工资标准。2010年11月，某市人民法院做出判决，某市环境卫生管理处给付刘某某未签订书面劳动合同双倍工资1441元、工资差额661元，共计2102元。而对于刘某某请求支付经济赔偿金920元的诉讼主张，因该项请求属于一项独立的诉讼请求，未经法定仲裁程序，法院不予受理。

●二审维权终获赔偿

就在刘某某沉浸在一审胜诉的喜悦中时，某市环境卫生管理处向潍坊市中级人民法院提起上诉，认为一审计算双倍工资的基数应为刘某某实际所得工资，即560元/月，而不是根据最低工资标准920元/月进行计算。此外，某市环境卫生管理处紧紧抓住仲裁阶段被申请主体为"某市环卫局"不放，认为本案一审程序违法。

收到某市环境卫生管理处上诉状副本后，刘某某再次联系了援助律师。援助律师对某市环境卫生管理处提出上诉并没有感到吃惊。虽然本案涉及的直接当事人是刘某某，最终判决也不会超过3000元，但他是100多名清洁工的代表，本案审判结果将对潜在的其他清洁工产生现实影响。在为刘某某再次办理法律援助手续后，援助律师向潍坊中院提交了答辩状，认为最低工资是劳动者应得的最低标准，本案中计算两倍工资的底线应当是执行最低工资标准。仲裁委给某市环境卫生管理处送达被申请人为"某市环卫局"的应诉通知书，但在仲裁过程中将这一笔误进行了更正，某市环境卫生管理处未在规定期限内提出异议，即表明某市环境卫生管理处对此予以认可。请求驳回上诉，维持原判。在等待二审开庭审理期间，某市环境卫生管理处主动提出和解，愿意支付双倍工资。2011年1月19日，援助律师与刘某某来到某市环境卫生管理处参加和解。考虑本案涉及赔偿数额较少，而刘某某生活贫困，尚有78岁老母亲需要赡养，在与刘某某商定后，援助律师提出根据一审判决结果，可以适当放弃零头，支付2000元即可。但某市环境卫生管理处负责人又给援助律师打起了"算盘"，按照判决标准，全市的清洁工不仅要涨工资，还得支付双倍工资，这样一来某市环境卫生管理处直接"破产"了。经过一上午的交流，某市环境卫生管理处没有给出明确的和解意见，这也让援助律师发现由于是异地办案，对方采取了拖延战术，其真正的意愿并不是支付刘某某各项补偿，而是想通过人为地制造困难让刘某某知难而退。针对此情况，援助律师果断地放弃了与某市环境卫生管理处和解的计划，并于2011年2月22日到潍坊市中院参加开庭。

庭审过程波澜不惊。某市环境卫生管理处代理人对其上诉状中列明的观点做了重复，而援助律师也一一做了答辩。最终，潍坊市中院认为某市环境卫生管理处作为某市环境卫生管理局的承接单位应在规定的时间内应诉，其不应诉不影响仲裁程序的合法性，驳回上诉，维持原判。

早在一审判决不久，仲裁委就对刘某某申请支付经济赔偿金的诉求做出不予受理的决定。在本案进行二审诉讼的同时，援助律师已经帮助刘某某在某市法院另行起诉。根据《山东省政府关于公布 2010 年全省最低工资标准的通知》，某市最低工资标准为 920 元/月，因此援助律师请求某市环境卫生管理处向刘某某支付解除劳动关系经济赔偿金 920 元。某市环境卫生管理处以"依据劳动法的有关规定，原告的诉讼请求已经超过 60 日的时效，且该请求违反了先裁后审的法定程序"进行答辩，同时主张刘某某与其工作人员发生争执之后未再上班，但没有提供证据予以证明。最后，法院判决某市环境卫生管理处支付刘某某赔偿金 920 元。某市环境卫生管理处再次提起上诉，但潍坊市中院驳回了上诉，维持一审判决。

【法律分析】

一、劳动争议案件中举证责任分配问题

关于劳动争议案件举证责任问题，《最高人民法院关于审理劳动争议案件适用法律若干问题的解释》第 13 条明确规定，因用人单位做出的开除、除名、辞退、解除劳动合同、减少劳动报酬、计算劳动者工作年限等决定而发生的劳动争议，用人单位负举证责任。之后，《最高人民法院关于民事诉讼证据的若干规定》第 6 条也对劳动争议案件中举证责任的分配进行了具体的规定。作为劳动合同主体的劳动者与用人单位在形式上地位是平等的，但实际上由于用人单位与劳动者之间有着管理与被管理的隶属关系，故两者实际上并不平等。尤其是在用人单位处于决定者、管理者的地位，而劳动者处于被控制、被支配、被管理的地位时，由居于优势地位的用人单位就其实施的管理控制行为之合法性、合理性负举证责任，就更为必要。因此上述法律关于举证责任的分配，体现了劳动法律关系的本质。《最高人民法院关于民事诉讼证据的若干规定》对劳动争议案件应当由用人单位举证的具体事项做出了规定，可以推定该条未规定的其他情形应当适用民事诉讼证据的其他规定，即应当适用"谁主张，谁举证"的一般举证规则和公平正义、诚实信用的特殊举证规则。《劳动争议调解仲裁法》第 6 条规定："发生劳动争议，当事人对自己提出的主张，有责任提供证据。与争议事项有关的证据属于用人单位掌握管理的，用人单位应当提供；用人单位不提供的，应当承担不利后果。"该条规定明确了"谁主张，谁举证"的基本原则，但对该条基本原则做了例外规定，即"与争议事项有关的证据属于用人单位掌握管理的"，由用人单位负举证责任。第 39 条规定："当事人提供的证据经查证属实的，仲裁庭应当将其作为认定事实的根据。劳动者无法提供由用人单位掌握管理的与仲裁请求有关的证据，仲裁庭可以要求用人单位在指定期限内提供。用人单位在指定期限内不提供的，应当承担不利后果。"第 6 条和第 39 条的规定使得在劳动争议的任何事项中，只要是属于用人单位掌握管理的证据，都应当由用人单位负举证责任。

结合本案，援助律师在为刘某某办理法律援助手续后即着手对本案进行调查。律师调查的重点在于寻找直接证据证明刘某某与某市环境卫生管理处存在劳动关系。一般而言，能证明双方存在劳动关系的证据是劳动合同，但本案恰是因为未签订劳动合同产生的争议。另外，工资表、工作证、登记表也能证明双方存在劳动关系，但这些证据掌握在用人单位手中，援助律师很难调取到。刘某某向援助律师提供的证据是工作服，但工作服易于加工，不能成为本案的有效证据。最终，援助律师收集到工资存折，这也是本案证明双方存在事实劳动关系的唯一证据。

二、解除劳动合同后，劳动者应该获得的赔偿项目

劳动者与用人单位劳动关系解除后，劳动者应该获得如下赔偿：

1. 双倍工资。《劳动合同法》第 82 条规定："用人单位自用工之日起超过一个月不满一年未与劳动者订立书面劳动合同的，应当向劳动者每月支付二倍的工资。"

2. 经济补偿金。《劳动合同法》第 46 条规定："有下列情形之一的，用人单位应当向劳动者支付经济补偿：（一）劳动者依照本法第三十八条规定解除劳动合同的；（二）用人单位依照本法第三十六条规定向劳动者提出解除劳动合同并与劳动者协商一致解除劳动合同的；（三）用人单位依照本法第四十条规定解除劳动合同的；（四）用人单位依照本法第四十一条第一款规定解除

劳动合同的;(五)除用人单位维持或者提高劳动合同约定条件续订劳动合同,劳动者不同意续订的情形外,依照本法第四十四条第一项规定终止固定期限劳动合同的;(六)依照本法第四十四条第四项、第五项规定终止劳动合同的;(七)法律、行政法规规定的其他情形。"《劳动合同法》第47条规定:"经济补偿按劳动者在本单位工作的年限,每满一年支付一个月工资的标准向劳动者支付。六个月以上不满一年的,按一年计算;不满六个月的,向劳动者支付半个月工资的经济补偿。"

3. 一个月工资。《劳动合同法》第40条规定:"有下列情形之一的,用人单位提前三十日以书面形式通知劳动者本人或者额外支付劳动者一个月工资后,可以解除劳动合同:(一)劳动者患病或者非因工负伤,在规定的医疗期满后不能从事原工作,也不能从事由用人单位另行安排的工作的;(二)劳动者不能胜任工作,经过培训或者调整工作岗位,仍不能胜任工作的;(三)劳动合同订立时所依据的客观情况发生重大变化,致使劳动合同无法履行,经用人单位与劳动者协商,未能就变更劳动合同内容达成协议的。"

4. 赔偿金。《劳动合同法》第87条规定:"用人单位违反本法规定解除或者终止劳动合同的,应当依照本法第四十七条规定的经济补偿标准的二倍向劳动者支付赔偿金。"

5. 社会保险。《劳动法》第73条规定:"劳动者在下列情形下,依法享受社会保险待遇:(一)退休;(二)患病、负伤;(三)因工伤残或者患职业病;(四)失业;(五)生育。"

本案刘某某应该享有的权利包括:因未签订劳动合同而支付的双倍工资、经济赔偿金。另外,因刘某某实际工资水平低于当地最低工资标准,援助律师主张了工资差额补偿。最终,刘某某获得了他所应该得到的赔偿。

附录一：相关法律法规

1. 中华人民共和国劳动法

1994 年 7 月 5 日中华人民共和国主席令第二十八号公布

自 1995 年 1 月 1 日起施行

第一章 总 则

第一条 为了保护劳动者的合法权益，调整劳动关系，建立和维护适应社会主义市场经济的劳动制度，促进经济发展和社会进步，根据宪法，制定本法。

第二条 在中华人民共和国境内的企业、个体经济组织（以下统称用人单位）和与之形成劳动关系的劳动者，适用本法。

国家机关、事业组织、社会团体和与之建立劳动合同关系的劳动者，依照本法执行。

第三条 劳动者享有平等就业和选择职业的权利、取得劳动报酬的权利、休息休假的权利、获得劳动安全卫生保护的权利、接受职业技能培训的权利、享受社会保险和福利的权利、提请劳动争议处理的权利以及法律规定的其他劳动权利。

劳动者应当完成劳动任务，提高职业技能，执行劳动安全卫生规程，遵守劳动纪律和职业道德。

第四条 用人单位应当依法建立和完善规章制度，保障劳动者享有劳动权利和履行劳动义务。

第五条 国家采取各种措施，促进劳动就业，发展职业教育，制定劳动标准，调节社会收入，完善社会保险，协调劳动关系，逐步提高劳动者的生活水平。

第六条　国家提倡劳动者参加社会义务劳动，开展劳动竞赛和合理化建议活动，鼓励和保护劳动者进行科学研究、技术革新和发明创造，表彰和奖励劳动模范和先进工作者。

第七条　劳动者有权依法参加和组织工会。

工会代表和维护劳动者的合法权益，依法独立自主地开展活动。

第八条　劳动者依照法律规定，通过职工大会、职工代表大会或者其他形式，参与民主管理或者就保护劳动者合法权益与用人单位进行平等协商。

第九条　国务院劳动行政部门主管全国劳动工作。

县级以上地方人民政府劳动行政部门主管本行政区域内的劳动工作。

第二章　促进就业

第十条　国家通过促进经济和社会发展，创造就业条件，扩大就业机会。

国家鼓励企业、事业组织、社会团体在法律、行政法规规定的范围内兴办产业或者拓展经营，增加就业。

国家支持劳动者自愿组织起来就业和从事个体经营实现就业。

第十一条　地方各级人民政府应当采取措施，发展多种类型的职业介绍机构，提供就业服务。

第十二条　劳动者就业，不因民族、种族、性别、宗教信仰不同而受歧视。

第十三条　妇女享有与男子平等的就业权利。在录用职工时，除国家规定的不适合妇女的工种或者岗位外，不得以性别为由拒绝录用妇女或者提高对妇女的录用标准。

第十四条　残疾人、少数民族人员、退出现役的军人的就业，法律、法规有特别规定的，从其规定。

第十五条　禁止用人单位招用未满十六周岁的未成年人。

文艺、体育和特种工艺单位招用未满十六周岁的未成年人，必须依照国家有关规定，履行审批手续，并保障其接受义务教育的权利。

第三章　劳动合同和集体合同

第十六条　劳动合同是劳动者与用人单位确立劳动关系、明确双方权利和义务的协议。

建立劳动关系应当订立劳动合同。

第十七条 订立和变更劳动合同，应当遵循平等自愿、协商一致的原则，不得违反法律、行政法规的规定。

劳动合同依法订立即具有法律约束力，当事人必须履行劳动合同规定的义务。

第十八条 下列劳动合同无效：

（一）违反法律、行政法规的劳动合同；

（二）采取欺诈、威胁等手段订立的劳动合同。

无效的劳动合同，从订立的时候起，就没有法律约束力。确认劳动合同部分无效的，如果不影响其余部分的效力，其余部分仍然有效。

劳动合同的无效，由劳动争议仲裁委员会或者人民法院确认。

第十九条 劳动合同应当以书面形式订立，并具备以下条款：

（一）劳动合同期限；

（二）工作内容；

（三）劳动保护和劳动条件；

（四）劳动报酬；

（五）劳动纪律；

（六）劳动合同终止的条件；

（七）违反劳动合同的责任。

劳动合同除前款规定的必备条款外，当事人可以协商约定其他内容。

第二十条 劳动合同的期限分为有固定期限、无固定期限和以完成一定的工作为期限。

劳动者在同一用人单位连续工作满十年以上，当事人双方同意续延劳动合同的，如果劳动者提出订立无固定期限的劳动合同，应当订立无固定期限的劳动合同。

第二十一条 劳动合同可以约定试用期。试用期最长不得超过六个月。

第二十二条 劳动合同当事人可以在劳动合同中约定保守用人单位商业秘密的有关事项。

第二十三条 劳动合同期满或者当事人约定的劳动合同终止条件出现，劳动合同即行终止。

第二十四条 经劳动合同当事人协商一致，劳动合同可以解除。

第二十五条 劳动者有下列情形之一的，用人单位可以解除劳动合同：

（一）在试用期间被证明不符合录用条件的；

（二）严重违反劳动纪律或者用人单位规章制度的；

（三）严重失职，营私舞弊，对用人单位利益造成重大损害的；

（四）被依法追究刑事责任的。

第二十六条 有下列情形之一的，用人单位可以解除劳动合同，但是应当提前三十日以书面形式通知劳动者本人：

（一）劳动者患病或者非因工负伤，医疗期满后，不能从事原工作，也不能从事由用人单位另行安排的工作的；

（二）劳动者不能胜任工作，经过培训或者调整工作岗位，仍不能胜任工作的；

（三）劳动合同订立时所依据的客观情况发生重大变化，致使原劳动合同无法履行，经当事人协商不能就变更劳动合同达成协议的。

第二十七条 用人单位濒临破产进行法定整顿期间或者生产经营状况发生严重困难，确需裁减人员的，应当提前三十日向工会或者全体职工说明情况，听取工会或者职工的意见，经向劳动行政部门报告后，可以裁减人员。

用人单位依据本条规定裁减人员，在六个月内录用人员的，应当优先录用被裁减的人员。

第二十八条 用人单位依据本法第二十四条、第二十六条、第二十七条的规定解除劳动合同的，应当依照国家有关规定给予经济补偿。

第二十九条 劳动者有下列情形之一的，用人单位不得依据本法第二十六条、第二十七条的规定解除劳动合同：

（一）患职业病或者因工负伤并被确认丧失或者部分丧失劳动能力的；

（二）患病或者负伤，在规定的医疗期内的；

（三）女职工在孕期、产期、哺乳期内的；

（四）法律、行政法规规定的其他情形。

第三十条　用人单位解除劳动合同，工会认为不适当的，有权提出意见。如果用人单位违反法律、法规或者劳动合同，工会有权要求重新处理；劳动者申请仲裁或者提起诉讼的，工会应当依法给予支持和帮助。

第三十一条　劳动者解除劳动合同，应当提前三十日以书面形式通知用人单位。

第三十二条　有下列情形之一的，劳动者可以随时通知用人单位解除劳动合同：

（一）在试用期内的；

（二）用人单位以暴力、威胁或者非法限制人身自由的手段强迫劳动的；

（三）用人单位未按照劳动合同约定支付劳动报酬或者提供劳动条件的。

第三十三条　企业职工一方与企业可以就劳动报酬、工作时间、休息休假、劳动安全卫生、保险福利等事项，签订集体合同。集体合同草案应当提交职工代表大会或者全体职工讨论通过。

集体合同由工会代表职工与企业签订；没有建立工会的企业，由职工推举的代表与企业签订。

第三十四条　集体合同签订后应当报送劳动行政部门；劳动行政部门自收到集体合同文本之日起十五日内未提出异议的，集体合同即行生效。

第三十五条　依法签订的集体合同对企业和企业全体职工具有约束力。职工个人与企业订立的劳动合同中劳动条件和劳动报酬等标准不得低于集体合同的规定。

第四章　工作时间和休息休假

第三十六条　国家实行劳动者每日工作时间不超过八小时、平均每周工作时间不超过四十四小时的工时制度。

第三十七条　对实行计件工作的劳动者，用人单位应当根据本法第三十六条规定的工时制度合理确定其劳动定额和计件报酬标准。

第三十八条　用人单位应当保证劳动者每周至少休息一日。

第三十九条　企业因生产特点不能实行本法第三十六条、第三十八条规定的，经劳动行政部门批准，可以实行其他工作和休息办法。

第四十条 用人单位在下列节日期间应当依法安排劳动者休假：

（一）元旦；

（二）春节；

（三）国际劳动节；

（四）国庆节；

（五）法律、法规规定的其他休假节日。

第四十一条 用人单位由于生产经营需要，经与工会和劳动者协商后可以延长工作时间，一般每日不得超过一小时；因特殊原因需要延长工作时间的，在保障劳动者身体健康的条件下延长工作时间每日不得超过三小时，但是每月不得超过三十六小时。

第四十二条 有下列情形之一的，延长工作时间不受本法第四十一条的限制：

（一）发生自然灾害、事故或者因其他原因，威胁劳动者生命健康和财产安全，需要紧急处理的；

（二）生产设备、交通运输线路、公共设施发生故障，影响生产和公众利益，必须及时抢修的；

（三）法律、行政法规规定的其他情形。

第四十三条 用人单位不得违反本法规定延长劳动者的工作时间。

第四十四条 有下列情形之一的，用人单位应当按照下列标准支付高于劳动者正常工作时间工资的工资报酬：

（一）安排劳动者延长工作时间的，支付不低于工资的百分之一百五十的工资报酬；

（二）休息日安排劳动者工作又不能安排补休的，支付不低于工资的百分之二百的工资报酬；

（三）法定休假日安排劳动者工作的，支付不低于工资的百分之三百的工资报酬。

第四十五条 国家实行带薪年休假制度。

劳动者连续工作一年以上的，享受带薪年休假。具体办法由国务院规定。

第五章 工 资

第四十六条 工资分配应当遵循按劳分配原则，实行同工同酬。

工资水平在经济发展的基础上逐步提高。国家对工资总量实行宏观调控。

第四十七条 用人单位根据本单位的生产经营特点和经济效益，依法自主确定本单位的工资分配方式和工资水平。

第四十八条 国家实行最低工资保障制度。最低工资的具体标准由省、自治区、直辖市人民政府规定，报国务院备案。

用人单位支付劳动者的工资不得低于当地最低工资标准。

第四十九条 确定和调整最低工资标准应当综合参考下列因素：

（一）劳动者本人及平均赡养人口的最低生活费用；

（二）社会平均工资水平；

（三）劳动生产率；

（四）就业状况；

（五）地区之间经济发展水平的差异。

第五十条 工资应当以货币形式按月支付给劳动者本人。不得克扣或者无故拖欠劳动者的工资。

第五十一条 劳动者在法定休假日和婚丧假期间以及依法参加社会活动期间，用人单位应当依法支付工资。

第六章 劳动安全卫生

第五十二条 用人单位必须建立、健全劳动安全卫生制度，严格执行国家劳动安全卫生规程和标准，对劳动者进行劳动安全卫生教育，防止劳动过程中的事故，减少职业危害。

第五十三条 劳动安全卫生设施必须符合国家规定的标准。

新建、改建、扩建工程的劳动安全卫生设施必须与主体工程同时设计、同时施工、同时投入生产和使用。

第五十四条 用人单位必须为劳动者提供符合国家规定的劳动安全卫生条件和必要的劳动防护用品，对从事有职业危害作业的劳动者应当定期进行健康检查。

第五十五条 从事特种作业的劳动者必须经过专门培训并取得特种作业资格。

第五十六条 劳动者在劳动过程中必须严格遵守安全操作规程。

劳动者对用人单位管理人员违章指挥、强令冒险作业，有权拒绝执行；对危害生命安全和身体健康的行为，有权提出批评、检举和控告。

第五十七条 国家建立伤亡事故和职业病统计报告和处理制度。县级以上各级人民政府劳动行政部门、有关部门和用人单位应当依法对劳动者在劳动过程中发生的伤亡事故和劳动者的职业病状况，进行统计、报告和处理。

第七章 女职工和未成年工特殊保护

第五十八条 国家对女职工和未成年工实行特殊劳动保护。

未成年工是指年满十六周岁未满十八周岁的劳动者。

第五十九条 禁止安排女职工从事矿山井下、国家规定的第四级体力劳动强度的劳动和其他禁忌从事的劳动。

第六十条 不得安排女职工在经期从事高处、低温、冷水作业和国家规定的第三级体力劳动强度的劳动。

第六十一条 不得安排女职工在怀孕期间从事国家规定的第三级体力劳动强度的劳动和孕期禁忌从事的劳动。对怀孕七个月以上的女职工，不得安排其延长工作时间和夜班劳动。

第六十二条 女职工生育享受不少于九十天的产假。

第六十三条 不得安排女职工在哺乳未满一周岁的婴儿期间从事国家规定的第三级体力劳动强度的劳动和哺乳期禁忌从事的其他劳动，不得安排其延长工作时间和夜班劳动。

第六十四条 不得安排未成年工从事矿山井下、有毒有害、国家规定的第四级体力劳动强度的劳动和其他禁忌从事的劳动。

第六十五条 用人单位应当对未成年工定期进行健康检查。

第八章 职业培训

第六十六条 国家通过各种途径，采取各种措施，发展职业培训事业，开发劳动者的职业技能，提高劳动者素质，增强劳动者的就业能力和工作能力。

第六十七条 各级人民政府应当把发展职业培训纳入社会经济发展的规划，鼓励和支持有条件的企业、事业组织、社会团体和个人进行各种形式的职业培训。

第六十八条 用人单位应当建立职业培训制度，按照国家规定提取和使用职业培训经费，根据本单位实际，有计划地对劳动者进行职业培训。

从事技术工种的劳动者，上岗前必须经过培训。

第六十九条 国家确定职业分类，对规定的职业制定职业技能标准，实行职业资格证书制度，由经过政府批准的考核鉴定机构负责对劳动者实施职业技能考核鉴定。

第九章 社会保险和福利

第七十条 国家发展社会保险事业，建立社会保险制度，设立社会保险基金，使劳动者在年老、患病、工伤、失业、生育等情况下获得帮助和补偿。

第七十一条 社会保险水平应当与社会经济发展水平和社会承受能力相适应。

第七十二条 社会保险基金按照保险类型确定资金来源，逐步实行社会统筹。用人单位和劳动者必须依法参加社会保险，缴纳社会保险费。

第七十三条 劳动者在下列情形下，依法享受社会保险待遇：

（一）退休；

（二）患病、负伤；

（三）因工伤残或者患职业病；

（四）失业；

（五）生育。

劳动者死亡后，其遗属依法享受遗属津贴。

劳动者享受社会保险待遇的条件和标准由法律、法规规定。

劳动者享受的社会保险金必须按时足额支付。

第七十四条 社会保险基金经办机构依照法律规定收支、管理和运营社会保险基金，并负有使社会保险基金保值增值的责任。

社会保险基金监督机构依照法律规定，对社会保险基金的收支、管理和运营实施监督。

社会保险基金经办机构和社会保险基金监督机构的设立和职能由法律规定。

任何组织和个人不得挪用社会保险基金。

第七十五条 国家鼓励用人单位根据本单位实际情况为劳动者建立补充保险。

国家提倡劳动者个人进行储蓄性保险。

第七十六条 国家发展社会福利事业，兴建公共福利设施，为劳动者休息、休养和疗养提供条件。

用人单位应当创造条件，改善集体福利，提高劳动者的福利待遇。

第十章 劳动争议

第七十七条 用人单位与劳动者发生劳动争议，当事人可以依法申请调解、仲裁、提起诉讼，也可以协商解决。

调解原则适用于仲裁和诉讼程序。

第七十八条 解决劳动争议，应当根据合法、公正、及时处理的原则，依法维护劳动争议当事人的合法权益。

第七十九条 劳动争议发生后，当事人可以向本单位劳动争议调解委员会申请调解；调解不成，当事人一方要求仲裁的，可以向劳动争议仲裁委员会申请仲裁。当事人一方也可以直接向劳动争议仲裁委员会申请仲裁。对仲裁裁决不服的，可以向人民法院提起诉讼。

第八十条 在用人单位内，可以设立劳动争议调解委员会。劳动争议调解委员会由职工代表、用人单位代表和工会代表组成。劳动争议调解委员会主任由工会代表担任。

劳动争议经调解达成协议的，当事人应当履行。

第八十一条 劳动争议仲裁委员会由劳动行政部门代表、同级工会代表、用人单位方面的代表组成。劳动争议仲裁委员会主任由劳动行政部门代表担任。

　　第八十二条　提出仲裁要求的一方应当自劳动争议发生之日起六十日内向劳动争议仲裁委员会提出书面申请。仲裁裁决一般应在收到仲裁申请的六十日内做出。对仲裁裁决无异议的，当事人必须履行。

　　第八十三条　劳动争议当事人对仲裁裁决不服的，可以自收到仲裁裁决书之日起十五日内向人民法院提起诉讼。一方当事人在法定期限内不起诉又不履行仲裁裁决的，另一方当事人可以申请人民法院强制执行。

　　第八十四条　因签订集体合同发生争议，当事人协商解决不成的，当地人民政府劳动行政部门可以组织有关各方协调处理。

　　因履行集体合同发生争议，当事人协商解决不成的，可以向劳动争议仲裁委员会申请仲裁；对仲裁裁决不服的，可以自收到仲裁裁决书之日起十五日内向人民法院提起诉讼。

第十一章　监督检查

　　第八十五条　县级以上各级人民政府劳动行政部门依法对用人单位遵守劳动法律、法规的情况进行监督检查，对违反劳动法律、法规的行为有权制止，并责令改正。

　　第八十六条　县级以上各级人民政府劳动行政部门监督检查人员执行公务，有权进入用人单位了解执行劳动法律、法规的情况，查阅必要的资料，并对劳动场所进行检查。

　　县级以上各级人民政府劳动行政部门监督检查人员执行公务，必须出示证件，秉公执法并遵守有关规定。

　　第八十七条　县级以上各级人民政府有关部门在各自职责范围内，对用人单位遵守劳动法律、法规的情况进行监督。

　　第八十八条　各级工会依法维护劳动者的合法权益，对用人单位遵守劳动法律、法规的情况进行监督。

　　任何组织和个人对于违反劳动法律、法规的行为有权检举和控告。

第十二章　法律责任

　　第八十九条　用人单位制定的劳动规章制度违反法律、法规规定的，由劳动行政部门给予警告，责令改正；对劳动者造成损害的，应当承担赔偿责任。

第九十条　用人单位违反本法规定，延长劳动者工作时间的，由劳动行政部门给予警告，责令改正，并可以处以罚款。

第九十一条　用人单位有下列侵害劳动者合法权益情形之一的，由劳动行政部门责令支付劳动者的工资报酬、经济补偿，并可以责令支付赔偿金：

（一）克扣或者无故拖欠劳动者工资的；

（二）拒不支付劳动者延长工作时间工资报酬的；

（三）低于当地最低工资标准支付劳动者工资的；

（四）解除劳动合同后，未依照本法规定给予劳动者经济补偿的。

第九十二条　用人单位的劳动安全设施和劳动卫生条件不符合国家规定或者未向劳动者提供必要的劳动防护用品和劳动保护设施的，由劳动行政部门或者有关部门责令改正，可以处以罚款；情节严重的，提请县级以上人民政府决定责令停产整顿；对事故隐患不采取措施，致使发生重大事故，造成劳动者生命和财产损失的，对责任人员比照刑法第一百八十七条的规定追究刑事责任。

第九十三条　用人单位强令劳动者违章冒险作业，发生重大伤亡事故，造成严重后果的，对责任人员依法追究刑事责任。

第九十四条　用人单位非法招用未满十六周岁的未成年人的，由劳动行政部门责令改正，处以罚款；情节严重的，由工商行政管理部门吊销营业执照。

第九十五条　用人单位违反本法对女职工和未成年工的保护规定，侵害其合法权益的，由劳动行政部门责令改正，处以罚款；对女职工或者未成年工造成损害的，应当承担赔偿责任。

第九十六条　用人单位有下列行为之一，由公安机关对责任人员处以十五日以下拘留、罚款或者警告；构成犯罪的，对责任人员依法追究刑事责任：

（一）以暴力、威胁或者非法限制人身自由的手段强迫劳动的；

（二）侮辱、体罚、殴打、非法搜查和拘禁劳动者的。

第九十七条　由于用人单位的原因订立的无效合同，对劳动者造成损害的，应当承担赔偿责任。

第九十八条 用人单位违反本法规定的条件解除劳动合同或者故意拖延不订立劳动合同的，由劳动行政部门责令改正；对劳动者造成损害的，应当承担赔偿责任。

第九十九条 用人单位招用尚未解除劳动合同的劳动者，对原用人单位造成经济损失的，该用人单位应当依法承担连带赔偿责任。

第一百条 用人单位无故不缴纳社会保险费的，由劳动行政部门责令其限期缴纳，逾期不缴的，可以加收滞纳金。

第一百零一条 用人单位无理阻挠劳动行政部门、有关部门及其工作人员行使监督检查权，打击报复举报人员的，由劳动行政部门或者有关部门处以罚款；构成犯罪的，对责任人员依法追究刑事责任。

第一百零二条 劳动者违反本法规定的条件解除劳动合同或者违反劳动合同中约定的保密事项，对用人单位造成经济损失的，应当依法承担赔偿责任。

第一百零三条 劳动行政部门或者有关部门的工作人员滥用职权、玩忽职守、徇私舞弊，构成犯罪的，依法追究刑事责任；不构成犯罪的，给予行政处分。

第一百零四条 国家工作人员和社会保险基金经办机构的工作人员挪用社会保险基金，构成犯罪的，依法追究刑事责任。

第一百零五条 违反本法规定侵害劳动者合法权益，其他法律、法规已规定处罚的，依照该法律、行政法规的规定处罚。

第十三章 附　则

第一百零六条 省、自治区、直辖市人民政府根据本法和本地区的实际情况，规定劳动合同制度的实施步骤，报国务院备案。

第一百零七条 本法自 1995 年 1 月 1 日起施行。

2. 中华人民共和国劳动合同法

《中华人民共和国劳动合同法》已由中华人民共和国第十届全国人民代表大会常务委员会第二十八次会议于 2007 年 6 月 29 日通过，现予公布，自 2008 年 1 月 1 日起施行。

第一章　总则

第一条　为了完善劳动合同制度，明确劳动合同双方当事人的权利和义务，保护劳动者的合法权益，构建和发展和谐稳定的劳动关系，制定本法。

第二条　中华人民共和国境内的企业、个体经济组织、民办非企业单位等组织（以下称用人单位）与劳动者建立劳动关系，订立、履行、变更、解除或者终止劳动合同，适用本法。

国家机关、事业单位、社会团体和与其建立劳动关系的劳动者，订立、履行、变更、解除或者终止劳动合同，依照本法执行。

第三条　订立劳动合同，应当遵循合法、公平、平等自愿、协商一致、诚实信用的原则。

依法订立的劳动合同具有约束力，用人单位与劳动者应当履行劳动合同约定的义务。

第四条　用人单位应当依法建立和完善劳动规章制度，保障劳动者享有劳动权利、履行劳动义务。

用人单位在制定、修改或者决定有关劳动报酬、工作时间、休息休假、劳动安全卫生、保险福利、职工培训、劳动纪律以及劳动定额管理等直接涉及劳动者切身利益的规章制度或者重大事项时，应当经职工代表大会或者全体职工讨论，提出方案和意见，与工会或者职工代表平等协商确定。

在规章制度和重大事项决定实施过程中，工会或者职工认为不适当的，有权向用人单位提出，通过协商予以修改完善。

用人单位应当将直接涉及劳动者切身利益的规章制度和重大事项决定公

示，或者告知劳动者。

第五条　县级以上人民政府劳动行政部门会同工会和企业方面代表，建立健全协调劳动关系三方机制，共同研究解决有关劳动关系的重大问题。

第六条　工会应当帮助、指导劳动者与用人单位依法订立和履行劳动合同，并与用人单位建立集体协商机制，维护劳动者的合法权益。

第二章　劳动合同的订立

第七条　用人单位自用工之日起即与劳动者建立劳动关系。用人单位应当建立职工名册备查。

第八条　用人单位招用劳动者时，应当如实告知劳动者工作内容、工作条件、工作地点、职业危害、安全生产状况、劳动报酬，以及劳动者要求了解的其他情况；用人单位有权了解劳动者与劳动合同直接相关的基本情况，劳动者应当如实说明。

第九条　用人单位招用劳动者，不得扣押劳动者的居民身份证和其他证件，不得要求劳动者提供担保或者以其他名义向劳动者收取财物。

第十条　建立劳动关系，应当订立书面劳动合同。

已建立劳动关系，未同时订立书面劳动合同的，应当自用工之日起一个月内订立书面劳动合同。

用人单位与劳动者在用工前订立劳动合同的，劳动关系自用工之日起建立。

第十一条　用人单位未在用工的同时订立书面劳动合同，与劳动者约定的劳动报酬不明确的，新招用的劳动者的劳动报酬按照集体合同规定的标准执行；没有集体合同或者集体合同未规定的，实行同工同酬。

第十二条　劳动合同分为固定期限劳动合同、无固定期限劳动合同和以完成一定工作任务为期限的劳动合同。

第十三条　固定期限劳动合同，是指用人单位与劳动者约定合同终止时间的劳动合同。

用人单位与劳动者协商一致，可以订立固定期限劳动合同。

第十四条　无固定期限劳动合同，是指用人单位与劳动者约定无确定终止时间的劳动合同。

用人单位与劳动者协商一致，可以订立无固定期限劳动合同。有下列情形之一，劳动者提出或者同意续订、订立劳动合同的，除劳动者提出订立固定期限劳动合同外，应当订立无固定期限劳动合同：

（一）劳动者在该用人单位连续工作满十年的；

（二）用人单位初次实行劳动合同制度或者国有企业改制重新订立劳动合同时，劳动者在该用人单位连续工作满十年且距法定退休年龄不足十年的；

（三）连续订立二次固定期限劳动合同，且劳动者没有本法第三十九条和第四十条第一项、第二项规定的情形，续订劳动合同的。

用人单位自用工之日起满一年不与劳动者订立书面劳动合同的，视为用人单位与劳动者已订立无固定期限劳动合同。

第十五条　以完成一定工作任务为期限的劳动合同，是指用人单位与劳动者约定以某项工作的完成为合同期限的劳动合同。

用人单位与劳动者协商一致，可以订立以完成一定工作任务为期限的劳动合同。

第十六条　劳动合同由用人单位与劳动者协商一致，并经用人单位与劳动者在劳动合同文本上签字或者盖章生效。

劳动合同文本由用人单位和劳动者各执一份。

第十七条　劳动合同应当具备以下条款：

（一）用人单位的名称、住所和法定代表人或者主要负责人；

（二）劳动者的姓名、住址和居民身份证或者其他有效身份证件号码；

（三）劳动合同期限；

（四）工作内容和工作地点；

（五）工作时间和休息休假；

（六）劳动报酬；

（七）社会保险；

（八）劳动保护、劳动条件和职业危害防护；

（九）法律、法规规定应当纳入劳动合同的其他事项。

劳动合同除前款规定的必备条款外，用人单位与劳动者可以约定试用期、培训、保守秘密、补充保险和福利待遇等其他事项。

　　第十八条　劳动合同对劳动报酬和劳动条件等标准约定不明确，引发争议的，用人单位与劳动者可以重新协商；协商不成的，适用集体合同规定；没有集体合同或者集体合同未规定劳动报酬的，实行同工同酬；没有集体合同或者集体合同未规定劳动条件等标准的，适用国家有关规定。

　　第十九条　劳动合同期限三个月以上不满一年的，试用期不得超过一个月；劳动合同期限一年以上不满三年的，试用期不得超过二个月；三年以上固定期限和无固定期限的劳动合同，试用期不得超过六个月。

　　同一用人单位与同一劳动者只能约定一次试用期。

　　以完成一定工作任务为期限的劳动合同或者劳动合同期限不满三个月的，不得约定试用期。

　　试用期包含在劳动合同期限内。劳动合同仅约定试用期的，试用期不成立，该期限为劳动合同期限。

　　第二十条　劳动者在试用期的工资不得低于本单位相同岗位最低档工资或者劳动合同约定工资的百分之八十，并不得低于用人单位所在地的最低工资标准。

　　第二十一条　在试用期中，除劳动者有本法第三十九条和第四十条第一项、第二项规定的情形外，用人单位不得解除劳动合同。用人单位在试用期解除劳动合同的，应当向劳动者说明理由。

　　第二十二条　用人单位为劳动者提供专项培训费用，对其进行专业技术培训的，可以与该劳动者订立协议，约定服务期。

　　劳动者违反服务期约定的，应当按照约定向用人单位支付违约金。违约金的数额不得超过用人单位提供的培训费用。用人单位要求劳动者支付的违约金不得超过服务期尚未履行部分所应分摊的培训费用。

　　用人单位与劳动者约定服务期的，不影响按照正常的工资调整机制提高劳动者在服务期期间的劳动报酬。

　　第二十三条　用人单位与劳动者可以在劳动合同中约定保守用人单位的商业秘密和与知识产权相关的保密事项。

　　对负有保密义务的劳动者，用人单位可以在劳动合同或者保密协议中与劳动者约定竞业限制条款，并约定在解除或者终止劳动合同后，在竞业限制期限内按月给予劳动者经济补偿。劳动者违反竞业限制约定的，应当按照约定向用人单位支付违约金。

第二十四条　竞业限制的人员限于用人单位的高级管理人员、高级技术人员和其他负有保密义务的人员。竞业限制的范围、地域、期限由用人单位与劳动者约定，竞业限制的约定不得违反法律、法规的规定。

在解除或者终止劳动合同后，前款规定的人员到与本单位生产或者经营同类产品、从事同类业务的有竞争关系的其他用人单位，或者自己开业生产或者经营同类产品、从事同类业务的竞业限制期限，不得超过二年。

第二十五条　除本法第二十二条和第二十三条规定的情形外，用人单位不得与劳动者约定由劳动者承担违约金。

第二十六条　下列劳动合同无效或者部分无效：

（一）以欺诈、胁迫的手段或者乘人之危，使对方在违背真实意思的情况下订立或者变更劳动合同的；

（二）用人单位免除自己的法定责任、排除劳动者权利的；

（三）违反法律、行政法规强制性规定的。

对劳动合同的无效或者部分无效有争议的，由劳动争议仲裁机构或者人民法院确认。

第二十七条　劳动合同部分无效，不影响其他部分效力的，其他部分仍然有效。

第二十八条　劳动合同被确认无效，劳动者已付出劳动的，用人单位应当向劳动者支付劳动报酬。劳动报酬的数额，参照本单位相同或者相近岗位劳动者的劳动报酬确定。

第三章　劳动合同的履行和变更

第二十九条　用人单位与劳动者应当按照劳动合同的约定，全面履行各自的义务。

第三十条　用人单位应当按照劳动合同约定和国家规定，向劳动者及时足额支付劳动报酬。

用人单位拖欠或者未足额支付劳动报酬的，劳动者可以依法向当地人民法院申请支付令，人民法院应当依法发出支付令。

第三十一条 用人单位应当严格执行劳动定额标准，不得强迫或者变相强迫劳动者加班。用人单位安排加班的，应当按照国家有关规定向劳动者支付加班费。

第三十二条 劳动者拒绝用人单位管理人员违章指挥、强令冒险作业的，不视为违反劳动合同。

劳动者对危害生命安全和身体健康的劳动条件，有权对用人单位提出批评、检举和控告。

第三十三条 用人单位变更名称、法定代表人、主要负责人或者投资人等事项，不影响劳动合同的履行。

第三十四条 用人单位发生合并或者分立等情况，原劳动合同继续有效，劳动合同由承继其权利和义务的用人单位继续履行。

第三十五条 用人单位与劳动者协商一致，可以变更劳动合同约定的内容。变更劳动合同，应当采用书面形式。

变更后的劳动合同文本由用人单位和劳动者各执一份。

第四章　劳动合同的解除和终止

第三十六条 用人单位与劳动者协商一致，可以解除劳动合同。

第三十七条 劳动者提前三十日以书面形式通知用人单位，可以解除劳动合同。劳动者在试用期内提前三日通知用人单位，可以解除劳动合同。

第三十八条 用人单位有下列情形之一的，劳动者可以解除劳动合同：

（一）未按照劳动合同约定提供劳动保护或者劳动条件的；

（二）未及时足额支付劳动报酬的；

（三）未依法为劳动者缴纳社会保险费的；

（四）用人单位的规章制度违反法律、法规的规定，损害劳动者权益的；

（五）因本法第二十六条第一款规定的情形致使劳动合同无效的；

（六）法律、行政法规规定劳动者可以解除劳动合同的其他情形。

用人单位以暴力、威胁或者非法限制人身自由的手段强迫劳动者劳动的，或者用人单位违章指挥、强令冒险作业危及劳动者人身安全的，劳动者可以立即解除劳动合同，不需事先告知用人单位。

第三十九条　劳动者有下列情形之一的，用人单位可以解除劳动合同：

（一）在试用期间被证明不符合录用条件的；

（二）严重违反用人单位的规章制度的；

（三）严重失职，营私舞弊，给用人单位造成重大损害的；

（四）劳动者同时与其他用人单位建立劳动关系，对完成本单位的工作任务造成严重影响，或者经用人单位提出，拒不改正的；

（五）因本法第二十六条第一款第一项规定的情形致使劳动合同无效的；

（六）被依法追究刑事责任的。

第四十条　有下列情形之一的，用人单位提前三十日以书面形式通知劳动者本人或者额外支付劳动者一个月工资后，可以解除劳动合同：

（一）劳动者患病或者非因工负伤，在规定的医疗期满后不能从事原工作，也不能从事由用人单位另行安排的工作的；

（二）劳动者不能胜任工作，经过培训或者调整工作岗位，仍不能胜任工作的；

（三）劳动合同订立时所依据的客观情况发生重大变化，致使劳动合同无法履行，经用人单位与劳动者协商，未能就变更劳动合同内容达成协议的。

第四十一条　有下列情形之一，需要裁减人员二十人以上或者裁减不足二十人但占企业职工总数百分之十以上的，用人单位提前三十日向工会或者全体职工说明情况，听取工会或者职工的意见后，裁减人员方案经向劳动行政部门报告，可以裁减人员：

（一）依照企业破产法规定进行重整的；

（二）生产经营发生严重困难的；

（三）企业转产、重大技术革新或者经营方式调整，经变更劳动合同后，仍需裁减人员的；

（四）其他因劳动合同订立时所依据的客观经济情况发生重大变化，致使劳动合同无法履行的。

裁减人员时，应当优先留用下列人员：

（一）与本单位订立较长期限的固定期限劳动合同的；

（二）与本单位订立无固定期限劳动合同的；

（三）家庭无其他就业人员，有需要扶养的老人或者未成年人的。

用人单位依照本条第一款规定裁减人员，在六个月内重新招用人员的，应当通知被裁减的人员，并在同等条件下优先招用被裁减的人员。

第四十二条 劳动者有下列情形之一的，用人单位不得依照本法第四十条、第四十一条的规定解除劳动合同：

（一）从事接触职业病危害作业的劳动者未进行离岗前职业健康检查，或者疑似职业病病人在诊断或者医学观察期间的；

（二）在本单位患职业病或者因工负伤并被确认丧失或者部分丧失劳动能力的；

（三）患病或者非因工负伤，在规定的医疗期内的；

（四）女职工在孕期、产期、哺乳期的；

（五）在本单位连续工作满十五年，且距法定退休年龄不足五年的；

（六）法律、行政法规规定的其他情形。

第四十三条 用人单位单方解除劳动合同，应当事先将理由通知工会。用人单位违反法律、行政法规规定或者劳动合同约定的，工会有权要求用人单位纠正。用人单位应当研究工会的意见，并将处理结果书面通知工会。

第四十四条 有下列情形之一的，劳动合同终止：

（一）劳动合同期满的；

（二）劳动者开始依法享受基本养老保险待遇的；

（三）劳动者死亡，或者被人民法院宣告死亡或者宣告失踪的；

（四）用人单位被依法宣告破产的；

（五）用人单位被吊销营业执照、责令关闭、撤销或者用人单位决定提前解散的；

（六）法律、行政法规规定的其他情形。

第四十五条 劳动合同期满，有本法第四十二条规定情形之一的，劳动合同应当续延至相应的情形消失时终止。但是，本法第四十二条第二项规定丧失或者部分丧失劳动能力劳动者的劳动合同的终止，按照国家有关工伤保险的规定执行。

第四十六条 有下列情形之一的，用人单位应当向劳动者支付经济补偿：

（一）劳动者依照本法第三十八条规定解除劳动合同的；

（二）用人单位依照本法第三十六条规定向劳动者提出解除劳动合同并与劳动者协商一致解除劳动合同的；

（三）用人单位依照本法第四十条规定解除劳动合同的；

（四）用人单位依照本法第四十一条第一款规定解除劳动合同的；

（五）除用人单位维持或者提高劳动合同约定条件续订劳动合同，劳动者不同意续订的情形外，依照本法第四十四条第一项规定终止固定期限劳动合同的；

（六）依照本法第四十四条第四项、第五项规定终止劳动合同的；

（七）法律、行政法规规定的其他情形。

第四十七条 经济补偿按劳动者在本单位工作的年限，每满一年支付一个月工资的标准向劳动者支付。六个月以上不满一年的，按一年计算；不满六个月的，向劳动者支付半个月工资的经济补偿。

劳动者月工资高于用人单位所在直辖市、设区的市级人民政府公布的本地区上年度职工月平均工资三倍的，向其支付经济补偿的标准按职工月平均工资三倍的数额支付，向其支付经济补偿的年限最高不超过十二年。

本条所称月工资是指劳动者在劳动合同解除或者终止前十二个月的平均工资。

第四十八条 用人单位违反本法规定解除或者终止劳动合同，劳动者要求继续履行劳动合同的，用人单位应当继续履行；劳动者不要求继续履行劳动合同或者劳动合同已经不能继续履行的，用人单位应当依照本法第八十七条规定支付赔偿金。

第四十九条 国家采取措施，建立健全劳动者社会保险关系跨地区转移接续制度。

第五十条 用人单位应当在解除或者终止劳动合同时出具解除或者终止劳动合同的证明，并在十五日内为劳动者办理档案和社会保险关系转移手续。

劳动者应当按照双方约定，办理工作交接。用人单位依照本法有关规定应当向劳动者支付经济补偿的，在办结工作交接时支付。

用人单位对已经解除或者终止的劳动合同的文本，至少保存二年备查。

第五章　特别规定

第一节　集体合同

第五十一条　企业职工一方与用人单位通过平等协商，可以就劳动报酬、工作时间、休息休假、劳动安全卫生、保险福利等事项订立集体合同。集体合同草案应当提交职工代表大会或者全体职工讨论通过。

集体合同由工会代表企业职工一方与用人单位订立；尚未建立工会的用人单位，由上级工会指导劳动者推举的代表与用人单位订立。

第五十二条　企业职工一方与用人单位可以订立劳动安全卫生、女职工权益保护、工资调整机制等专项集体合同。

第五十三条　在县级以下区域内，建筑业、采矿业、餐饮服务业等行业可以由工会与企业方面代表订立行业性集体合同，或者订立区域性集体合同。

第五十四条　集体合同订立后，应当报送劳动行政部门；劳动行政部门自收到集体合同文本之日起十五日内未提出异议的，集体合同即行生效。

依法订立的集体合同对用人单位和劳动者具有约束力。行业性、区域性集体合同对当地本行业、本区域的用人单位和劳动者具有约束力。

第五十五条　集体合同中劳动报酬和劳动条件等标准不得低于当地人民政府规定的最低标准；用人单位与劳动者订立的劳动合同中劳动报酬和劳动条件等标准不得低于集体合同规定的标准。

第五十六条　用人单位违反集体合同，侵犯职工劳动权益的，工会可以依法要求用人单位承担责任；因履行集体合同发生争议，经协商解决不成的，工会可以依法申请仲裁、提起诉讼。

第二节　劳务派遣

第五十七条　经营劳务派遣业务应当具备下列条件：

（一）注册资本不得少于人民币二百万元；

（二）有与开展业务相适应的固定的经营场所和设施；

（三）有符合法律、行政法规规定的劳务派遣管理制度；

（四）法律、行政法规规定的其他条件。

经营劳务派遣业务，应当向劳动行政部门依法申请行政许可；经许可的，依法办理相应的公司登记。未经许可，任何单位和个人不得经营劳务派遣业务。

第五十八条 劳务派遣单位是本法所称用人单位，应当履行用人单位对劳动者的义务。劳务派遣单位与被派遣劳动者订立的劳动合同，除应当载明本法第十七条规定的事项外，还应当载明被派遣劳动者的用工单位以及派遣期限、工作岗位等情况。

劳务派遣单位应当与被派遣劳动者订立二年以上的固定期限劳动合同，按月支付劳动报酬；被派遣劳动者在无工作期间，劳务派遣单位应当按照所在地人民政府规定的最低工资标准，向其按月支付报酬。

第五十九条 劳务派遣单位派遣劳动者应当与接受以劳务派遣形式用工的单位（以下称用工单位）订立劳务派遣协议。劳务派遣协议应当约定派遣岗位和人员数量、派遣期限、劳动报酬和社会保险费的数额与支付方式以及违反协议的责任。

用工单位应当根据工作岗位的实际需要与劳务派遣单位确定派遣期限，不得将连续用工期限分割订立数个短期劳务派遣协议。

第六十条 劳务派遣单位应当将劳务派遣协议的内容告知被派遣劳动者。

劳务派遣单位不得克扣用工单位按照劳务派遣协议支付给被派遣劳动者的劳动报酬。

劳务派遣单位和用工单位不得向被派遣劳动者收取费用。

第六十一条 劳务派遣单位跨地区派遣劳动者的，被派遣劳动者享有的劳动报酬和劳动条件，按照用工单位所在地的标准执行。

第六十二条 用工单位应当履行下列义务：

（一）执行国家劳动标准，提供相应的劳动条件和劳动保护；

（二）告知被派遣劳动者的工作要求和劳动报酬；

（三）支付加班费、绩效奖金，提供与工作岗位相关的福利待遇；

（四）对在岗被派遣劳动者进行工作岗位所必需的培训；

（五）连续用工的，实行正常的工资调整机制。

用工单位不得将被派遣劳动者再派遣到其他用人单位。

第六十三条 被派遣劳动者享有与用工单位的劳动者同工同酬的权利。用工单位应当按照同工同酬原则，对被派遣劳动者与本单位同类岗位的劳动者实行相同的劳动报酬分配办法。用工单位无同类岗位劳动者的，参照用工单位所在地相同或者相近岗位劳动者的劳动报酬确定。

劳务派遣单位与被派遣劳动者订立的劳动合同和与用工单位订立的劳务派遣协议，载明或者约定的向被派遣劳动者支付的劳动报酬应当符合前款规定。

第六十四条 被派遣劳动者有权在劳务派遣单位或者用工单位依法参加或者组织工会，维护自身的合法权益。

第六十五条 被派遣劳动者可以依照本法第三十六条、第三十八条的规定与劳务派遣单位解除劳动合同。

被派遣劳动者有本法第三十九条和第四十条第一项、第二项规定情形的，用工单位可以将劳动者退回劳务派遣单位，劳务派遣单位依照本法有关规定，可以与劳动者解除劳动合同。

第六十六条 劳动合同用工是我国的企业基本用工形式。劳务派遣用工是补充形式，只能在临时性、辅助性或者替代性的工作岗位上实施。

前款规定的临时性工作岗位是指存续时间不超过六个月的岗位；辅助性工作岗位是指为主营业务岗位提供服务的非主营业务岗位；替代性工作岗位是指用工单位的劳动者因脱产学习、休假等原因无法工作的一定期间内，可以由其他劳动者替代工作的岗位。

用工单位应当严格控制劳务派遣用工数量，不得超过其用工总量的一定比例，具体比例由国务院劳动行政部门规定。

第六十七条 用人单位不得设立劳务派遣单位向本单位或者所属单位派遣劳动者。

第三节 非全日制用工

第六十八条 非全日制用工，是指以小时计酬为主，劳动者在同一用人单位一般平均每日工作时间不超过四小时，每周工作时间累计不超过二十四小时的用工形式。

第六十九条 非全日制用工双方当事人可以订立口头协议。

从事非全日制用工的劳动者可以与一个或者一个以上用人单位订立劳动合同；但是，后订立的劳动合同不得影响先订立的劳动合同的履行。

第七十条 非全日制用工双方当事人不得约定试用期。

第七十一条 非全日制用工双方当事人任何一方都可以随时通知对方终止用工。终止用工，用人单位不向劳动者支付经济补偿。

第七十二条 非全日制用工小时计酬标准不得低于用人单位所在地人民政府规定的最低小时工资标准。

非全日制用工劳动报酬结算支付周期最长不得超过十五日。

第六章 监督检查

第七十三条 国务院劳动行政部门负责全国劳动合同制度实施的监督管理。

县级以上地方人民政府劳动行政部门负责本行政区域内劳动合同制度实施的监督管理。

县级以上各级人民政府劳动行政部门在劳动合同制度实施的监督管理工作中，应当听取工会、企业方面代表以及有关行业主管部门的意见。

第七十四条 县级以上地方人民政府劳动行政部门依法对下列实施劳动合同制度的情况进行监督检查：

（一）用人单位制定直接涉及劳动者切身利益的规章制度及其执行的情况；

（二）用人单位与劳动者订立和解除劳动合同的情况；

（三）劳务派遣单位和用工单位遵守劳务派遣有关规定的情况；

（四）用人单位遵守国家关于劳动者工作时间和休息休假规定的情况；

（五）用人单位支付劳动合同约定的劳动报酬和执行最低工资标准的情况；

（六）用人单位参加各项社会保险和缴纳社会保险费的情况；

（七）法律、法规规定的其他劳动监察事项。

第七十五条 县级以上地方人民政府劳动行政部门实施监督检查时，有权查阅与劳动合同、集体合同有关的材料，有权对劳动场所进行实地检查，用人单位和劳动者都应当如实提供有关情况和材料。

劳动行政部门的工作人员进行监督检查，应当出示证件，依法行使职权，文明执法。

第七十六条 县级以上人民政府建设、卫生、安全生产监督管理等有关主管部门在各自职责范围内，对用人单位执行劳动合同制度的情况进行监督管理。

第七十七条 劳动者合法权益受到侵害的，有权要求有关部门依法处理，或者依法申请仲裁、提起诉讼。

第七十八条 工会依法维护劳动者的合法权益，对用人单位履行劳动合同、集体合同的情况进行监督。用人单位违反劳动法律、法规和劳动合同、集体合同的，工会有权提出意见或者要求纠正；劳动者申请仲裁、提起诉讼的，工会依法给予支持和帮助。

第七十九条 任何组织或者个人对违反本法的行为都有权举报，县级以上人民政府劳动行政部门应当及时核实、处理，并对举报有功人员给予奖励。

第七章　法律责任

第八十条 用人单位直接涉及劳动者切身利益的规章制度违反法律、法规规定的，由劳动行政部门责令改正，给予警告；给劳动者造成损害的，应当承担赔偿责任。

第八十一条 用人单位提供的劳动合同文本未载明本法规定的劳动合同必备条款或者用人单位未将劳动合同文本交付劳动者的，由劳动行政部门责令改正；给劳动者造成损害的，应当承担赔偿责任。

第八十二条 用人单位自用工之日起超过一个月不满一年未与劳动者订立书面劳动合同的，应当向劳动者每月支付二倍的工资。

用人单位违反本法规定不与劳动者订立无固定期限劳动合同的，自应当订立无固定期限劳动合同之日起向劳动者每月支付二倍的工资。

第八十三条 用人单位违反本法规定与劳动者约定试用期的，由劳动行政部门责令改正；违法约定的试用期已经履行的，由用人单位以劳动者试用期满月工资为标准，按已经履行的超过法定试用期的期间向劳动者支付赔偿金。

第八十四条 用人单位违反本法规定，扣押劳动者居民身份证等证件的，由劳动行政部门责令限期退还劳动者本人，并依照有关法律规定给予处罚。

用人单位违反本法规定，以担保或者其他名义向劳动者收取财物的，由劳动行政部门责令限期退还劳动者本人，并以每人五百元以上二千元以下的标准处以罚款；给劳动者造成损害的，应当承担赔偿责任。

劳动者依法解除或者终止劳动合同，用人单位扣押劳动者档案或者其他物品的，依照前款规定处罚。

第八十五条 用人单位有下列情形之一的，由劳动行政部门责令限期支付劳动报酬、加班费或者经济补偿；劳动报酬低于当地最低工资标准的，应当支付其差额部分；逾期不支付的，责令用人单位按应付金额百分之五十以上百分之一百以下的标准向劳动者加付赔偿金：

（一）未按照劳动合同的约定或者国家规定及时足额支付劳动者劳动报酬的；

（二）低于当地最低工资标准支付劳动者工资的；

（三）安排加班不支付加班费的；

（四）解除或者终止劳动合同，未依照本法规定向劳动者支付经济补偿的。

第八十六条 劳动合同依照本法第二十六条规定被确认无效，给对方造成损害的，有过错的一方应当承担赔偿责任。

第八十七条 用人单位违反本法规定解除或者终止劳动合同的，应当依照本法第四十七条规定的经济补偿标准的二倍向劳动者支付赔偿金。

第八十八条　用人单位有下列情形之一的，依法给予行政处罚；构成犯罪的，依法追究刑事责任；给劳动者造成损害的，应当承担赔偿责任：

（一）以暴力、威胁或者非法限制人身自由的手段强迫劳动的；

（二）违章指挥或者强令冒险作业危及劳动者人身安全的；

（三）侮辱、体罚、殴打、非法搜查或者拘禁劳动者的；

（四）劳动条件恶劣、环境污染严重，给劳动者身心健康造成严重损害的。

第八十九条　用人单位违反本法规定未向劳动者出具解除或者终止劳动合同的书面证明，由劳动行政部门责令改正；给劳动者造成损害的，应当承担赔偿责任。

第九十条　劳动者违反本法规定解除劳动合同，或者违反劳动合同中约定的保密义务或者竞业限制，给用人单位造成损失的，应当承担赔偿责任。

第九十一条　用人单位招用与其他用人单位尚未解除或者终止劳动合同的劳动者，给其他用人单位造成损失的，应当承担连带赔偿责任。

第九十二条　违反本法规定，未经许可，擅自经营劳务派遣业务的，由劳动行政部门责令停止违法行为，没收违法所得，并处违法所得一倍以上五倍以下的罚款；没有违法所得的，可以处五万元以下的罚款。

劳务派遣单位、用工单位违反本法有关劳务派遣规定的，由劳动行政部门责令限期改正；逾期不改正的，以每人五千元以上一万元以下的标准处以罚款，对劳务派遣单位，吊销其劳务派遣业务经营许可证。用工单位给被派遣劳动者造成损害的，劳务派遣单位与用工单位承担连带赔偿责任。

第九十三条　对不具备合法经营资格的用人单位的违法犯罪行为，依法追究法律责任；劳动者已经付出劳动的，该单位或者其出资人应当依照本法有关规定向劳动者支付劳动报酬、经济补偿、赔偿金；给劳动者造成损害的，应当承担赔偿责任。

第九十四条　个人承包经营违反本法规定招用劳动者，给劳动者造成损害的，发包的组织与个人承包经营者承担连带赔偿责任。

第九十五条 劳动行政部门和其他有关主管部门及其工作人员玩忽职守、不履行法定职责，或者违法行使职权，给劳动者或者用人单位造成损害的，应当承担赔偿责任；对直接负责的主管人员和其他直接责任人员，依法给予行政处分；构成犯罪的，依法追究刑事责任。

第八章 附 则

第九十六条 事业单位与实行聘用制的工作人员订立、履行、变更、解除或者终止劳动合同，法律、行政法规或者国务院另有规定的，依照其规定；未作规定的，依照本法有关规定执行。

第九十七条 本法施行前已依法订立且在本法施行之日存续的劳动合同，继续履行；本法第十四条第二款第三项规定连续订立固定期限劳动合同的次数，自本法施行后续订固定期限劳动合同时开始计算。

本法施行前已建立劳动关系，尚未订立书面劳动合同的，应当自本法施行之日起一个月内订立。

本法施行之日存续的劳动合同在本法施行后解除或者终止，依照本法第四十六条规定应当支付经济补偿的，经济补偿年限自本法施行之日起计算；本法施行前按照当时有关规定，用人单位应当向劳动者支付经济补偿的，按照当时有关规定执行。

第九十八条 本法自 2008 年 1 月 1 日起施行。

3. 中华人民共和国劳动合同法实施条例

《中华人民共和国劳动合同法实施条例》已经 2008 年 9 月 3 日国务院第 25 次常务会议通过，现予公布，自公布之日起施行。

第一章 总则

第一条 为了贯彻实施《中华人民共和国劳动合同法》（以下简称劳动合同法），制定本条例。

第二条 各级人民政府和县级以上人民政府劳动行政等有关部门以及工会等组织，应当采取措施，推动劳动合同法的贯彻实施，促进劳动关系的和谐。

第三条 依法成立的会计师事务所、律师事务所等合伙组织和基金会，属于劳动合同法规定的用人单位。

第二章 劳动合同的订立

第四条 劳动合同法规定的用人单位设立的分支机构，依法取得营业执照或者登记证书的，可以作为用人单位与劳动者订立劳动合同；未依法取得营业执照或者登记证书的，受用人单位委托可以与劳动者订立劳动合同。

第五条 自用工之日起一个月内，经用人单位书面通知后，劳动者不与用人单位订立书面劳动合同的，用人单位应当书面通知劳动者终止劳动关系，无需向劳动者支付经济补偿，但是应当依法向劳动者支付其实际工作时间的劳动报酬。

第六条 用人单位自用工之日起超过一个月不满一年未与劳动者订立书面劳动合同的，应当依照劳动合同法第八十二条的规定向劳动者每月支付两倍的工资，并与劳动者补订书面劳动合同；劳动者不与用人单位订立书面劳动合同的，用人单位应当书面通知劳动者终止劳动关系，并依照劳动合同法第四十七条的规定支付经济补偿。

前款规定的用人单位向劳动者每月支付两倍工资的起算时间为用工之日起满一个月的次日，截止时间为补订书面劳动合同的前一日。

第七条 用人单位自用工之日起满一年未与劳动者订立书面劳动合同的，自用工之日起满一个月的次日至满一年的前一日应当依照劳动合同法第八十二条的规定向劳动者每月支付两倍的工资，并视为自用工之日起满一年的当日已经与劳动者订立无固定期限劳动合同，应当立即与劳动者补订书面劳动合同。

第八条 劳动合同法第七条规定的职工名册，应当包括劳动者姓名、性别、公民身份号码、户籍地址及现住址、联系方式、用工形式、用工起始时间、劳动合同期限等内容。

第九条 劳动合同法第十四条第二款规定的连续工作满 10 年的起始时间，应当自用人单位用工之日起计算，包括劳动合同法施行前的工作年限。

第十条 劳动者非因本人原因从原用人单位被安排到新用人单位工作的，劳动者在原用人单位的工作年限合并计算为新用人单位的工作年限。原用人单位已经向劳动者支付经济补偿的，新用人单位在依法解除、终止劳动合同计算支付经济补偿的工作年限时，不再计算劳动者在原用人单位的工作年限。

第十一条 除劳动者与用人单位协商一致的情形外，劳动者依照劳动合同法第十四条第二款的规定，提出订立无固定期限劳动合同的，用人单位应当与其订立无固定期限劳动合同。对劳动合同的内容，双方应当按照合法、公平、平等自愿、协商一致、诚实信用的原则协商确定；对协商不一致的内容，依照劳动合同法第十八条的规定执行。

第十二条 地方各级人民政府及县级以上地方人民政府有关部门为安置就业困难人员提供的给予岗位补贴和社会保险补贴的公益性岗位，其劳动合同不适用劳动合同法有关无固定期限劳动合同的规定以及支付经济补偿的规定。

第十三条 用人单位与劳动者不得在劳动合同法第四十四条规定的劳动合同终止情形之外约定其他的劳动合同终止条件。

第十四条 劳动合同履行地与用人单位注册地不一致的，有关劳动者的最低工资标准、劳动保护、劳动条件、职业危害防护和本地区上年度职工月平均工资标准等事项，按照劳动合同履行地的有关规定执行；用人单位注册地的有关标准高于劳动合同履行地的有关标准，且用人单位与劳动者约定按照用人单位注册地的有关规定执行的，从其约定。

第十五条　劳动者在试用期的工资不得低于本单位相同岗位最低档工资的 80% 或者不得低于劳动合同约定工资的 80%，并不得低于用人单位所在地的最低工资标准。

第十六条　劳动合同法第二十二条第二款规定的培训费用，包括用人单位为了对劳动者进行专业技术培训而支付的有凭证的培训费用、培训期间的差旅费用以及因培训产生的用于该劳动者的其他直接费用。

第十七条　劳动合同期满，但是用人单位与劳动者依照劳动合同法第二十二条的规定约定的服务期尚未到期的，劳动合同应当续延至服务期满；双方另有约定的，从其约定。

第三章　劳动合同的解除和终止

第十八条　有下列情形之一的，依照劳动合同法规定的条件、程序，劳动者可以与用人单位解除固定期限劳动合同、无固定期限劳动合同或者以完成一定工作任务为期限的劳动合同：

（一）劳动者与用人单位协商一致的；

（二）劳动者提前 30 日以书面形式通知用人单位的；

（三）劳动者在试用期内提前 3 日通知用人单位的；

（四）用人单位未按照劳动合同约定提供劳动保护或者劳动条件的；

（五）用人单位未及时足额支付劳动报酬的；

（六）用人单位未依法为劳动者缴纳社会保险费的；

（七）用人单位的规章制度违反法律、法规的规定，损害劳动者权益的；

（八）用人单位以欺诈、胁迫的手段或者乘人之危，使劳动者在违背真实意思的情况下订立或者变更劳动合同的；

（九）用人单位在劳动合同中免除自己的法定责任、排除劳动者权利的；

（十）用人单位违反法律、行政法规强制性规定的；

（十一）用人单位以暴力、威胁或者非法限制人身自由的手段强迫劳动者劳动的；

（十二）用人单位违章指挥、强令冒险作业危及劳动者人身安全的；

（十三）法律、行政法规规定劳动者可以解除劳动合同的其他情形。

第十九条 有下列情形之一的，依照劳动合同法规定的条件、程序，用人单位可以与劳动者解除固定期限劳动合同、无固定期限劳动合同或者以完成一定工作任务为期限的劳动合同：

（一）用人单位与劳动者协商一致的；

（二）劳动者在试用期间被证明不符合录用条件的；

（三）劳动者严重违反用人单位的规章制度的；

（四）劳动者严重失职，营私舞弊，给用人单位造成重大损害的；

（五）劳动者同时与其他用人单位建立劳动关系，对完成本单位的工作任务造成严重影响，或者经用人单位提出，拒不改正的；

（六）劳动者以欺诈、胁迫的手段或者乘人之危，使用人单位在违背真实意思的情况下订立或者变更劳动合同的；

（七）劳动者被依法追究刑事责任的；

（八）劳动者患病或者非因工负伤，在规定的医疗期满后不能从事原工作，也不能从事由用人单位另行安排的工作的；

（九）劳动者不能胜任工作，经过培训或者调整工作岗位，仍不能胜任工作的；

（十）劳动合同订立时所依据的客观情况发生重大变化，致使劳动合同无法履行，经用人单位与劳动者协商，未能就变更劳动合同内容达成协议的；

（十一）用人单位依照企业破产法规定进行重整的；

（十二）用人单位生产经营发生严重困难的；

（十三）企业转产、重大技术革新或者经营方式调整，经变更劳动合同后，仍需裁减人员的；

（十四）其他因劳动合同订立时所依据的客观经济情况发生重大变化，致使劳动合同无法履行的。

第二十条 用人单位依照劳动合同法第四十条的规定，选择额外支付劳动者一个月工资解除劳动合同的，其额外支付的工资应当按照该劳动者上一个月的工资标准确定。

第二十一条 劳动者达到法定退休年龄的，劳动合同终止。

第二十二条 以完成一定工作任务为期限的劳动合同因任务完成而终止的，用人单位应当依照劳动合同法第四十七条的规定向劳动者支付经济补偿。

第二十三条 用人单位依法终止工伤职工的劳动合同的，除依照劳动合同法第四十七条的规定支付经济补偿外，还应当依照国家有关工伤保险的规定支付一次性工伤医疗补助金和伤残就业补助金。

第二十四条 用人单位出具的解除、终止劳动合同的证明，应当写明劳动合同期限、解除或者终止劳动合同的日期、工作岗位、在本单位的工作年限。

第二十五条 用人单位违反劳动合同法的规定解除或者终止劳动合同，依照劳动合同法第八十七条的规定支付了赔偿金的，不再支付经济补偿。赔偿金的计算年限自用工之日起计算。

第二十六条 用人单位与劳动者约定了服务期，劳动者依照劳动合同法第三十八条的规定解除劳动合同的，不属于违反服务期的约定，用人单位不得要求劳动者支付违约金。

有下列情形之一，用人单位与劳动者解除约定服务期的劳动合同的，劳动者应当按照劳动合同的约定向用人单位支付违约金：

（一）劳动者严重违反用人单位的规章制度的；

（二）劳动者严重失职，营私舞弊，给用人单位造成重大损害的；

（三）劳动者同时与其他用人单位建立劳动关系，对完成本单位的工作任务造成严重影响，或者经用人单位提出，拒不改正的；

（四）劳动者以欺诈、胁迫的手段或者乘人之危，使用人单位在违背真实意思的情况下订立或者变更劳动合同的；

（五）劳动者被依法追究刑事责任的。

第二十七条 劳动合同法第四十七条规定的经济补偿的月工资按照劳动者应得工资计算，包括计时工资或者计件工资以及奖金、津贴和补贴等货币性收入。劳动者在劳动合同解除或者终止前 12 个月的平均工资低于当地最低工资标准的，按照当地最低工资标准计算。劳动者工作不满 12 个月的，按照实际工作的月数计算平均工资。

第四章　劳务派遣特别规定

第二十八条　用人单位或者其所属单位出资或者合伙设立的劳务派遣单位，向本单位或者所属单位派遣劳动者的，属于劳动合同法第六十七条规定的不得设立的劳务派遣单位。

第二十九条　用工单位应当履行劳动合同法第六十二条规定的义务，维护被派遣劳动者的合法权益。

第三十条　劳务派遣单位不得以非全日制用工形式招用被派遣劳动者。

第三十一条　劳务派遣单位或者被派遣劳动者依法解除、终止劳动合同的经济补偿，依照劳动合同法第四十六条、第四十七条的规定执行。

第三十二条　劳务派遣单位违法解除或者终止被派遣劳动者的劳动合同的，依照劳动合同法第四十八条的规定执行。

第五章　法律责任

第三十三条　用人单位违反劳动合同法有关建立职工名册规定的，由劳动行政部门责令限期改正；逾期不改正的，由劳动行政部门处 2000 元以上 2 万元以下的罚款。

第三十四条　用人单位依照劳动合同法的规定应当向劳动者每月支付两倍的工资或者应当向劳动者支付赔偿金而未支付的，劳动行政部门应当责令用人单位支付。

第三十五条　用工单位违反劳动合同法和本条例有关劳务派遣规定的，由劳动行政部门和其他有关主管部门责令改正；情节严重的，以每位被派遣劳动者 1000 元以上 5000 元以下的标准处以罚款；给被派遣劳动者造成损害的，劳务派遣单位和用工单位承担连带赔偿责任。

第六章　附则

第三十六条　对违反劳动合同法和本条例的行为的投诉、举报，县级以上地方人民政府劳动行政部门依照《劳动保障监察条例》的规定处理。

第三十七条　劳动者与用人单位因订立、履行、变更、解除或者终止劳动合同发生争议的，依照《中华人民共和国劳动争议调解仲裁法》的规定处理。

第三十八条　本条例自公布之日起施行。

4. 山东省劳动合同条例

2001 年 10 月 28 日山东省第九届人民代表大会常务委员会第二十三次通过

2013 年 8 月 1 日山东省第十二届人民代表大会常务委员会第三次会议修订

第一章　总则

第一条　为了完善劳动合同制度，明确劳动合同当事人的权利和义务，保护劳动者的合法权益，构建和发展和谐稳定的劳动关系，根据《中华人民共和国劳动合同法》、《中华人民共和国劳动合同法实施条例》等法律、行政法规，结合本省实际，制定本条例。

第二条　本省行政区域内的企业、个体经济组织、民办非企业单位等组织（以下统称用人单位）与劳动者建立劳动关系，订立、履行、变更、解除或者终止劳动合同，适用本条例。

依法成立的会计师事务所、律师事务所等组织和基金会，属于前款所称的用人单位。

国家机关、事业单位、社会团体和与其建立劳动关系的劳动者，订立、履行、变更、解除或者终止劳动合同，依照本条例执行。

第三条　订立劳动合同，应当遵循合法、公平、平等自愿、协商一致、诚实信用的原则。

第四条　县级以上人民政府应当加强对和谐劳动关系建设和劳动合同法律、法规宣传教育工作的领导，研究制定规范劳动关系的政策措施，按照各自权限及时调整、发布最低工资标准和企业工资指导线。

第五条　县级以上人民政府劳动行政部门负责本行政区域劳动合同制度的实施与监督。

县级以上人民政府住房城乡建设、卫生、安全生产等有关部门在各自的职责范围内，做好劳动合同制度实施工作。

乡镇人民政府、街道办事处应当建立和完善人力资源社会保障基层公共服务平台，做好本辖区劳动合同制度实施的有关工作。

第六条　用人单位应当依法建立和完善劳动规章制度，规范劳动用工，保障劳动者享有劳动权利、履行劳动义务。

第七条　工会应当帮助、指导劳动者与用人单位依法订立和履行劳动合同，并与用人单位建立集体协商机制，对用人单位制定、实施劳动规章制度和履行劳动合同的情况进行监督，维护劳动者的合法权益。

第二章　劳动合同的订立

第八条　用人单位招用劳动者时，应当如实告知劳动者工作内容、工作条件、工作地点、安全生产状况、职业危害、劳动报酬、社会保险以及直接涉及劳动者切身利益的其他事项。

第九条　用人单位招用劳动者，不得扣押劳动者的居民身份证、居住证和其他证件，不得要求劳动者提供担保或者向劳动者收取押金和其他财物。

第十条　用人单位有权了解劳动者与劳动合同直接相关的健康状况、工作经历、知识技能等基本情况，核对劳动者的居民身份证、居住证等相关证件，劳动者应当如实说明或者提供。

劳动者与原用人单位有竞业限制约定的，应当向用人单位如实说明。

第十一条　用人单位应当对劳动者的个人信息予以保密，除依法应当公开的内容外，未经劳动者同意，不得公开或者利用其个人信息。

第十二条　用人单位自用工之日起即与劳动者建立劳动关系。用人单位安排劳动者接受上岗前培训、学习的，劳动关系自劳动者参加之日起建立。

建立劳动关系应当订立书面劳动合同；已建立劳动关系，未同时订立书面劳动合同的，应当自用工之日起一个月内订立书面劳动合同。

第十三条　用人单位与劳动者协商一致，可以订立固定期限劳动合同、无固定期限劳动合同或者以完成一定工作任务为期限的劳动合同。

第十四条　劳动合同应当具备法律、法规规定的必备条款。

订立劳动合同时，用人单位与劳动者可以约定试用期、培训、保守秘密、补充保险、竞业限制、福利待遇等事项。

第十五条　用人单位与劳动者在解除或者终止固定期限劳动合同之日起三个月内，再次与劳动者订立固定期限劳动合同的，视为连续订立二次固定期限劳动合同。

第十六条　用人单位与劳动者协商一致，可以续订劳动合同；劳动合同期满，用人单位与劳动者协商一致延长劳动合同期限的，视为用人单位与劳动者续订劳动合同。

第十七条　劳动合同期满，用人单位未与劳动者续订劳动合同，但是劳动者在用人单位安排下继续提供劳动的，用人单位应当自劳动合同期满之日起一个月内与劳动者续订劳动合同；超过一年不与劳动者续订劳动合同的，视为与劳动者已经订立无固定期限劳动合同。

第十八条　劳动合同经用人单位与劳动者签字或者盖章生效。劳动合同文本由用人单位和劳动者各执一份，用人单位不得替劳动者保管。

第十九条　用人单位应当按照国家有关规定将劳动用工信息报县级以上人民政府劳动行政部门备案。

第三章　劳动合同的履行与变更

第二十条　用人单位与劳动者应当按照劳动合同的约定，全面履行各自的义务；劳动合同部分无效，不影响其他部分效力的，其他部分应当继续履行。

第二十一条　劳动合同履行期间，用人单位变更名称、法定代表人或者主要负责人、投资人等事项，以及劳动者变更姓名的，可以变更劳动合同相应条款，但是不影响劳动合同的履行。

第二十二条　用人单位应当按照有关规定，组织新上岗劳动者参加安全生产、职业病危害防治、职业技能和劳动保障法律、法规等培训。

第二十三条　用人单位应当按照劳动合同的约定，按时足额以货币形式向劳动者支付工资。用人单位向提供正常劳动的劳动者支付的工资，不得低于劳动合同履行地最低工资标准。

第二十四条　企业应当根据本单位经济效益情况，参照当地政府发布的工资指导线、人力资源市场工资指导价位和本地区、行业的职工平均工资水平等因素，制定工资调整实施方案，并按照有关规定报县级以上人民政府劳动行政部门备案。

第二十五条　用人单位与劳动者协商一致，可以变更劳动合同。

变更劳动合同，应当以书面形式载明变更的内容、日期，由用人单位和劳动者双方签字或者盖章。

变更后的劳动合同文本由用人单位和劳动者各执一份。

第二十六条　有下列情形之一的，劳动合同可以中止：

（一）用人单位与劳动者以书面形式协商一致的；

（二）劳动者因涉嫌违法犯罪被限制人身自由的；

（三）因不可抗力致使劳动合同暂时不能履行的；

（四）法律、法规规定的其他情形。

劳动合同中止期间，劳动关系保留，劳动合同暂停履行，用人单位可以不支付劳动报酬并停止缴纳社会保险费。劳动合同中止期间不计算为劳动者在用人单位的工作年限。

劳动合同中止履行的情形消失，除已经无法履行的外，应当恢复履行。

第四章　劳动合同的解除和终止

第二十七条　解除和终止劳动合同应当符合法定的条件和程序。

第二十八条　解除或者终止劳动合同，符合法定情形的，用人单位应当向劳动者支付经济补偿。

劳动者有下列情形之一，用人单位解除或者终止劳动合同的，可以不支付经济补偿：

（一）在试用期间被证明不符合录用条件的；

（二）严重违反用人单位规章制度的；

（三）严重失职，营私舞弊，给用人单位造成重大损害的；

（四）被依法追究刑事责任的；

（五）同时与其他用人单位建立劳动关系，对完成本单位的工作任务造成严重影响，或者经用人单位提出，拒不改正的；

（六）以欺诈、胁迫的手段或者乘人之危，使用人单位在违背真实意思的情况下订立或者变更劳动合同致使劳动合同无效的；

（七）自用工之日起三十日内经用人单位书面通知后，仍然不与用人单位订立劳动合同而终止劳动关系的；

（八）提出解除劳动合同并与用人单位协商一致解除劳动合同的；

（九）提前三十日以书面形式通知用人单位解除劳动合同，或者在试用期内提前三日通知用人单位解除劳动合同的；

（十）固定期限劳动合同期满终止，用人单位维持或者提高劳动合同约定条件续订劳动合同，劳动者不同意续订的；

（十一）法律、法规规定的其他情形。

第二十九条　劳动者患病或者非因工负伤，在规定的医疗期满后，用人单位应当根据劳动者的身体状况安排适当的工作；因劳动者不能从事原工作，也不能从事由用人单位另行安排的工作的，用人单位可以依法解除劳动合同，并向劳动者支付经济补偿和医疗补助费。

第三十条　用人单位应当自出具解除或者终止劳动合同证明之日起十五日内为劳动者办理档案和社会保险转移手续，并结清劳动者的劳动报酬和其他费用。

劳动合同解除或者终止后，劳动者应当按照双方约定的时间、地点办理工作交接，归还用人单位的生产工具、技术资料等财物；用人单位依法向劳动者支付经济补偿的，应当在办理工作交接时支付。

第五章　特别规定

第一节　集体合同

第三十一条　企业应当与职工一方建立集体协商制度，实行民主管理。集体协商主要采用协商会议的形式。

企业与职工一方通过平等协商，可以就劳动报酬、工作时间、休息休假、劳动安全卫生、保险福利、职工培训、劳动纪律、劳动定额管理以及女职工、残疾职工和未成年工特殊保护等事项订立集体合同，也可以订立专项集体合同。订立工资专项集体合同的，应当明确工资分配制度、工资分配形式、工资收入水平等事项。

在县级以下区域内，建筑业、采矿业、餐饮服务业等行业可以由工会与企业方面代表订立区域性集体合同，或者订立行业性集体合同。

第三十二条 集体合同由工会代表职工一方与企业订立；尚未建立工会的企业，由上级工会指导劳动者推举的代表与企业订立。

第三十三条 集体合同对企业及其劳动者具有约束力。

企业与劳动者订立的劳动合同约定的劳动条件、劳动报酬等标准不得低于集体合同的规定。

企业制定的劳动规章制度不得与集体合同相抵触。

第三十四条 集体协商代表应当依照法定程序产生，代表本方利益进行集体协商。

集体协商双方的代表人数应当对等，各方至少三人，并各确定一名首席代表。

第三十五条 集体协商代表应当真实反映本方意愿，维护本方合法权益，接受本方人员咨询和监督。

集体协商双方均有义务向对方提供与集体合同内容有关的情况和资料；涉及国家秘密或者企业商业秘密的，双方代表均负有保密义务。

第三十六条 企业应当保障集体协商代表履行职责所必需的工作时间和工作条件。集体协商代表参加集体协商视为提供正常劳动。

第三十七条 企业不得因职工一方集体协商代表履行其职责而调整其工作岗位、免除其职务、降低其职级或者工资福利待遇、解除其劳动合同。

集体协商代表履行职责期间劳动合同期满的，劳动合同期限自动延长至完成履行协商代表职责之时；集体协商代表不同意自动延长劳动合同期限的，劳动合同终止。

第三十八条 集体协商一方有权向对方提出进行集体协商的要求，另一方应当在十日内以书面形式回应，无正当理由不得拒绝进行集体协商。

第三十九条 集体协商会议由双方首席代表轮流主持，并按照规定程序进行。经协商达成一致的，形成集体合同草案，由双方首席代表签字。

经协商未达成一致意见或者出现意外情形时，可以中止协商。再次协商的时间、地点、内容由双方商定。

第四十条 职工代表大会或者职工大会讨论集体合同草案，应当有三分之二以上职工代表或者职工出席，且须经全体职工代表半数以上或者全体职工半数以上同意，集体合同草案方获通过。

集体合同草案经职工代表大会或者职工大会通过后，由集体协商双方首席代表签字，订立集体合同；未获通过的，双方代表应当重新协商修改。

区域性、行业性集体合同草案，应当以适当的方式征求有关企业和职工的意见。

第四十一条 企业应当自集体合同订立之日起十日内将集体合同文本报县级以上人民政府劳动行政部门审查。

县级以上人民政府劳动行政部门自收到集体合同文本之日起十五日内，对集体合同双方主体及其代表资格、协商程序和合同内容等进行审查，并将审查意见送达双方协商代表。经审查认为集体合同违法提出异议的，双方协商代表应当对提出异议的有关事项进行集体协商，重新订立集体合同，并按照前款规定的程序重新报送审查。

县级以上人民政府劳动行政部门自收到集体合同文本之日起十五日内未提出异议的，集体合同即行生效。

第四十二条 集体合同期限一般为一至三年。

集体合同期满前三个月内，任何一方均可向对方提出重新订立的要求。

第四十三条 集体协商双方代表经协商一致，可以变更或者解除集体合同。集体合同的变更或者解除，按照规定的程序，由职工代表大会或者职工大会讨论通过。

变更后的集体合同应当报县级以上人民政府劳动行政部门审查。

第四十四条 集体协商代表应当自集体合同生效之日起七日内，将生效的集体合同以适当的形式向本方全体成员公布。

工会或者职工一方应当将生效的集体合同报上一级工会备案。

第四十五条　集体合同双方应当全面履行集体合同，有权对对方履行情况进行监督。

双方首席代表应当定期向职工代表大会或者职工大会报告集体合同的履行情况，接受监督。

第四十六条　县级以上人民政府劳动行政部门应当会同工会和企业方面代表，建立健全协调劳动关系三方机制，共同协调处理集体合同争议。

因订立集体合同发生争议，双方应当协商解决。协商解决不成的，可以通过协调劳动关系三方机制协调处理。

第四十七条　因履行集体合同发生争议，当事人协商解决不成的，可以依法申请仲裁、提起诉讼。

第二节　劳务派遣

第四十八条　劳务派遣用工是劳动合同用工的补充形式，只能在临时性、辅助性或者替代性的工作岗位上实施。

前款规定的临时性工作岗位是指存续时间不超过六个月的岗位；辅助性工作岗位是指为主营业务岗位提供服务的非主营业务岗位；替代性工作岗位是指用工单位的劳动者因脱产学习、休假等原因无法工作，一年之内可以由其他劳动者替代工作的岗位。

用工单位应当严格控制劳务派遣用工数量，不得超过国家规定的比例。

第四十九条　经营劳务派遣业务应当具备法律、行政法规规定的条件，经县级以上人民政府劳动行政部门许可，依法办理相应的公司登记。

第五十条　用工单位应当保障被派遣劳动者与本单位职工享有同工同酬的权利，实行相同的劳动报酬分配办法。

第五十一条　劳务派遣单位应当与用工单位订立劳务派遣协议。

劳务派遣协议应当具备下列内容：

（一）劳务派遣单位和用工单位的名称、住所、法定代表人或者主要负责人；

（二）派遣期限、岗位和人员数量；

（三）劳动报酬、社会保险费、劳务派遣服务费以及支付方式；

（四）劳动安全卫生、职业病危害防治；

（五）劳务派遣单位和用工单位应当履行的义务；

（六）违约责任。

第五十二条 用工单位应当自劳务派遣协议订立之日起三十日内，将劳务派遣协议文本以及使用被派遣劳动者岗位情况报县级以上人民政府劳动行政部门备案。

第五十三条 因劳务派遣单位关闭、破产或者其他原因致使被派遣劳动者劳动合同终止或者解除，用工单位继续使用该被派遣劳动者的，应当与该劳动者订立劳动合同。

第六章　法律责任

第五十四条 对违反本条例的行为，有关法律、法规规定了法律责任的，依照其规定执行。

第五十五条 用人单位未经劳动者同意公开或者利用其个人信息的，由县级以上人民政府劳动行政部门责令改正；给劳动者造成损害的，依法承担赔偿责任。

第五十六条 用人单位违反本条例规定不将生效后的劳动合同文本交付劳动者本人的，由县级以上人民政府劳动行政部门责令改正；给劳动者造成损害的，依法承担赔偿责任。

第五十七条 劳动合同期满，劳动者在用人单位安排下继续提供劳动，用人单位自劳动合同期满之日起超过一个月未满一年未与劳动者续订劳动合同的，应当向劳动者每月支付二倍的工资。

第五十八条 违反本条例规定，用人单位有下列情形之一的，由县级以上人民政府劳动行政部门责令改正；逾期未改正的，将其违法行为记入信用档案，向社会公布，并由县级以上人民政府有关部门和单位取消其单位、法定代表人或者主要负责人评优评先资格；给劳动者造成损害的，依法承担赔偿责任：

（一）未建立集体协商制度实行民主管理的；

（二）拒绝就订立集体合同与职工一方进行集体协商或者故意拖延订立集

体合同的；

（三）不提供或者不如实向职工一方集体协商代表提供订立集体合同有关情况和资料的；

（四）打击报复职工一方集体协商代表，违法解除职工一方集体协商代表劳动合同的；

（五）劳动规章制度规定的劳动条件、劳动报酬等低于集体合同规定的；

（六）与劳动者订立的劳动合同约定的劳动条件和劳动报酬等低于集体合同规定的；

（七）未将集体合同文本、劳动用工信息、工资调整实施方案报劳动行政部门审查或者备案的。

第五十九条　县级以上人民政府劳动行政部门和其他有关部门及其工作人员玩忽职守、不履行法定职责，或者违法行使职权，给劳动者或者用人单位造成损害的，应当承担赔偿责任；对直接负责的主管人员和其他直接责任人员，依法给予处分；构成犯罪的，依法追究刑事责任。

第七章　附则

第六十条　事业单位与实行聘用制的工作人员订立、履行、变更、解除或者终止劳动合同，法律、行政法规或者国务院另有规定的，依照其规定；未作规定的，依照本条例有关规定执行。

第六十一条　用人单位招用已享受基本养老保险待遇人员或者达到法定退休年龄人员，以及年满十六周岁的在校学生的，应当与被招用人员订立书面劳务协议，明确双方的权利义务。

第六十二条　本条例自 2013 年 10 月 1 日起施行。1999 年 12 月 16 日山东省第九届人民代表大会常务委员会第十二次会议通过的《山东省企业集体合同条例》同时废止。

5. 中华人民共和国劳动争议调解仲裁法

（2007 年 12 月 29 日第十届全国人民代表大会常务委员会
第三十一次会议通过）

第一章　总则

第一条　为了公正及时解决劳动争议，保护当事人合法权益，促进劳动关系和谐稳定，制定本法。

第二条　中华人民共和国境内的用人单位与劳动者发生的下列劳动争议，适用本法：

（一）因确认劳动关系发生的争议；

（二）因订立、履行、变更、解除和终止劳动合同发生的争议；

（三）因除名、辞退和辞职、离职发生的争议；

（四）因工作时间、休息休假、社会保险、福利、培训以及劳动保护发生的争议；

（五）因劳动报酬、工伤医疗费、经济补偿或者赔偿金等发生的争议；

（六）法律、法规规定的其他劳动争议。

第三条　解决劳动争议，应当根据事实，遵循合法、公正、及时、着重调解的原则，依法保护当事人的合法权益。

第四条　发生劳动争议，劳动者可以与用人单位协商，也可以请工会或者第三方共同与用人单位协商，达成和解协议。

第五条　发生劳动争议，当事人不愿协商、协商不成或者达成和解协议后不履行的，可以向调解组织申请调解；不愿调解、调解不成或者达成调解协议后不履行的，可以向劳动争议仲裁委员会申请仲裁；对仲裁裁决不服的，除本法另有规定的外，可以向人民法院提起诉讼。

第六条　发生劳动争议，当事人对自己提出的主张，有责任提供证据。与争议事项有关的证据属于用人单位掌握管理的，用人单位应当提供；用人单位不提供的，应当承担不利后果。

第七条 发生劳动争议的劳动者一方在十人以上，并有共同请求的，可以推举代表参加调解、仲裁或者诉讼活动。

第八条 县级以上人民政府劳动行政部门会同工会和企业方面代表建立协调劳动关系三方机制，共同研究解决劳动争议的重大问题。

第九条 用人单位违反国家规定，拖欠或者未足额支付劳动报酬，或者拖欠工伤医疗费、经济补偿或者赔偿金的，劳动者可以向劳动行政部门投诉，劳动行政部门应当依法处理。

第二章 调解

第十条 发生劳动争议，当事人可以到下列调解组织申请调解：

（一）企业劳动争议调解委员会；

（二）依法设立的基层人民调解组织；

（三）在乡镇、街道设立的具有劳动争议调解职能的组织。

企业劳动争议调解委员会由职工代表和企业代表组成。职工代表由工会成员担任或者由全体职工推举产生，企业代表由企业负责人指定。企业劳动争议调解委员会主任由工会成员或者双方推举的人员担任。

第十一条 劳动争议调解组织的调解员应当由公道正派、联系群众、热心调解工作，并具有一定法律知识、政策水平和文化水平的成年公民担任。

第十二条 当事人申请劳动争议调解可以书面申请，也可以口头申请。口头申请的，调解组织应当当场记录申请人基本情况、申请调解的争议事项、理由和时间。

第十三条 调解劳动争议，应当充分听取双方当事人对事实和理由的陈述，耐心疏导，帮助其达成协议。

第十四条 经调解达成协议的，应当制作调解协议书。

调解协议书由双方当事人签名或者盖章，经调解员签名并加盖调解组织印章后生效，对双方当事人具有约束力，当事人应当履行。

自劳动争议调解组织收到调解申请之日起十五日内未达成调解协议的，当事人可以依法申请仲裁。

第十五条 达成调解协议后，一方当事人在协议约定期限内不履行调解协议的，另一方当事人可以依法申请仲裁。

第十六条 因支付拖欠劳动报酬、工伤医疗费、经济补偿或者赔偿金事项达成调解协议，用人单位在协议约定期限内不履行的，劳动者可以持调解协议书依法向人民法院申请支付令。人民法院应当依法发出支付令。

第三章 仲裁

第一节 一般规定

第十七条 劳动争议仲裁委员会按照统筹规划、合理布局和适应实际需要的原则设立。省、自治区人民政府可以决定在市、县设立；直辖市人民政府可以决定在区、县设立。直辖市、设区的市也可以设立一个或者若干个劳动争议仲裁委员会。劳动争议仲裁委员会不按行政区划层层设立。

第十八条 国务院劳动行政部门依照本法有关规定制定仲裁规则。省、自治区、直辖市人民政府劳动行政部门对本行政区域的劳动争议仲裁工作进行指导。

第十九条 劳动争议仲裁委员会由劳动行政部门代表、工会代表和企业方面代表组成。劳动争议仲裁委员会组成人员应当是单数。

劳动争议仲裁委员会依法履行下列职责：

（一）聘任、解聘专职或者兼职仲裁员；

（二）受理劳动争议案件；

（三）讨论重大或者疑难的劳动争议案件；

（四）对仲裁活动进行监督。

劳动争议仲裁委员会下设办事机构，负责办理劳动争议仲裁委员会的日常工作。

第二十条 劳动争议仲裁委员会应当设仲裁员名册。

仲裁员应当公道正派并符合下列条件之一：

（一）曾任审判员的；

（二）从事法律研究、教学工作并具有中级以上职称的；

（三）具有法律知识、从事人力资源管理或者工会等专业工作满五年的；

（四）律师执业满三年的。

第二十一条 劳动争议仲裁委员会负责管辖本区域内发生的劳动争议。

劳动争议由劳动合同履行地或者用人单位所在地的劳动争议仲裁委员会管辖。双方当事人分别向劳动合同履行地和用人单位所在地的劳动争议仲裁委员会申请仲裁的,由劳动合同履行地的劳动争议仲裁委员会管辖。

第二十二条 发生劳动争议的劳动者和用人单位为劳动争议仲裁案件的双方当事人。

劳务派遣单位或者用工单位与劳动者发生劳动争议的,劳务派遣单位和用工单位为共同当事人。

第二十三条 与劳动争议案件的处理结果有利害关系的第三人,可以申请参加仲裁活动或者由劳动争议仲裁委员会通知其参加仲裁活动。

第二十四条 当事人可以委托代理人参加仲裁活动。委托他人参加仲裁活动,应当向劳动争议仲裁委员会提交有委托人签名或者盖章的委托书,委托书应当载明委托事项和权限。

第二十五条 丧失或者部分丧失民事行为能力的劳动者,由其法定代理人代为参加仲裁活动;无法定代理人的,由劳动争议仲裁委员会为其指定代理人。劳动者死亡的,由其近亲属或者代理人参加仲裁活动。

第二十六条 劳动争议仲裁公开进行,但当事人协议不公开进行或者涉及国家秘密、商业秘密和个人隐私的除外。

第二节 申请和受理

第二十七条 劳动争议申请仲裁的时效期间为一年。仲裁时效期间从当事人知道或者应当知道其权利被侵害之日起计算。

前款规定的仲裁时效,因当事人一方向对方当事人主张权利,或者向有关部门请求权利救济,或者对方当事人同意履行义务而中断。从中断时起,仲裁时效期间重新计算。

因不可抗力或者有其他正当理由,当事人不能在本条第一款规定的仲裁时效期间申请仲裁的,仲裁时效中止。从中止时效的原因消除之日起,仲裁时效期间继续计算。

劳动关系存续期间因拖欠劳动报酬发生争议的,劳动者申请仲裁不受本条第一款规定的仲裁时效期间的限制;但是,劳动关系终止的,应当自劳动关系终止之日起一年内提出。

第二十八条 申请人申请仲裁应当提交书面仲裁申请，并按照被申请人人数提交副本。

仲裁申请书应当载明下列事项：

（一）劳动者的姓名、性别、年龄、职业、工作单位和住所，用人单位的名称、住所和法定代表人或者主要负责人的姓名、职务；

（二）仲裁请求和所根据的事实、理由；

（三）证据和证据来源、证人姓名和住所。

书写仲裁申请确有困难的，可以口头申请，由劳动争议仲裁委员会记入笔录，并告知对方当事人。

第二十九条 劳动争议仲裁委员会收到仲裁申请之日起五日内，认为符合受理条件的，应当受理，并通知申请人；认为不符合受理条件的，应当书面通知申请人不予受理，并说明理由。对劳动争议仲裁委员会不予受理或者逾期未做出决定的，申请人可以就该劳动争议事项向人民法院提起诉讼。

第三十条 劳动争议仲裁委员会受理仲裁申请后，应当在五日内将仲裁申请书副本送达被申请人。

被申请人收到仲裁申请书副本后，应当在十日内向劳动争议仲裁委员会提交答辩书。劳动争议仲裁委员会收到答辩书后，应当在五日内将答辩书副本送达申请人。被申请人未提交答辩书的，不影响仲裁程序的进行。

第三节　开庭和裁决

第三十一条 劳动争议仲裁委员会裁决劳动争议案件实行仲裁庭制。仲裁庭由三名仲裁员组成，设首席仲裁员。简单劳动争议案件可以由一名仲裁员独任仲裁。

第三十二条 劳动争议仲裁委员会应当在受理仲裁申请之日起五日内将仲裁庭的组成情况书面通知当事人。

第三十三条 仲裁员有下列情形之一，应当回避，当事人也有权以口头或者书面方式提出回避申请：

（一）是本案当事人或者当事人、代理人的近亲属的；

（二）与本案有利害关系的；

（三）与本案当事人、代理人有其他关系，可能影响公正裁决的；

（四）私自会见当事人、代理人，或者接受当事人、代理人的请客送礼的。

劳动争议仲裁委员会对回避申请应当及时做出决定，并以口头或者书面方式通知当事人。

第三十四条 仲裁员有本法第三十三条第四项规定情形，或者有索贿受贿、徇私舞弊、枉法裁决行为的，应当依法承担法律责任。劳动争议仲裁委员会应当将其解聘。

第三十五条 仲裁庭应当在开庭五日前，将开庭日期、地点书面通知双方当事人。当事人有正当理由的，可以在开庭三日前请求延期开庭。是否延期，由劳动争议仲裁委员会决定。

第三十六条 申请人收到书面通知，无正当理由拒不到庭或者未经仲裁庭同意中途退庭的，可以视为撤回仲裁申请。

被申请人收到书面通知，无正当理由拒不到庭或者未经仲裁庭同意中途退庭的，可以缺席裁决。

第三十七条 仲裁庭对专门性问题认为需要鉴定的，可以交由当事人约定的鉴定机构鉴定；当事人没有约定或者无法达成约定的，由仲裁庭指定的鉴定机构鉴定。

根据当事人的请求或者仲裁庭的要求，鉴定机构应当派鉴定人参加开庭。当事人经仲裁庭许可，可以向鉴定人提问。

第三十八条 当事人在仲裁过程中有权进行质证和辩论。质证和辩论终结时，首席仲裁员或者独任仲裁员应当征询当事人的最后意见。

第三十九条 当事人提供的证据经查证属实的，仲裁庭应当将其作为认定事实的根据。

劳动者无法提供由用人单位掌握管理的与仲裁请求有关的证据，仲裁庭可以要求用人单位在指定期限内提供。用人单位在指定期限内不提供的，应当承担不利后果。

第四十条 仲裁庭应当将开庭情况记入笔录。当事人和其他仲裁参加人认为对自己陈述的记录有遗漏或者差错的，有权申请补正。如果不予补正，应当记录该申请。

笔录由仲裁员、记录人员、当事人和其他仲裁参加人签名或者盖章。

第四十一条 当事人申请劳动争议仲裁后，可以自行和解。达成和解协议的，可以撤回仲裁申请。

第四十二条 仲裁庭在做出裁决前，应当先行调解。

调解达成协议的，仲裁庭应当制作调解书。

调解书应当写明仲裁请求和当事人协议的结果。调解书由仲裁员签名，加盖劳动争议仲裁委员会印章，送达双方当事人。调解书经双方当事人签收后，发生法律效力。

调解不成或者调解书送达前，一方当事人反悔的，仲裁庭应当及时做出裁决。

第四十三条 仲裁庭裁决劳动争议案件，应当自劳动争议仲裁委员会受理仲裁申请之日起四十五日内结束。案情复杂需要延期的，经劳动争议仲裁委员会主任批准，可以延期并书面通知当事人，但是延长期限不得超过十五日。逾期未做出仲裁裁决的，当事人可以就该劳动争议事项向人民法院提起诉讼。

仲裁庭裁决劳动争议案件时，其中一部分事实已经清楚，可以就该部分先行裁决。

第四十四条 仲裁庭对追索劳动报酬、工伤医疗费、经济补偿或者赔偿金的案件，根据当事人的申请，可以裁决先予执行，移送人民法院执行。

仲裁庭裁决先予执行的，应当符合下列条件：

（一）当事人之间权利义务关系明确；

（二）不先予执行将严重影响申请人的生活。

劳动者申请先予执行的，可以不提供担保。

第四十五条 裁决应当按照多数仲裁员的意见做出，少数仲裁员的不同意见应当记入笔录。仲裁庭不能形成多数意见时，裁决应当按照首席仲裁员的意见做出。

第四十六条 裁决书应当载明仲裁请求、争议事实、裁决理由、裁决结果和裁决日期。裁决书由仲裁员签名，加盖劳动争议仲裁委员会印章。对裁决持不同意见的仲裁员,可以签名,也可以不签名。

第四十七条 下列劳动争议,除本法另有规定的外,仲裁裁决为终局裁决,裁决书自做出之日起发生法律效力:

(一)追索劳动报酬、工伤医疗费、经济补偿或者赔偿金,不超过当地月最低工资标准十二个月金额的争议;

(二)因执行国家的劳动标准在工作时间、休息休假、社会保险等方面发生的争议。

第四十八条 劳动者对本法第四十七条规定的仲裁裁决不服的,可以自收到仲裁裁决书之日起十五日内向人民法院提起诉讼。

第四十九条 用人单位有证据证明本法第四十七条规定的仲裁裁决有下列情形之一,可以自收到仲裁裁决书之日起三十日内向劳动争议仲裁委员会所在地的中级人民法院申请撤销裁决:

(一)适用法律、法规确有错误的;

(二)劳动争议仲裁委员会无管辖权的;

(三)违反法定程序的;

(四)裁决所根据的证据是伪造的;

(五)对方当事人隐瞒了足以影响公正裁决的证据的;

(六)仲裁员在仲裁该案时有索贿受贿、徇私舞弊、枉法裁决行为的。

人民法院经组成合议庭审查核实裁决有前款规定情形之一的,应当裁定撤销。

仲裁裁决被人民法院裁定撤销的,当事人可以自收到裁定书之日起十五日内就该劳动争议事项向人民法院提起诉讼。

第五十条 当事人对本法第四十七条规定以外的其他劳动争议案件的仲裁裁决不服的,可以自收到仲裁裁决书之日起十五日内向人民法院提起诉讼;期满不起诉的,裁决书发生法律效力。

第五十一条 当事人对发生法律效力的调解书、裁决书,应当依照规定的期限履行。一方当事人逾期不履行的,另一方当事人可以依照民事诉讼法的有关规定向人民法院申请执行。受理申请的人民法院应当依法执行。

第四章　附则

第五十二条　事业单位实行聘用制的工作人员与本单位发生劳动争议的，依照本法执行；法律、行政法规或者国务院另有规定的，依照其规定。

第五十三条　劳动争议仲裁不收费。劳动争议仲裁委员会的经费由财政予以保障。

第五十四条　本法自 2008 年 5 月 1 日起施行。

6. 中华人民共和国社会保险法

第一章　总则

第一条　为了规范社会保险关系，维护公民参加社会保险和享受社会保险待遇的合法权益，使公民共享发展成果，促进社会和谐稳定，根据宪法，制定本法。

第二条　国家建立基本养老保险、基本医疗保险、工伤保险、失业保险、生育保险等社会保险制度，保障公民在年老、疾病、工伤、失业、生育等情况下依法从国家和社会获得物质帮助的权利。

第三条　社会保险制度坚持广覆盖、保基本、多层次、可持续的方针，社会保险水平应当与经济社会发展水平相适应。

第四条　中华人民共和国境内的用人单位和个人依法缴纳社会保险费，有权查询缴费记录、个人权益记录，要求社会保险经办机构提供社会保险咨询等相关服务。

个人依法享受社会保险待遇，有权监督本单位为其缴费情况。

第五条　县级以上人民政府将社会保险事业纳入国民经济和社会发展规划。

国家多渠道筹集社会保险资金。县级以上人民政府对社会保险事业给予必要的经费支持。

国家通过税收优惠政策支持社会保险事业。

第六条　国家对社会保险基金实行严格监管。

国务院和省、自治区、直辖市人民政府建立健全社会保险基金监督管理制度，保障社会保险基金安全、有效运行。

县级以上人民政府采取措施，鼓励和支持社会各方面参与社会保险基金的监督。

第七条　国务院社会保险行政部门负责全国的社会保险管理工作，国务院其他有关部门在各自的职责范围内负责有关的社会保险工作。

县级以上地方人民政府社会保险行政部门负责本行政区域的社会保险管理工作，县级以上地方人民政府其他有关部门在各自的职责范围内负责有关的社会保险工作。

第八条　社会保险经办机构提供社会保险服务，负责社会保险登记、个人权益记录、社会保险待遇支付等工作。

第九条　工会依法维护职工的合法权益，有权参与社会保险重大事项的研究，参加社会保险监督委员会，对与职工社会保险权益有关的事项进行监督。

第二章　基本养老保险

第十条　职工应当参加基本养老保险，由用人单位和职工共同缴纳基本养老保险费。

无雇工的个体工商户、未在用人单位参加基本养老保险的非全日制从业人员以及其他灵活就业人员可以参加基本养老保险，由个人缴纳基本养老保险费。

公务员和参照公务员法管理的工作人员养老保险的办法由国务院规定。

第十一条　基本养老保险实行社会统筹与个人账户相结合。

基本养老保险基金由用人单位和个人缴费以及政府补贴等组成。

第十二条　用人单位应当按照国家规定的本单位职工工资总额的比例缴纳基本养老保险费，记入基本养老保险统筹基金。

职工应当按照国家规定的本人工资的比例缴纳基本养老保险费，记入个人账户。

无雇工的个体工商户、未在用人单位参加基本养老保险的非全日制从业人员以及其他灵活就业人员参加基本养老保险的，应当按照国家规定缴纳基本养老保险费，分别记入基本养老保险统筹基金和个人账户。

第十三条 国有企业、事业单位职工参加基本养老保险前，视同缴费年限期间应当缴纳的基本养老保险费由政府承担。

基本养老保险基金出现支付不足时，政府给予补贴。

第十四条 个人账户不得提前支取，记账利率不得低于银行定期存款利率，免征利息税。个人死亡的，个人账户余额可以继承。

第十五条 基本养老金由统筹养老金和个人账户养老金组成。

基本养老金根据个人累计缴费年限、缴费工资、当地职工平均工资、个人账户金额、城镇人口平均预期寿命等因素确定。

第十六条 参加基本养老保险的个人，达到法定退休年龄时累计缴费满十五年的，按月领取基本养老金。

参加基本养老保险的个人，达到法定退休年龄时累计缴费不足十五年的，可以缴费至满十五年，按月领取基本养老金；也可以转入新型农村社会养老保险或者城镇居民社会养老保险，按照国务院规定享受相应的养老保险待遇。

第十七条 参加基本养老保险的个人，因病或者非因工死亡的，其遗属可以领取丧葬补助金和抚恤金；在未达到法定退休年龄时因病或者非因工致残完全丧失劳动能力的，可以领取病残津贴。所需资金从基本养老保险基金中支付。

第十八条 国家建立基本养老金正常调整机制。根据职工平均工资增长、物价上涨情况，适时提高基本养老保险待遇水平。

第十九条 个人跨统筹地区就业的，其基本养老保险关系随本人转移，缴费年限累计计算。个人达到法定退休年龄时，基本养老金分段计算、统一支付。具体办法由国务院规定。

第二十条 国家建立和完善新型农村社会养老保险制度。

新型农村社会养老保险实行个人缴费、集体补助和政府补贴相结合。

第二十一条 新型农村社会养老保险待遇由基础养老金和个人账户养老

金组成。

参加新型农村社会养老保险的农村居民，符合国家规定条件的，按月领取新型农村社会养老保险待遇。

第二十二条 国家建立和完善城镇居民社会养老保险制度。

省、自治区、直辖市人民政府根据实际情况，可以将城镇居民社会养老保险和新型农村社会养老保险合并实施。

第三章 基本医疗保险

第二十三条 职工应当参加职工基本医疗保险，由用人单位和职工按照国家规定共同缴纳基本医疗保险费。

无雇工的个体工商户、未在用人单位参加职工基本医疗保险的非全日制从业人员以及其他灵活就业人员可以参加职工基本医疗保险，由个人按照国家规定缴纳基本医疗保险费。

第二十四条 国家建立和完善新型农村合作医疗制度。

新型农村合作医疗的管理办法，由国务院规定。

第二十五条 国家建立和完善城镇居民基本医疗保险制度。

城镇居民基本医疗保险实行个人缴费和政府补贴相结合。

享受最低生活保障的人、丧失劳动能力的残疾人、低收入家庭六十周岁以上的老年人和未成年人等所需个人缴费部分，由政府给予补贴。

第二十六条 职工基本医疗保险、新型农村合作医疗和城镇居民基本医疗保险的待遇标准按照国家规定执行。

第二十七条 参加职工基本医疗保险的个人，达到法定退休年龄时累计缴费达到国家规定年限的，退休后不再缴纳基本医疗保险费，按照国家规定享受基本医疗保险待遇；未达到国家规定年限的，可以缴费至国家规定年限。

第二十八条 符合基本医疗保险药品目录、诊疗项目、医疗服务设施标准以及急诊、抢救的医疗费用，按照国家规定从基本医疗保险基金中支付。

第二十九条 参保人员医疗费用中应当由基本医疗保险基金支付的部分，由社会保险经办机构与医疗机构、药品经营单位直接结算。

社会保险行政部门和卫生行政部门应当建立异地就医医疗费用结算制度，

方便参保人员享受基本医疗保险待遇。

第三十条 下列医疗费用不纳入基本医疗保险基金支付范围：

（一）应当从工伤保险基金中支付的；

（二）应当由第三人负担的；

（三）应当由公共卫生负担的；

（四）在境外就医的。

医疗费用依法应当由第三人负担，第三人不支付或者无法确定第三人的，由基本医疗保险基金先行支付。基本医疗保险基金先行支付后，有权向第三人追偿。

第三十一条 社会保险经办机构根据管理服务的需要，可以与医疗机构、药品经营单位签订服务协议，规范医疗服务行为。

医疗机构应当为参保人员提供合理、必要的医疗服务。

第三十二条 个人跨统筹地区就业的，其基本医疗保险关系随本人转移，缴费年限累计计算。

第四章 工伤保险

第三十三条 职工应当参加工伤保险，由用人单位缴纳工伤保险费，职工不缴纳工伤保险费。

第三十四条 国家根据不同行业的工伤风险程度确定行业的差别费率，并根据使用工伤保险基金、工伤发生率等情况在每个行业内确定费率档次。行业差别费率和行业内费率档次由国务院社会保险行政部门制定，报国务院批准后公布施行。

社会保险经办机构根据用人单位使用工伤保险基金、工伤发生率和所属行业费率档次等情况，确定用人单位缴费费率。

第三十五条 用人单位应当按照本单位职工工资总额，根据社会保险经办机构确定的费率缴纳工伤保险费。

第三十六条 职工因工作原因受到事故伤害或者患职业病，且经工伤认定的，享受工伤保险待遇；其中，经劳动能力鉴定丧失劳动能力的，享受伤残待遇。

工伤认定和劳动能力鉴定应当简捷、方便。

第三十七条 职工因下列情形之一导致本人在工作中伤亡的，不认定为工伤：

（一）故意犯罪；

（二）醉酒或者吸毒；

（三）自残或者自杀；

（四）法律、行政法规规定的其他情形。

第三十八条 因工伤发生的下列费用，按照国家规定从工伤保险基金中支付：

（一）治疗工伤的医疗费用和康复费用；

（二）住院伙食补助费；

（三）到统筹地区以外就医的交通食宿费；

（四）安装配置伤残辅助器具所需费用；

（五）生活不能自理的，经劳动能力鉴定委员会确认的生活护理费；

（六）一次性伤残补助金和一至四级伤残职工按月领取的伤残津贴；

（七）终止或者解除劳动合同时，应当享受的一次性医疗补助金；

（八）因工死亡的，其遗属领取的丧葬补助金、供养亲属抚恤金和因工死亡补助金；

（九）劳动能力鉴定费。

第三十九条 因工伤发生的下列费用，按照国家规定由用人单位支付：

（一）治疗工伤期间的工资福利；

（二）五级、六级伤残职工按月领取的伤残津贴；

（三）终止或者解除劳动合同时，应当享受的一次性伤残就业补助金。

第四十条 工伤职工符合领取基本养老金条件的，停发伤残津贴，享受基本养老保险待遇。基本养老保险待遇低于伤残津贴的，从工伤保险基金中补足差额。

第四十一条 职工所在用人单位未依法缴纳工伤保险费，发生工伤事故的，由用人单位支付工伤保险待遇。用人单位不支付的，从工伤保险基金中先行支付。

从工伤保险基金中先行支付的工伤保险待遇应当由用人单位偿还。用人单位不偿还的，社会保险经办机构可以依照本法第六十三条的规定追偿。

第四十二条 由于第三人的原因造成工伤，第三人不支付工伤医疗费用或者无法确定第三人的，由工伤保险基金先行支付。工伤保险基金先行支付后，有权向第三人追偿。

第四十三条 工伤职工有下列情形之一的，停止享受工伤保险待遇：

（一）丧失享受待遇条件的；

（二）拒不接受劳动能力鉴定的；

（三）拒绝治疗的。

第五章　失业保险

第四十四条 职工应当参加失业保险，由用人单位和职工按照国家规定共同缴纳失业保险费。

第四十五条 失业人员符合下列条件的，从失业保险基金中领取失业保险金：

（一）失业前用人单位和本人已经缴纳失业保险费满一年的；

（二）非因本人意愿中断就业的；

（三）已经进行失业登记，并有求职要求的。

第四十六条 失业人员失业前用人单位和本人累计缴费满一年不足五年的，领取失业保险金的期限最长为十二个月；累计缴费满五年不足十年的，领取失业保险金的期限最长为十八个月；累计缴费十年以上的，领取失业保险金的期限最长为二十四个月。重新就业后，再次失业的，缴费时间重新计算，领取失业保险金的期限与前次失业应当领取而尚未领取的失业保险金的期限合并计算，最长不超过二十四个月。

第四十七条 失业保险金的标准，由省、自治区、直辖市人民政府确定，不得低于城市居民最低生活保障标准。

第四十八条 失业人员在领取失业保险金期间，参加职工基本医疗保险，享受基本医疗保险待遇。

失业人员应当缴纳的基本医疗保险费从失业保险基金中支付，个人不缴纳基本医疗保险费。

第四十九条 失业人员在领取失业保险金期间死亡的，参照当地对在职职工死亡的规定，向其遗属发给一次性丧葬补助金和抚恤金。所需资金从失业保险基金中支付。

个人死亡同时符合领取基本养老保险丧葬补助金、工伤保险丧葬补助金和失业保险丧葬补助金条件的，其遗属只能选择领取其中的一项。

第五十条 用人单位应当及时为失业人员出具终止或者解除劳动关系的证明，并将失业人员的名单自终止或者解除劳动关系之日起十五日内告知社会保险经办机构。

失业人员应当持本单位为其出具的终止或者解除劳动关系的证明，及时到指定的公共就业服务机构办理失业登记。

失业人员凭失业登记证明和个人身份证明，到社会保险经办机构办理领取失业保险金的手续。失业保险金领取期限自办理失业登记之日起计算。

第五十一条 失业人员在领取失业保险金期间有下列情形之一的，停止领取失业保险金，并同时停止享受其他失业保险待遇：

（一）重新就业的；

（二）应征服兵役的；

（三）移居境外的；

（四）享受基本养老保险待遇的；

（五）无正当理由，拒不接受当地人民政府指定部门或者机构介绍的适当工作或者提供的培训的。

第五十二条 职工跨统筹地区就业的，其失业保险关系随本人转移，缴费年限累计计算。

第六章 生育保险

第五十三条 职工应当参加生育保险，由用人单位按照国家规定缴纳生育保险费，职工不缴纳生育保险费。

第五十四条 用人单位已经缴纳生育保险费的，其职工享受生育保险待遇；职工未就业配偶按照国家规定享受生育医疗费用待遇。所需资金从生育保险基金中支付。

生育保险待遇包括生育医疗费用和生育津贴。

第五十五条 生育医疗费用包括下列各项：

（一）生育的医疗费用；

（二）计划生育的医疗费用；

（三）法律、法规规定的其他项目费用。

第五十六条 职工有下列情形之一的，可以按照国家规定享受生育津贴：

（一）女职工生育享受产假；

（二）享受计划生育手术休假；

（三）法律、法规规定的其他情形。

生育津贴按照职工所在用人单位上年度职工月平均工资计发。

第七章　社会保险费征缴

第五十七条 用人单位应当自成立之日起三十日内凭营业执照、登记证书或者单位印章，向当地社会保险经办机构申请办理社会保险登记。社会保险经办机构应当自收到申请之日起十五日内予以审核，发给社会保险登记证件。

用人单位的社会保险登记事项发生变更或者用人单位依法终止的，应当自变更或者终止之日起三十日内，到社会保险经办机构办理变更或者注销社会保险登记。

工商行政管理部门、民政部门和机构编制管理机关应当及时向社会保险经办机构通报用人单位的成立、终止情况，公安机关应当及时向社会保险经办机构通报个人的出生、死亡以及户口登记、迁移、注销等情况。

第五十八条 用人单位应当自用工之日起三十日内为其职工向社会保险经办机构申请办理社会保险登记。未办理社会保险登记的，由社会保险经办机构核定其应当缴纳的社会保险费。

自愿参加社会保险的无雇工的个体工商户、未在用人单位参加社会保险的非全日制从业人员以及其他灵活就业人员，应当向社会保险经办机构申请办理社会保险登记。

国家建立全国统一的个人社会保障号码。个人社会保障号码为公民身份号码。

第五十九条　县级以上人民政府加强社会保险费的征收工作。

社会保险费实行统一征收，实施步骤和具体办法由国务院规定。

第六十条　用人单位应当自行申报、按时足额缴纳社会保险费，非因不可抗力等法定事由不得缓缴、减免。职工应当缴纳的社会保险费由用人单位代扣代缴，用人单位应当按月将缴纳社会保险费的明细情况告知本人。

无雇工的个体工商户、未在用人单位参加社会保险的非全日制从业人员以及其他灵活就业人员，可以直接向社会保险费征收机构缴纳社会保险费。

第六十一条　社会保险费征收机构应当依法按时足额征收社会保险费，并将缴费情况定期告知用人单位和个人。

第六十二条　用人单位未按规定申报应当缴纳的社会保险费数额的，按照该单位上月缴费额的百分之一百一十确定应当缴纳数额；缴费单位补办申报手续后，由社会保险费征收机构按照规定结算。

第六十三条　用人单位未按时足额缴纳社会保险费的，由社会保险费征收机构责令其限期缴纳或者补足。

用人单位逾期仍未缴纳或者补足社会保险费的，社会保险费征收机构可以向银行和其他金融机构查询其存款账户；并可以申请县级以上有关行政部门做出划拨社会保险费的决定，书面通知其开户银行或者其他金融机构划拨社会保险费。用人单位账户余额少于应当缴纳的社会保险费的，社会保险费征收机构可以要求该用人单位提供担保，签订延期缴费协议。

用人单位未足额缴纳社会保险费且未提供担保的，社会保险费征收机构可以申请人民法院扣押、查封、拍卖其价值相当于应当缴纳社会保险费的财产，以拍卖所得抵缴社会保险费。

第八章　社会保险基金

第六十四条　社会保险基金包括基本养老保险基金、基本医疗保险基金、工伤保险基金、失业保险基金和生育保险基金。各项社会保险基金按照社会保险险种分别建账，分账核算，执行国家统一的会计制度。

社会保险基金专款专用，任何组织和个人不得侵占或者挪用。

基本养老保险基金逐步实行全国统筹，其他社会保险基金逐步实行省级统筹，具体时间、步骤由国务院规定。

第六十五条 社会保险基金通过预算实现收支平衡。

县级以上人民政府在社会保险基金出现支付不足时，给予补贴。

第六十六条 社会保险基金按照统筹层次设立预算。社会保险基金预算按照社会保险项目分别编制。

第六十七条 社会保险基金预算、决算草案的编制、审核和批准，依照法律和国务院规定执行。

第六十八条 社会保险基金存入财政专户，具体管理办法由国务院规定。

第六十九条 社会保险基金在保证安全的前提下，按照国务院规定投资运营实现保值增值。

社会保险基金不得违规投资运营，不得用于平衡其他政府预算，不得用于兴建、改建办公场所和支付人员经费、运行费用、管理费用，或者违反法律、行政法规规定挪作其他用途。

第七十条 社会保险经办机构应当定期向社会公布参加社会保险情况以及社会保险基金的收入、支出、结余和收益情况。

第七十一条 国家设立全国社会保障基金，由中央财政预算拨款以及国务院批准的其他方式筹集的资金构成，用于社会保障支出的补充、调剂。全国社会保障基金由全国社会保障基金管理运营机构负责管理运营，在保证安全的前提下实现保值增值。

全国社会保障基金应当定期向社会公布收支、管理和投资运营的情况。国务院财政部门、社会保险行政部门、审计机关对全国社会保障基金的收支、管理和投资运营情况实施监督。

第九章　社会保险经办

第七十二条 统筹地区设立社会保险经办机构。社会保险经办机构根据工作需要，经所在地的社会保险行政部门和机构编制管理机关批准，可以在本统筹地区设立分支机构和服务网点。

社会保险经办机构的人员经费和经办社会保险发生的基本运行费用、管理费用，由同级财政按照国家规定予以保障。

第七十三条 社会保险经办机构应当建立健全业务、财务、安全和风险管理制度。

社会保险经办机构应当按时足额支付社会保险待遇。

第七十四条 社会保险经办机构通过业务经办、统计、调查获取社会保险工作所需的数据，有关单位和个人应当及时、如实提供。

社会保险经办机构应当及时为用人单位建立档案，完整、准确地记录参加社会保险的人员、缴费等社会保险数据，妥善保管登记、申报的原始凭证和支付结算的会计凭证。

社会保险经办机构应当及时、完整、准确地记录参加社会保险的个人缴费和用人单位为其缴费，以及享受社会保险待遇等个人权益记录，定期将个人权益记录单免费寄送本人。

用人单位和个人可以免费向社会保险经办机构查询、核对其缴费和享受社会保险待遇记录，要求社会保险经办机构提供社会保险咨询等相关服务。

第七十五条 全国社会保险信息系统按照国家统一规划，由县级以上人民政府按照分级负责的原则共同建设。

第十章　社会保险监督

第七十六条 各级人民代表大会常务委员会听取和审议本级人民政府对社会保险基金的收支、管理、投资运营以及监督检查情况的专项工作报告，组织对本法实施情况的执法检查等，依法行使监督职权。

第七十七条 县级以上人民政府社会保险行政部门应当加强对用人单位和个人遵守社会保险法律、法规情况的监督检查。

社会保险行政部门实施监督检查时，被检查的用人单位和个人应当如实提供与社会保险有关的资料，不得拒绝检查或者谎报、瞒报。

第七十八条 财政部门、审计机关按照各自职责，对社会保险基金的收支、管理和投资运营情况实施监督。

第七十九条 社会保险行政部门对社会保险基金的收支、管理和投资运营情况进行监督检查，发现存在问题的，应当提出整改建议，依法做出处理决定或者向有关行政部门提出处理建议。社会保险基金检查结果应当定期向社会公布。

社会保险行政部门对社会保险基金实施监督检查，有权采取下列措施：

（一）查阅、记录、复制与社会保险基金收支、管理和投资运营相关的资料，对可能被转移、隐匿或者灭失的资料予以封存；

（二）询问与调查事项有关的单位和个人，要求其对与调查事项有关的问题做出说明、提供有关证明材料；

（三）对隐匿、转移、侵占、挪用社会保险基金的行为予以制止并责令改正。

第八十条 统筹地区人民政府成立由用人单位代表、参保人员代表，以及工会代表、专家等组成的社会保险监督委员会，掌握、分析社会保险基金的收支、管理和投资运营情况，对社会保险工作提出咨询意见和建议，实施社会监督。

社会保险经办机构应当定期向社会保险监督委员会汇报社会保险基金的收支、管理和投资运营情况。社会保险监督委员会可以聘请会计师事务所对社会保险基金的收支、管理和投资运营情况进行年度审计和专项审计。审计结果应当向社会公开。

社会保险监督委员会发现社会保险基金收支、管理和投资运营中存在问题的，有权提出改正建议；对社会保险经办机构及其工作人员的违法行为，有权向有关部门提出依法处理建议。

第八十一条 社会保险行政部门和其他有关行政部门、社会保险经办机构、社会保险费征收机构及其工作人员，应当依法为用人单位和个人的信息保密，不得以任何形式泄露。

第八十二条 任何组织或者个人有权对违反社会保险法律、法规的行为进行举报、投诉。

社会保险行政部门、卫生行政部门、社会保险经办机构、社会保险费征收机构和财政部门、审计机关对属于本部门、本机构职责范围的举报、投诉，应当依法处理；对不属于本部门、本机构职责范围的，应当书面通知并移交有权处理的部门、机构处理。有权处理的部门、机构应当及时处理，不得推诿。

第八十三条 用人单位或者个人认为社会保险费征收机构的行为侵害自己合法权益的，可以依法申请行政复议或者提起行政诉讼。

用人单位或者个人对社会保险经办机构不依法办理社会保险登记、核定社会保险费、支付社会保险待遇、办理社会保险转移接续手续或者侵害其他社会保险权益的行为，可以依法申请行政复议或者提起行政诉讼。

个人与所在用人单位发生社会保险争议的，可以依法申请调解、仲裁，提起诉讼。用人单位侵害个人社会保险权益的，个人也可以要求社会保险行政部门或者社会保险费征收机构依法处理。

第十一章 法律责任

第八十四条 用人单位不办理社会保险登记的，由社会保险行政部门责令限期改正；逾期不改正的，对用人单位处应缴社会保险费数额一倍以上三倍以下的罚款，对其直接负责的主管人员和其他直接责任人员处五百元以上三千元以下的罚款。

第八十五条 用人单位拒不出具终止或者解除劳动关系证明的，依照《中华人民共和国劳动合同法》的规定处理。

第八十六条 用人单位未按时足额缴纳社会保险费的，由社会保险费征收机构责令限期缴纳或者补足，并自欠缴之日起，按日加收万分之五的滞纳金；逾期仍不缴纳的，由有关行政部门处欠缴数额一倍以上三倍以下的罚款。

第八十七条 社会保险经办机构以及医疗机构、药品经营单位等社会保险服务机构以欺诈、伪造证明材料或者其他手段骗取社会保险基金支出的，由社会保险行政部门责令退回骗取的社会保险金，处骗取金额二倍以上五倍以下的罚款；属于社会保险服务机构的，解除服务协议；直接负责的主管人员和其他直接责任人员有执业资格的，依法吊销其执业资格。

第八十八条 以欺诈、伪造证明材料或者其他手段骗取社会保险待遇的，由社会保险行政部门责令退回骗取的社会保险金，处骗取金额二倍以上五倍以下的罚款。

第八十九条 社会保险经办机构及其工作人员有下列行为之一的，由社会保险行政部门责令改正；给社会保险基金、用人单位或者个人造成损失的，依法承担赔偿责任；对直接负责的主管人员和其他直接责任人员依法给予处分：

（一）未履行社会保险法定职责的；

（二）未将社会保险基金存入财政专户的；

（三）克扣或者拒不按时支付社会保险待遇的；

（四）丢失或者篡改缴费记录、享受社会保险待遇记录等社会保险数据、个人权益记录的；

（五）有违反社会保险法律、法规的其他行为的。

第九十条 社会保险费征收机构擅自更改社会保险费缴费基数、费率，导致少收或者多收社会保险费的，由有关行政部门责令其追缴应当缴纳的社会保险费或者退还不应当缴纳的社会保险费；对直接负责的主管人员和其他直接责任人员依法给予处分。

第九十一条 违反本法规定，隐匿、转移、侵占、挪用社会保险基金或者违规投资运营的，由社会保险行政部门、财政部门、审计机关责令追回；有违法所得的，没收违法所得；对直接负责的主管人员和其他直接责任人员依法给予处分。

第九十二条 社会保险行政部门和其他有关行政部门、社会保险经办机构、社会保险费征收机构及其工作人员泄露用人单位和个人信息的，对直接负责的主管人员和其他直接责任人员依法给予处分；给用人单位或者个人造成损失的，应当承担赔偿责任。

第九十三条 国家工作人员在社会保险管理、监督工作中滥用职权、玩忽职守、徇私舞弊的，依法给予处分。

第九十四条 违反本法规定，构成犯罪的，依法追究刑事责任。

第十二章　附则

第九十五条 进城务工的农村居民依照本法规定参加社会保险。

第九十六条 征收农村集体所有的土地，应当足额安排被征地农民的社会保险费，按照国务院规定将被征地农民纳入相应的社会保险制度。

第九十七条　外国人在中国境内就业的，参照本法规定参加社会保险。

第九十八条　本法自 2011 年 7 月 1 日起施行。

7. 实施《中华人民共和国社会保险法》若干规定

第一章　关于基本养老保险

第一条　社会保险法第十五条规定的统筹养老金，按照国务院规定的基础养老金计发办法计发。

第二条　参加职工基本养老保险的个人达到法定退休年龄时，累计缴费不足十五年的，可以延长缴费至满十五年。社会保险法实施前参保、延长缴费五年后仍不足十五年的，可以一次性缴费至满十五年。

第三条　参加职工基本养老保险的个人达到法定退休年龄后，累计缴费不足十五年（含依照第二条规定延长缴费）的，可以申请转入户籍所在地新型农村社会养老保险或者城镇居民社会养老保险，享受相应的养老保险待遇。参加职工基本养老保险的个人达到法定退休年龄后，累计缴费不足十五年（含依照第二条规定延长缴费），且未转入新型农村社会养老保险或者城镇居民社会养老保险的，个人可以书面申请终止职工基本养老保险关系。社会保险经办机构收到申请后，应当书面告知其转入新型农村社会养老保险或者城镇居民社会养老保险的权利以及终止职工基本养老保险关系的后果，经本人书面确认后，终止其职工基本养老保险关系，并将个人账户储存额一次性支付给本人。

第四条　参加职工基本养老保险的个人跨省流动就业，达到法定退休年龄时累计缴费不足十五年的，按照《国务院办公厅关于转发人力资源社会保障部财政部城镇企业职工基本养老保险关系转移接续暂行办法的通知》（国办发〔2009〕66 号）有关待遇领取地的规定确定继续缴费地后，按照本规定。

第五条　参加职工基本养老保险的个人跨省流动就业，符合按月领取基本养老金条件时，基本养老金分段计算、统一支付的具体办法，按照《国务院办公厅关于转发人力资源社会保障部财政部城镇企业职工基本养老保险关系转移接续暂行办法的通知》（国办发〔2009〕66号）执行。

第六条 职工基本养老保险个人账户不得提前支取。个人在达到法定的领取基本养老金条件前离境定居的，其个人账户予以保留，达到法定领取条件时，按照国家规定享受相应的养老保险待遇。其中，丧失中华人民共和国国籍的，可以在其离境时或者离境后书面申请终止职工基本养老保险关系。社会保险经办机构收到申请后，应当书面告知其保留个人账户的权利以及终止职工基本养老保险关系的后果，经本人书面确认后，终止其职工基本养老保险关系，并将个人账户储存额一次性支付给本人。

参加职工基本养老保险的个人死亡后，其个人账户中的余额可以全部依法继承。

第二章 关于基本医疗保险

第七条 社会保险法第二十七条规定的退休人员享受基本医疗保险待遇的缴费年限按照各地规定执行。

参加职工基本医疗保险的个人，基本医疗保险关系转移接续时，基本医疗保险缴费年限累计计算。

第八条 参保人员在协议医疗机构发生的医疗费用，符合基本医疗保险药品目录、诊疗项目、医疗服务设施标准的，按照国家规定从基本医疗保险基金中支付。

参保人员确需急诊、抢救的，可以在非协议医疗机构就医；因抢救必须使用的药品可以适当放宽范围。参保人员急诊、抢救的医疗服务具体管理办法由统筹地区根据当地实际情况制定。

第三章 关于工伤保险

第九条 职工（包括非全日制从业人员）在两个或者两个以上用人单位同时就业的，各用人单位应当分别为职工缴纳工伤保险费。职工发生工伤，由职工受到伤害时工作的单位依法承担工伤保险责任。

第十条　社会保险法第三十七条第二项中的醉酒标准，按照《车辆驾驶人员血液、呼气酒精含量阈值与检验》（GB19522－2004）执行。公安机关交通管理部门、医疗机构等有关单位依法出具的检测结论、诊断证明等材料，可以作为认定醉酒的依据。

第十一条　社会保险法第三十八条第八项中的因工死亡补助金是指《工伤保险条例》第三十九条的一次性工亡补助金，标准为工伤发生时上一年度全国城镇居民人均可支配收入的20倍。

上一年度全国城镇居民人均可支配收入以国家统计局公布的数据为准。

第十二条社会保险法第三十九条第一项治疗工伤期间的工资福利，按照《工伤保险条例》第三十三条有关职工在停工留薪期内应当享受的工资福利和护理等待遇的规定执行。

第四章　关于失业保险

第十三条　失业人员符合社会保险法第四十五条规定条件的，可以申请领取失业保险金并享受其他失业保险待遇。其中，非因本人意愿中断就业包括下列情形：

（一）依照劳动合同法第四十四条第一项、第四项、第五项规定终止劳动合同的；

（二）由用人单位依照劳动合同法第三十九条、第四十条、第四十一条规定解除劳动合同的；

（三）用人单位依照劳动合同法第三十六条规定向劳动者提出解除劳动合同并与劳动者协商一致解除劳动合同的；

（四）由用人单位提出解除聘用合同或者被用人单位辞退、除名、开除的；

（五）劳动者本人依照劳动合同法第三十八条规定解除劳动合同的；

（六）法律、法规、规章规定的其他情形。

第十四条　失业人员领取失业保险金后重新就业的，再次失业时，缴费时间重新计算。失业人员因当期不符合失业保险金领取条件的，原有缴费时间予以保留，重新就业并参保的，缴费时间累计计算。

第十五条 失业人员在领取失业保险金期间，应当积极求职，接受职业介绍和职业培训。失业人员接受职业介绍、职业培训的补贴由失业保险基金按照规定支付。

第五章　关于基金管理和经办服务

第十六条 社会保险基金预算、决算草案的编制、审核和批准，依照《国务院关于试行社会保险基金预算的意见》（国发〔2010〕2号）的规定执行。

第十七条 社会保险经办机构应当每年至少一次将参保人员个人权益记录单通过邮寄方式寄送本人。同时，社会保险经办机构可以通过手机短信或者电子邮件等方式向参保人员发送个人权益记录。

第十八条 社会保险行政部门、社会保险经办机构及其工作人员应当依法为用人单位和个人的信息保密，不得违法向他人泄露下列信息：

（一）涉及用人单位商业秘密或者公开后可能损害用人单位合法利益的信息；

（二）涉及个人权益的信息。

第六章　关于法律责任

第十九条 用人单位在终止或者解除劳动合同时拒不向职工出具终止或者解除劳动关系证明，导致职工无法享受社会保险待遇的，用人单位应当依法承担赔偿责任。

第二十条 职工应当缴纳的社会保险费由用人单位代扣代缴。用人单位未依法代扣代缴的，由社会保险费征收机构责令用人单位限期代缴，并自欠缴之日起向用人单位按日加收万分之五的滞纳金。用人单位不得要求职工承担滞纳金。

第二十一条 用人单位因不可抗力造成生产经营出现严重困难的，经省级人民政府社会保险行政部门批准后，可以暂缓缴纳一定期限的社会保险费，期限一般不超过一年。暂缓缴费期间，免收滞纳金。到期后，用人单位应当缴纳相应的社会保险费。

第二十二条　用人单位按照社会保险法第六十三条的规定，提供担保并与社会保险费征收机构签订缓缴协议的，免收缓缴期间的滞纳金。

第二十三条　用人单位按照本规定第二十一条、第二十二条缓缴社会保险费期间，不影响其职工依法享受社会保险待遇。

第二十四条　用人单位未按月将缴纳社会保险费的明细情况告知职工本人的，由社会保险行政部门责令改正；逾期不改的，按照《劳动保障监察条例》第三十条的规定处理。

第二十五条　医疗机构、药品经营单位等社会保险服务机构以欺诈、伪造证明材料或者其他手段骗取社会保险基金支出的，由社会保险行政部门责令退回骗取的社会保险金，处骗取金额二倍以上五倍以下的罚款。对与社会保险经办机构签订服务协议的医疗机构、药品经营单位，由社会保险经办机构按照协议追究责任，情节严重的，可以解除与其签订的服务协议。对有执业资格的直接负责的主管人员和其他直接责任人员，由社会保险行政部门建议授予其执业资格的有关主管部门依法吊销其执业资格。

第二十六条　社会保险经办机构、社会保险费征收机构、社会保险基金投资运营机构、开设社会保险基金专户的机构和专户管理银行及其工作人员有下列违法情形的，由社会保险行政部门按照社会保险法第九十一条的规定查处：

（一）将应征和已征的社会保险基金，采取隐藏、非法放置等手段，未按规定征缴、入账的；

（二）违规将社会保险基金转入社会保险基金专户以外的账户的；

（三）侵吞社会保险基金的；

（四）将各项社会保险基金互相挤占或者其他社会保障基金挤占社会保险基金的；

（五）将社会保险基金用于平衡财政预算，兴建、改建办公场所和支付人员经费、运行费用、管理费用的；

（六）违反国家规定的投资运营政策的。

第七章　其他

第二十七条　职工与所在用人单位发生社会保险争议的，可以依照《中华人民共和国劳动争议调解仲裁法》、《劳动人事争议仲裁办案规则》的规定，申请调解、仲裁，提起诉讼。

职工认为用人单位有未按时足额为其缴纳社会保险费等侵害其社会保险权益行为的，也可以要求社会保险行政部门或者社会保险费征收机构依法处理。社会保险行政部门或者社会保险费征收机构应当按照社会保险法和《劳动保障监察条例》等相关规定处理。在处理过程中，用人单位对双方的劳动关系提出异议的，社会保险行政部门应当依法查明相关事实后继续处理。

第二十八条 在社会保险经办机构征收社会保险费的地区，社会保险行政部门应当依法履行社会保险法第六十三条所规定的有关行政部门的职责。

第二十九条 2011 年 7 月 1 日后对用人单位未按时足额缴纳社会保险费的处理，按照社会保险法和本规定执行；对 2011 年 7 月 1 日前发生的用人单位未按时足额缴纳社会保险费的行为，按照国家和地方人民政府的有关规定执行。

第三十条 本规定自 2011 年 7 月 1 日起施行。

8. 工伤保险条例

第一章　总则

第一条 为了保障因工作遭受事故伤害或者患职业病的职工获得医疗救治和经济补偿，促进工伤预防和职业康复，分散用人单位的工伤风险，制定本条例。

第二条 中华人民共和国境内的企业、事业单位、社会团体、民办非企业单位、基金会、律师事务所、会计师事务所等组织和有雇工的个体工商户（以下称用人单位）应当依照本条例规定参加工伤保险，为本单位全部职工或者雇工（以下称职工）缴纳工伤保险费。

中华人民共和国境内的企业、事业单位、社会团体、民办非企业单位、基金会、律师事务所、会计师事务所等组织的职工和个体工商户的雇工，均有依照本条例的规定享受工伤保险待遇的权利。

第三条 工伤保险费的征缴按照《社会保险费征缴暂行条例》关于基本养老保险费、基本医疗保险费、失业保险费的征缴规定执行。

第四条 用人单位应当将参加工伤保险的有关情况在本单位内公示。

用人单位和职工应当遵守有关安全生产和职业病防治的法律法规，执行安全卫生规程和标准，预防工伤事故发生，避免和减少职业病危害。

职工发生工伤时，用人单位应当采取措施使工伤职工得到及时救治。

第五条 国务院社会保险行政部门负责全国的工伤保险工作。

县级以上地方各级人民政府社会保险行政部门负责本行政区域内的工伤保险工作。

社会保险行政部门按照国务院有关规定设立的社会保险经办机构（以下称经办机构）具体承办工伤保险事务。

第六条 社会保险行政部门等部门制定工伤保险的政策、标准，应当征求工会组织、用人单位代表的意见。

第二章　工伤保险基金

第七条 工伤保险基金由用人单位缴纳的工伤保险费、工伤保险基金的利息和依法纳入工伤保险基金的其他资金构成。

第八条 工伤保险费根据以支定收、收支平衡的原则，确定费率。

国家根据不同行业的工伤风险程度确定行业的差别费率，并根据工伤保险费使用、工伤发生率等情况在每个行业内确定若干费率档次。行业差别费率及行业内费率档次由国务院社会保险行政部门制定，报国务院批准后公布施行。

统筹地区经办机构根据用人单位工伤保险费使用、工伤发生率等情况，适用所属行业内相应的费率档次确定单位缴费费率。

第九条 国务院社会保险行政部门应当定期了解全国各统筹地区工伤保险基金收支情况，及时提出调整行业差别费率及行业内费率档次的方案，报国务院批准后公布施行。

第十条 用人单位应当按时缴纳工伤保险费。职工个人不缴纳工伤保险费。

用人单位缴纳工伤保险费的数额为本单位职工工资总额乘以单位缴费费率之积。

对难以按照工资总额缴纳工伤保险费的行业，其缴纳工伤保险费的具体方式，由国务院社会保险行政部门规定。

第十一条　工伤保险基金逐步实行省级统筹。

跨地区、生产流动性较大的行业，可以采取相对集中的方式异地参加统筹地区的工伤保险。具体办法由国务院社会保险行政部门会同有关行业的主管部门制定。

第十二条　工伤保险基金存入社会保障基金财政专户，用于本条例规定的工伤保险待遇，劳动能力鉴定，工伤预防的宣传、培训等费用，以及法律、法规规定的用于工伤保险的其他费用的支付。

工伤预防费用的提取比例、使用和管理的具体办法，由国务院社会保险行政部门会同国务院财政、卫生行政、安全生产监督管理等部门规定。

任何单位或者个人不得将工伤保险基金用于投资运营、兴建或者改建办公场所、发放奖金，或者挪作其他用途。

第十三条　工伤保险基金应当留有一定比例的储备金，用于统筹地区重大事故的工伤保险待遇支付；储备金不足支付的，由统筹地区的人民政府垫付。储备金占基金总额的具体比例和储备金的使用办法，由省、自治区、直辖市人民政府规定。

第三章　工伤认定

第十四条　职工有下列情形之一的，应当认定为工伤：

（一）在工作时间和工作场所内，因工作原因受到事故伤害的；

（二）工作时间前后在工作场所内，从事与工作有关的预备性或者收尾性工作受到事故伤害的；

（三）在工作时间和工作场所内，因履行工作职责受到暴力等意外伤害的；

（四）患职业病的；

（五）因工外出期间，由于工作原因受到伤害或者发生事故下落不明的；

（六）在上下班途中，受到非本人主要责任的交通事故或者城市轨道交通、客运轮渡、火车事故伤害的；

（七）法律、行政法规规定应当认定为工伤的其他情形。

第十五条 职工有下列情形之一的，视同工伤：

（一）在工作时间和工作岗位，突发疾病死亡或者在48小时之内经抢救无效死亡的；

（二）在抢险救灾等维护国家利益、公共利益活动中受到伤害的；

（三）职工原在军队服役，因战、因公负伤致残，已取得革命伤残军人证，到用人单位后旧伤复发的。

职工有前款第（一）项、第（二）项情形的，按照本条例的有关规定享受工伤保险待遇；职工有前款第（三）项情形的，按照本条例的有关规定享受除一次性伤残补助金以外的工伤保险待遇。

第十六条 职工符合本条例第十四条、第十五条的规定，但是有下列情形之一的，不得认定为工伤或者视同工伤：

（一）故意犯罪的；

（二）醉酒或者吸毒的；

（三）自残或者自杀的。

第十七条 职工发生事故伤害或者按照职业病防治法规定被诊断、鉴定为职业病，所在单位应当自事故伤害发生之日或者被诊断、鉴定为职业病之日起30日内，向统筹地区社会保险行政部门提出工伤认定申请。遇有特殊情况，经报社会保险行政部门同意，申请时限可以适当延长。

用人单位未按前款规定提出工伤认定申请的，工伤职工或者其近亲属、工会组织在事故伤害发生之日或者被诊断、鉴定为职业病之日起1年内，可以直接向用人单位所在地统筹地区社会保险行政部门提出工伤认定申请。

按照本条第一款规定应当由省级社会保险行政部门进行工伤认定的事项，根据属地原则由用人单位所在地的设区的市级社会保险行政部门办理。

用人单位未在本条第一款规定的时限内提交工伤认定申请，在此期间发生符合本条例规定的工伤待遇等有关费用由该用人单位负担。

第十八条 提出工伤认定申请应当提交下列材料：

（一）工伤认定申请表；

（二）与用人单位存在劳动关系（包括事实劳动关系）的证明材料；

（三）医疗诊断证明或者职业病诊断证明书（或者职业病诊断鉴定书）。

工伤认定申请表应当包括事故发生的时间、地点、原因以及职工伤害程度等基本情况。

工伤认定申请人提供材料不完整的，社会保险行政部门应当一次性书面告知工伤认定申请人需要补正的全部材料。申请人按照书面告知要求补正材料后，社会保险行政部门应当受理。

第十九条 社会保险行政部门受理工伤认定申请后，根据审核需要可以对事故伤害进行调查核实，用人单位、职工、工会组织、医疗机构以及有关部门应当予以协助。职业病诊断和诊断争议的鉴定，依照职业病防治法的有关规定执行。对依法取得职业病诊断证明书或者职业病诊断鉴定书的，社会保险行政部门不再进行调查核实。

职工或者其近亲属认为是工伤，用人单位不认为是工伤的，由用人单位承担举证责任。

第二十条 社会保险行政部门应当自受理工伤认定申请之日起60日内做出工伤认定的决定，并书面通知申请工伤认定的职工或者其近亲属和该职工所在单位。

社会保险行政部门对受理的事实清楚、权利义务明确的工伤认定申请，应当在15日内做出工伤认定的决定。

做出工伤认定决定需要以司法机关或者有关行政主管部门的结论为依据的，在司法机关或者有关行政主管部门尚未做出结论期间，做出工伤认定决定的时限中止。

社会保险行政部门工作人员与工伤认定申请人有利害关系的，应当回避。

第四章 劳动能力鉴定

第二十一条 职工发生工伤，经治疗伤情相对稳定后存在残疾、影响劳动能力的，应当进行劳动能力鉴定。

第二十二条　劳动能力鉴定是指劳动功能障碍程度和生活自理障碍程度的等级鉴定。

劳动功能障碍分为十个伤残等级，最重的为一级，最轻的为十级。

生活自理障碍分为三个等级：生活完全不能自理、生活大部分不能自理和生活部分不能自理。

劳动能力鉴定标准由国务院社会保险行政部门会同国务院卫生行政部门等部门制定。

第二十三条　劳动能力鉴定由用人单位、工伤职工或者其近亲属向设区的市级劳动能力鉴定委员会提出申请，并提供工伤认定决定和职工工伤医疗的有关资料。

第二十四条　省、自治区、直辖市劳动能力鉴定委员会和设区的市级劳动能力鉴定委员会分别由省、自治区、直辖市和设区的市级社会保险行政部门、卫生行政部门、工会组织、经办机构代表以及用人单位代表组成。

劳动能力鉴定委员会建立医疗卫生专家库。列入专家库的医疗卫生专业技术人员应当具备下列条件：

（一）具有医疗卫生高级专业技术职务任职资格；

（二）掌握劳动能力鉴定的相关知识；

（三）具有良好的职业品德。

第二十五条　设区的市级劳动能力鉴定委员会收到劳动能力鉴定申请后，应当从其建立的医疗卫生专家库中随机抽取3名或者5名相关专家组成专家组，由专家组提出鉴定意见。设区的市级劳动能力鉴定委员会根据专家组的鉴定意见做出工伤职工劳动能力鉴定结论；必要时，可以委托具备资格的医疗机构协助进行有关的诊断。

设区的市级劳动能力鉴定委员会应当自收到劳动能力鉴定申请之日起60日内做出劳动能力鉴定结论，必要时，做出劳动能力鉴定结论的期限可以延长30日。劳动能力鉴定结论应当及时送达申请鉴定的单位和个人。

第二十六条　申请鉴定的单位或者个人对设区的市级劳动能力鉴定委员会做出的鉴定结论不服的，可以在收到该鉴定结论之日起15日内向省、自治区、直辖市劳动能力鉴定委员会提出再次鉴定申请。省、自治区、直辖市劳动能力鉴定委员会做出的劳动能力鉴定结论为最终结论。

第二十七条 劳动能力鉴定工作应当客观、公正。劳动能力鉴定委员会组成人员或者参加鉴定的专家与当事人有利害关系的，应当回避。

第二十八条 自劳动能力鉴定结论做出之日起1年后，工伤职工或者其近亲属、所在单位或者经办机构认为伤残情况发生变化的，可以申请劳动能力复查鉴定。

第二十九条 劳动能力鉴定委员会依照本条例第二十六条和第二十八条的规定进行再次鉴定和复查鉴定的期限，依照本条例第二十五条第二款的规定执行。

第五章　工伤保险待遇

第三十条 职工因工作遭受事故伤害或者患职业病进行治疗，享受工伤医疗待遇。

职工治疗工伤应当在签订服务协议的医疗机构就医，情况紧急时可以先到就近的医疗机构急救。

治疗工伤所需费用符合工伤保险诊疗项目目录、工伤保险药品目录、工伤保险住院服务标准的，从工伤保险基金支付。工伤保险诊疗项目目录、工伤保险药品目录、工伤保险住院服务标准，由国务院社会保险行政部门会同国务院卫生行政部门、食品药品监督管理部门等部门规定。

职工住院治疗工伤的伙食补助费，以及经医疗机构出具证明，报经办机构同意，工伤职工到统筹地区以外就医所需的交通、食宿费用从工伤保险基金支付，基金支付的具体标准由统筹地区人民政府规定。

工伤职工治疗非工伤引发的疾病，不享受工伤医疗待遇，按照基本医疗保险办法处理。

工伤职工到签订服务协议的医疗机构进行工伤康复的费用，符合规定的，从工伤保险基金支付。

第三十一条 社会保险行政部门做出认定为工伤的决定后发生行政复议、行政诉讼的，行政复议和行政诉讼期间不停止支付工伤职工治疗工伤的医疗费用。

第三十二条 工伤职工因日常生活或者就业需要，经劳动能力鉴定委员会确认，可以安装假肢、矫形器、假眼、假牙和配置轮椅等辅助器具，所需费用按照国家规定的标准从工伤保险基金支付。

第三十三条 职工因工作遭受事故伤害或者患职业病需要暂停工作接受工伤医疗的，在停工留薪期内，原工资福利待遇不变，由所在单位按月支付。

停工留薪期一般不超过12个月。伤情严重或者情况特殊，经设区的市级劳动能力鉴定委员会确认，可以适当延长，但延长不得超过12个月。工伤职工评定伤残等级后，停发原待遇，按照本章的有关规定享受伤残待遇。工伤职工在停工留薪期满后仍需治疗的，继续享受工伤医疗待遇。

生活不能自理的工伤职工在停工留薪期需要护理的，由所在单位负责。

第三十四条 工伤职工已经评定伤残等级并经劳动能力鉴定委员会确认需要生活护理的，从工伤保险基金按月支付生活护理费。

生活护理费按照生活完全不能自理、生活大部分不能自理或者生活部分不能自理3个不同等级支付，其标准分别为统筹地区上年度职工月平均工资的50%、40%或者30%。

第三十五条 职工因工致残被鉴定为一级至四级伤残的，保留劳动关系，退出工作岗位，享受以下待遇：

（一）从工伤保险基金按伤残等级支付一次性伤残补助金，标准为：一级伤残为27个月的本人工资，二级伤残为25个月的本人工资，三级伤残为23个月的本人工资，四级伤残为21个月的本人工资；

（二）从工伤保险基金按月支付伤残津贴，标准为：一级伤残为本人工资的90%，二级伤残为本人工资的85%，三级伤残为本人工资的80%，四级伤残为本人工资的75%。伤残津贴实际金额低于当地最低工资标准的，由工伤保险基金补足差额；

（三）工伤职工达到退休年龄并办理退休手续后，停发伤残津贴，按照国家有关规定享受基本养老保险待遇。基本养老保险待遇低于伤残津贴的，由工伤保险基金补足差额。

职工因工致残被鉴定为一级至四级伤残的，由用人单位和职工个人以伤残津贴为基数，缴纳基本医疗保险费。

第三十六条 职工因工致残被鉴定为五级、六级伤残的，享受以下待遇：

（一）从工伤保险基金按伤残等级支付一次性伤残补助金，标准为：五级伤残为 18 个月的本人工资，六级伤残为 16 个月的本人工资；

（二）保留与用人单位的劳动关系，由用人单位安排适当工作。难以安排工作的，由用人单位按月发给伤残津贴，标准为：五级伤残为本人工资的70%，六级伤残为本人工资的60%，并由用人单位按照规定为其缴纳应缴纳的各项社会保险费。伤残津贴实际金额低于当地最低工资标准的，由用人单位补足差额。

经工伤职工本人提出，该职工可以与用人单位解除或者终止劳动关系，由工伤保险基金支付一次性工伤医疗补助金，由用人单位支付一次性伤残就业补助金。一次性工伤医疗补助金和一次性伤残就业补助金的具体标准由省、自治区、直辖市人民政府规定。

第三十七条 职工因工致残被鉴定为七级至十级伤残的，享受以下待遇：

（一）从工伤保险基金按伤残等级支付一次性伤残补助金，标准为：七级伤残为 13 个月的本人工资，八级伤残为 11 个月的本人工资，九级伤残为 9 个月的本人工资，十级伤残为 7 个月的本人工资；

（二）劳动、聘用合同期满终止，或者职工本人提出解除劳动、聘用合同的，由工伤保险基金支付一次性工伤医疗补助金，由用人单位支付一次性伤残就业补助金。一次性工伤医疗补助金和一次性伤残就业补助金的具体标准由省、自治区、直辖市人民政府规定。

第三十八条 工伤职工工伤复发，确认需要治疗的，享受本条例第三十条、第三十二条和第三十三条规定的工伤待遇。

第三十九条 职工因工死亡，其近亲属按照下列规定从工伤保险基金领取丧葬补助金、供养亲属抚恤金和一次性工亡补助金：

（一）丧葬补助金为 6 个月的统筹地区上年度职工月平均工资；

（二）供养亲属抚恤金按照职工本人工资的一定比例发给由因工死亡职工生前提供主要生活来源、无劳动能力的亲属。标准为：配偶每月40%，其他亲属每人每月30%，孤寡老人或者孤儿每人每月在上述标准的基础上增加10%。核定的各供养亲属的抚恤金之和不应高于因工死亡职工生前的工资。

供养亲属的具体范围由国务院社会保险行政部门规定；

（三）一次性工亡补助金标准为上一年度全国城镇居民人均可支配收入的20倍。

伤残职工在停工留薪期内因工伤导致死亡的，其近亲属享受本条第一款规定的待遇。

一级至四级伤残职工在停工留薪期满后死亡的，其近亲属可以享受本条第一款第（一）项、第（二）项规定的待遇。

第四十条 伤残津贴、供养亲属抚恤金、生活护理费由统筹地区社会保险行政部门根据职工平均工资和生活费用变化等情况适时调整。调整办法由省、自治区、直辖市人民政府规定。

第四十一条 职工因工外出期间发生事故或者在抢险救灾中下落不明的，从事故发生当月起3个月内照发工资，从第4个月起停发工资，由工伤保险基金向其供养亲属按月支付供养亲属抚恤金。生活有困难的，可以预支一次性工亡补助金的50%。职工被人民法院宣告死亡的，按照本条例第三十九条职工因工死亡的规定处理。

第四十二条 工伤职工有下列情形之一的，停止享受工伤保险待遇：

（一）丧失享受待遇条件的；

（二）拒不接受劳动能力鉴定的；

（三）拒绝治疗的。

第四十三条 用人单位分立、合并、转让的，承继单位应当承担原用人单位的工伤保险责任；原用人单位已经参加工伤保险的，承继单位应当到当地经办机构办理工伤保险变更登记。

用人单位实行承包经营的，工伤保险责任由职工劳动关系所在单位承担。

职工被借调期间受到工伤事故伤害的，由原用人单位承担工伤保险责任，但原用人单位与借调单位可以约定补偿办法。

企业破产的，在破产清算时依法拨付应当由单位支付的工伤保险待遇费用。

第四十四条 职工被派遣出境工作，依据前往国家或者地区的法律应当参加当地工伤保险的，参加当地工伤保险，其国内工伤保险关系中止；不能参加当地工伤保险的，其国内工伤保险关系不中止。

第四十五条 职工再次发生工伤，根据规定应当享受伤残津贴的，按照新认定的伤残等级享受伤残津贴待遇。

第六章 监督管理

第四十六条 经办机构具体承办工伤保险事务，履行下列职责：

（一）根据省、自治区、直辖市人民政府规定，征收工伤保险费；

（二）核查用人单位的工资总额和职工人数，办理工伤保险登记，并负责保存用人单位缴费和职工享受工伤保险待遇情况的记录；

（三）进行工伤保险的调查、统计；

（四）按照规定管理工伤保险基金的支出；

（五）按照规定核定工伤保险待遇；

（六）为工伤职工或者其近亲属免费提供咨询服务。

第四十七条 经办机构与医疗机构、辅助器具配置机构在平等协商的基础上签订服务协议，并公布签订服务协议的医疗机构、辅助器具配置机构的名单。具体办法由国务院社会保险行政部门分别会同国务院卫生行政部门、民政部门等部门制定。

第四十八条 经办机构按照协议和国家有关目录、标准对工伤职工医疗费用、康复费用、辅助器具费用的使用情况进行核查，并按时足额结算费用。

第四十九条 经办机构应当定期公布工伤保险基金的收支情况，及时向社会保险行政部门提出调整费率的建议。

第五十条 社会保险行政部门、经办机构应当定期听取工伤职工、医疗机构、辅助器具配置机构以及社会各界对改进工伤保险工作的意见。

第五十一条 社会保险行政部门依法对工伤保险费的征缴和工伤保险基金的支付情况进行监督检查。

财政部门和审计机关依法对工伤保险基金的收支、管理情况进行监督。

第五十二条 任何组织和个人对有关工伤保险的违法行为，有权举报。社会保险行政部门对举报应当及时调查，按照规定处理，并为举报人保密。

第五十三条 工会组织依法维护工伤职工的合法权益，对用人单位的工伤保险工作实行监督。

第五十四条 职工与用人单位发生工伤待遇方面的争议，按照处理劳动争议的有关规定处理。

第五十五条 有下列情形之一的，有关单位或者个人可以依法申请行政复议，也可以依法向人民法院提起行政诉讼：

（一）申请工伤认定的职工或者其近亲属、该职工所在单位对工伤认定申请不予受理的决定不服的；

（二）申请工伤认定的职工或者其近亲属、该职工所在单位对工伤认定结论不服的；

（三）用人单位对经办机构确定的单位缴费费率不服的；

（四）签订服务协议的医疗机构、辅助器具配置机构认为经办机构未履行有关协议或者规定的；

（五）工伤职工或者其近亲属对经办机构核定的工伤保险待遇有异议的。

第七章 法律责任

第五十六条 单位或者个人违反本条例第十二条规定挪用工伤保险基金，构成犯罪的，依法追究刑事责任；尚不构成犯罪的，依法给予处分或者纪律处分。被挪用的基金由社会保险行政部门追回，并入工伤保险基金；没收的违法所得依法上缴国库。

第五十七条 社会保险行政部门工作人员有下列情形之一的，依法给予处分；情节严重，构成犯罪的，依法追究刑事责任：

（一）无正当理由不受理工伤认定申请，或者弄虚作假将不符合工伤条件的人员认定为工伤职工的；

（二）未妥善保管申请工伤认定的证据材料，致使有关证据灭失的；

（三）收受当事人财物的。

第五十八条 经办机构有下列行为之一的，由社会保险行政部门责令改正，对直接负责的主管人员和其他责任人员依法给予纪律处分；情节严重，构成犯罪的，依法追究刑事责任；造成当事人经济损失的，由经办机构依法承担赔偿责任：

（一）未按规定保存用人单位缴费和职工享受工伤保险待遇情况记录的；

（二）不按规定核定工伤保险待遇的；

（三）收受当事人财物的。

第五十九条 医疗机构、辅助器具配置机构不按服务协议提供服务的，经办机构可以解除服务协议。

经办机构不按时足额结算费用的，由社会保险行政部门责令改正；医疗机构、辅助器具配置机构可以解除服务协议。

第六十条 用人单位、工伤职工或者其近亲属骗取工伤保险待遇，医疗机构、辅助器具配置机构骗取工伤保险基金支出的，由社会保险行政部门责令退还，处骗取金额 2 倍以上 5 倍以下的罚款；情节严重，构成犯罪的，依法追究刑事责任。

第六十一条 从事劳动能力鉴定的组织或者个人有下列情形之一的，由社会保险行政部门责令改正，处 2000 元以上 1 万元以下的罚款；情节严重，构成犯罪的，依法追究刑事责任：

（一）提供虚假鉴定意见的；

（二）提供虚假诊断证明的；

（三）收受当事人财物的。

第六十二条 用人单位依照本条例规定应当参加工伤保险而未参加的，由社会保险行政部门责令限期参加，补缴应当缴纳的工伤保险费，并自欠缴之日起，按日加收万分之五的滞纳金；逾期仍不缴纳的，处欠缴数额 1 倍以上 3 倍以下的罚款。

依照本条例规定应当参加工伤保险而未参加工伤保险的用人单位职工发生工伤的，由该用人单位按照本条例规定的工伤保险待遇项目和标准支付费用。

用人单位参加工伤保险并补缴应当缴纳的工伤保险费、滞纳金后，由工伤保险基金和用人单位依照本条例的规定支付新发生的费用。

第六十三条 用人单位违反本条例第十九条的规定，拒不协助社会保险行政部门对事故进行调查核实的，由社会保险行政部门责令改正，处 2000 元以上 2 万元以下的罚款。

第八章 附则

第六十四条 本条例所称工资总额，是指用人单位直接支付给本单位全部职工的劳动报酬总额。

本条例所称本人工资，是指工伤职工因工作遭受事故伤害或者患职业病前 12 个月平均月缴费工资。本人工资高于统筹地区职工平均工资 300% 的，按照统筹地区职工平均工资的 300% 计算；本人工资低于统筹地区职工平均工资 60% 的，按照统筹地区职工平均工资的 60% 计算。

第六十五条 公务员和参照公务员法管理的事业单位、社会团体的工作人员因工作遭受事故伤害或者患职业病的，由所在单位支付费用。具体办法由国务院社会保险行政部门会同国务院财政部门规定。

第六十六条 无营业执照或者未经依法登记、备案的单位以及被依法吊销营业执照或者撤销登记、备案的单位的职工受到事故伤害或者患职业病的，由该单位向伤残职工或者死亡职工的近亲属给予一次性赔偿，赔偿标准不得低于本条例规定的工伤保险待遇；用人单位不得使用童工，用人单位使用童工造成童工伤残、死亡的，由该单位向童工或者童工的近亲属给予一次性赔偿，赔偿标准不得低于本条例规定的工伤保险待遇。具体办法由国务院社会保险行政部门规定。

前款规定的伤残职工或者死亡职工的近亲属就赔偿数额与单位发生争议的，以及前款规定的童工或者童工的近亲属就赔偿数额与单位发生争议的，按照处理劳动争议的有关规定处理。

第六十七条 本条例自 2004 年 1 月 1 日起施行。本条例施行前已受到事故伤害或者患职业病的职工尚未完成工伤认定的，按照本条例的规定执行。

9. 工伤认定办法

第一条 为规范工伤认定程序，依法进行工伤认定，维护当事人的合法权益，根据《工伤保险条例》的有关规定，制定本办法。

第二条 社会保险行政部门进行工伤认定按照本办法执行。

第三条 工伤认定应当客观公正、简捷方便，认定程序应当向社会公开。

第四条 职工发生事故伤害或者按照职业病防治法规定被诊断、鉴定为职业病，所在单位应当自事故伤害发生之日或者被诊断、鉴定为职业病之日起30日内，向统筹地区社会保险行政部门提出工伤认定申请。遇有特殊情况，经报社会保险行政部门同意，申请时限可以适当延长。

按照前款规定应当向省级社会保险行政部门提出工伤认定申请的，根据属地原则应当向用人单位所在地设区的市级社会保险行政部门提出。

第五条 用人单位未在规定的时限内提出工伤认定申请的，受伤害职工或者其近亲属、工会组织在事故伤害发生之日或者被诊断、鉴定为职业病之日起1年内，可以直接按照本办法第四条规定提出工伤认定申请。

第六条 提出工伤认定申请应当填写《工伤认定申请表》，并提交下列材料：

（一）劳动、聘用合同文本复印件或者与用人单位存在劳动关系（包括事实劳动关系）、人事关系的其他证明材料；

（二）医疗机构出具的受伤后诊断证明书或者职业病诊断证明书（或者职业病诊断鉴定书）。

第七条 工伤认定申请人提交的申请材料符合要求，属于社会保险行政部门管辖范围且在受理时限内的，社会保险行政部门应当受理。

第八条 社会保险行政部门收到工伤认定申请后，应当在15日内对申请人提交的材料进行审核，材料完整的，做出受理或者不予受理的决定；材料不完整的，应当以书面形式一次性告知申请人需要补正的全部材料。社会保险行政部门收到申请人提交的全部补正材料后，应当在15日内做出受理或者不予受理的决定。

社会保险行政部门决定受理的，应当出具《工伤认定申请受理决定书》；决定不予受理的，应当出具《工伤认定申请不予受理决定书》。

第九条 社会保险行政部门受理工伤认定申请后，可以根据需要对申请人提供的证据进行调查核实。

第十条 社会保险行政部门进行调查核实，应当由两名以上工作人员共同进行，并出示执行公务的证件。

第十一条　社会保险行政部门工作人员在工伤认定中，可以进行以下调查核实工作：

（一）根据工作需要，进入有关单位和事故现场；

（二）依法查阅与工伤认定有关的资料，询问有关人员并做出调查笔录；

（三）记录、录音、录像和复制与工伤认定有关的资料。调查核实工作的证据收集参照行政诉讼证据收集的有关规定执行。

第十二条　社会保险行政部门工作人员进行调查核实时，有关单位和个人应当予以协助。用人单位、工会组织、医疗机构以及有关部门应当负责安排相关人员配合工作，据实提供情况和证明材料。

第十三条　社会保险行政部门在进行工伤认定时，对申请人提供的符合国家有关规定的职业病诊断证明书或者职业病诊断鉴定书，不再进行调查核实。职业病诊断证明书或者职业病诊断鉴定书不符合国家规定的要求和格式的，社会保险行政部门可以要求出具证据部门重新提供。

第十四条　社会保险行政部门受理工伤认定申请后，可以根据工作需要，委托其他统筹地区的社会保险行政部门或者相关部门进行调查核实。

第十五条　社会保险行政部门工作人员进行调查核实时，应当履行下列义务：

（一）保守有关单位商业秘密以及个人隐私；

（二）为提供情况的有关人员保密。

第十六条　社会保险行政部门工作人员与工伤认定申请人有利害关系的，应当回避。

第十七条　职工或者其近亲属认为是工伤，用人单位不认为是工伤的，由该用人单位承担举证责任。用人单位拒不举证的，社会保险行政部门可以根据受伤害职工提供的证据或者调查取得的证据，依法做出工伤认定决定。

第十八条　社会保险行政部门应当自受理工伤认定申请之日起60日内做出工伤认定决定，出具《认定工伤决定书》或者《不予认定工伤决定书》。

第十九条　《认定工伤决定书》应当载明下列事项：

（一）用人单位全称；

（二）职工的姓名、性别、年龄、职业、身份证号码；

（三）受伤害部位、事故时间和诊断时间或职业病名称、受伤害经过和核实情况、医疗救治的基本情况和诊断结论；

（四）认定工伤或者视同工伤的依据；

（五）不服认定决定申请行政复议或者提起行政诉讼的部门和时限；

（六）做出认定工伤或者视同工伤决定的时间。

《不予认定工伤决定书》应当载明下列事项：

（一）用人单位全称；

（二）职工的姓名、性别、年龄、职业、身份证号码；

（三）不予认定工伤或者不视同工伤的依据；

（四）不服认定决定申请行政复议或者提起行政诉讼的部门和时限；

（五）做出不予认定工伤或者不视同工伤决定的时间。

《认定工伤决定书》和《不予认定工伤决定书》应当加盖社会保险行政部门工伤认定专用印章。

第二十条 社会保险行政部门受理工伤认定申请后，做出工伤认定决定需要以司法机关或者有关行政主管部门的结论为依据的，在司法机关或者有关行政主管部门尚未做出结论期间，做出工伤认定决定的时限中止，并书面通知申请人。

第二十一条 社会保险行政部门对于事实清楚、权利义务明确的工伤认定申请，应当自受理工伤认定申请之日起 15 日内做出工伤认定决定。

第二十二条 社会保险行政部门应当自工伤认定决定做出之日起 20 日内，将《认定工伤决定书》或者《不予认定工伤决定书》送达受伤害职工（或者其近亲属）和用人单位，并抄送社会保险经办机构。

《认定工伤决定书》和《不予认定工伤决定书》的送达参照民事法律有关送达的规定执行。

第二十三条 职工或者其近亲属、用人单位对不予受理决定不服或者对工伤认定决定不服的，可以依法申请行政复议或者提起行政诉讼。

第二十四条 工伤认定结束后，社会保险行政部门应当将工伤认定的有关资料保存 50 年。

第二十五条 用人单位拒不协助社会保险行政部门对事故伤害进行调查核实的，由社会保险行政部门责令改正，处 2000 元以上 2 万元以下的罚款。

第二十六条 本办法中的《工伤认定申请表》、《工伤认定申请受理决定书》、《工伤认定申请不予受理决定书》、《认定工伤决定书》、《不予认定工伤决定书》的样式由国务院社会保险行政部门统一制定。

第二十七条 本办法自 2011 年 1 月 1 日起施行。劳动和社会保障部 2003 年 9 月 23 日颁布的《工伤认定办法》同时废止。

10. 非法用工单位伤亡人员一次性赔偿办法

第一条 根据《工伤保险条例》第六十六条第一款的授权，制定本办法。

第二条 本办法所称非法用工单位伤亡人员，是指无营业执照或者未经依法登记、备案的单位以及被依法吊销营业执照或者撤销登记、备案的单位受到事故伤害或者患职业病的职工，或者用人单位使用童工造成的伤残、死亡童工。

前款所列单位必须按照本办法的规定向伤残职工或者死亡职工的近亲属、伤残童工或者死亡童工的近亲属给予一次性赔偿。

第三条 一次性赔偿包括受到事故伤害或者患职业病的职工或童工在治疗期间的费用和一次性赔偿金。一次性赔偿金数额应当在受到事故伤害或者患职业病的职工或童工死亡或者经劳动能力鉴定后确定。

劳动能力鉴定按照属地原则由单位所在地设区的市级劳动能力鉴定委员会办理。劳动能力鉴定费用由伤亡职工或童工所在单位支付。

第四条 职工或童工受到事故伤害或者患职业病，在劳动能力鉴定之前进行治疗期间的生活费按照统筹地区上年度职工月平均工资标准确定，医疗费、护理费、住院期间的伙食补助费以及所需的交通费等费用按照《工伤保险条例》规定的标准和范围确定，并全部由伤残职工或童工所在单位支付。

第五条 一次性赔偿金按照以下标准支付：

一级伤残的为赔偿基数的 16 倍，二级伤残的为赔偿基数的 14 倍，三级伤残的为赔偿基数的 12 倍，四级伤残的为赔偿基数的 10 倍，五级伤残的为赔偿基数的 8 倍，六级伤残的为赔偿基数的 6 倍，七级伤残的为赔偿基数的 4 倍，八级伤残的为赔偿基数的 3 倍，九级伤残的为赔偿基数的 2 倍，十级伤残的为赔偿基数的 1 倍。

前款所称赔偿基数，是指单位所在工伤保险统筹地区上年度职工年平均工资。

第六条 受到事故伤害或者患职业病造成死亡的，按照上一年度全国城镇居民人均可支配收入的 20 倍支付一次性赔偿金，并按照上一年度全国城镇居民人均可支配收入的 10 倍一次性支付丧葬补助等其他赔偿金。

第七条 单位拒不支付一次性赔偿的，伤残职工或者死亡职工的近亲属、伤残童工或者死亡童工的近亲属可以向人力资源和社会保障行政部门举报。经查证属实的，人力资源和社会保障行政部门应当责令该单位限期改正。

第八条 伤残职工或者死亡职工的近亲属、伤残童工或者死亡童工的近亲属就赔偿数额与单位发生争议的，按照劳动争议处理的有关规定处理。

第九条 本办法自 2011 年 1 月 1 日起施行。劳动和社会保障部 2003 年 9 月 23 日颁布的《非法用工单位伤亡人员一次性赔偿办法》同时废止。

11. 女职工劳动保护特别规定

第一条 为了减少和解决女职工在劳动中因生理特点造成的特殊困难，保护女职工健康，制定本规定。

第二条 中华人民共和国境内的国家机关、企业、事业单位、社会团体、个体经济组织以及其他社会组织等用人单位及其女职工，适用本规定。

第三条 用人单位应当加强女职工劳动保护，采取措施改善女职工劳动安全卫生条件，对女职工进行劳动安全卫生知识培训。

第四条 用人单位应当遵守女职工禁忌从事的劳动范围的规定。用人单位应当将本单位属于女职工禁忌从事的劳动范围的岗位书面告知女职工。

女职工禁忌从事的劳动范围由本规定附录列示。国务院安全生产监督管理部门会同国务院人力资源社会保障行政部门、国务院卫生行政部门根据经济社会发展情况，对女职工禁忌从事的劳动范围进行调整。

第五条　用人单位不得因女职工怀孕、生育、哺乳降低其工资、予以辞退、与其解除劳动或者聘用合同。

第六条　女职工在孕期不能适应原劳动的，用人单位应当根据医疗机构的证明，予以减轻劳动量或者安排其他能够适应的劳动。

对怀孕 7 个月以上的女职工，用人单位不得延长劳动时间或者安排夜班劳动，并应当在劳动时间内安排一定的休息时间。

怀孕女职工在劳动时间内进行产前检查，所需时间计入劳动时间。

第七条　女职工生育享受 98 天产假，其中产前可以休假 15 天；难产的，增加产假 15 天；生育多胞胎的，每多生育 1 个婴儿，增加产假 15 天。

女职工怀孕未满 4 个月流产的，享受 15 天产假；怀孕满 4 个月流产的，享受 42 天产假。

第八条　女职工产假期间的生育津贴，对已经参加生育保险的，按照用人单位上年度职工月平均工资的标准由生育保险基金支付；对未参加生育保险的，按照女职工产假前工资的标准由用人单位支付。

女职工生育或者流产的医疗费用，按照生育保险规定的项目和标准，对已经参加生育保险的，由生育保险基金支付；对未参加生育保险的，由用人单位支付。

第九条　对哺乳未满 1 周岁婴儿的女职工，用人单位不得延长劳动时间或者安排夜班劳动。

用人单位应当在每天的劳动时间内为哺乳期女职工安排 1 小时哺乳时间；女职工生育多胞胎的，每多哺乳 1 个婴儿每天增加 1 小时哺乳时间。

第十条　女职工比较多的用人单位应当根据女职工的需要，建立女职工卫生室、孕妇休息室、哺乳室等设施，妥善解决女职工在生理卫生、哺乳方面的困难。

第十一条　在劳动场所，用人单位应当预防和制止对女职工的性骚扰。

第十二条　县级以上人民政府人力资源社会保障行政部门、安全生产监督管理部门按照各自职责负责对用人单位遵守本规定的情况进行监督检查。

工会、妇女组织依法对用人单位遵守本规定的情况进行监督。

第十三条 用人单位违反本规定第六条第二款、第七条、第九条第一款规定的，由县级以上人民政府人力资源社会保障行政部门责令限期改正，按照受侵害女职工每人 1000 元以上 5000 元以下的标准计算，处以罚款。

用人单位违反本规定附录第一条、第二条规定的，由县级以上人民政府安全生产监督管理部门责令限期改正，按照受侵害女职工每人 1000 元以上 5000 元以下的标准计算，处以罚款。用人单位违反本规定附录第三条、第四条规定的，由县级以上人民政府安全生产监督管理部门责令限期治理，处 5 万元以上 30 万元以下的罚款；情节严重的，责令停止有关作业，或者提请有关人民政府按照国务院规定的权限责令关闭。

第十四条 用人单位违反本规定，侵害女职工合法权益的，女职工可以依法投诉、举报、申诉，依法向劳动人事争议调解仲裁机构申请调解仲裁，对仲裁裁决不服的，依法向人民法院提起诉讼。

第十五条 用人单位违反本规定，侵害女职工合法权益，造成女职工损害的，依法给予赔偿；用人单位及其直接负责的主管人员和其他直接责任人员构成犯罪的，依法追究刑事责任。

第十六条 本规定自公布之日起施行。1988 年 7 月 21 日国务院发布的《女职工劳动保护规定》同时废止。

附录：女职工禁忌从事的劳动范围

一、女职工禁忌从事的劳动范围：

（一）矿山井下作业；

（二）体力劳动强度分级标准中规定的第四级体力劳动强度的作业；

（三）每小时负重 6 次以上、每次负重超过 20 公斤的作业，或者间断负重、每次负重超过 25 公斤的作业。

二、女职工在经期禁忌从事的劳动范围：

（一）冷水作业分级标准中规定的第二级、第三级、第四级冷水作业；

（二）低温作业分级标准中规定的第二级、第三级、第四级低温作业；

（三）体力劳动强度分级标准中规定的第三级、第四级体力劳动强度的作业；

（四）高处作业分级标准中规定的第三级、第四级高处作业。

三、女职工在孕期禁忌从事的劳动范围：

（一）作业场所空气中铅及其化合物、汞及其化合物、苯、镉、铍、砷、氰化物、氮氧化物、一氧化碳、二硫化碳、氯、己内酰胺、氯丁二烯、氯乙烯、环氧乙烷、苯胺、甲醛等有毒物质浓度超过国家职业卫生标准的作业；

（二）从事抗癌药物、己烯雌酚生产，接触麻醉剂气体等的作业；

（三）非密封源放射性物质的操作，核事故与放射事故的应急处置；

（四）高处作业分级标准中规定的高处作业；

（五）冷水作业分级标准中规定的冷水作业；

（六）低温作业分级标准中规定的低温作业；

（七）高温作业分级标准中规定的第三级、第四级的作业；

（八）噪声作业分级标准中规定的第三级、第四级的作业；

（九）体力劳动强度分级标准中规定的第三级、第四级体力劳动强度的作业；

（十）在密闭空间、高压室作业或者潜水作业，伴有强烈振动的作业，或者需要频繁弯腰、攀高、下蹲的作业。

四、女职工在哺乳期禁忌从事的劳动范围：

（一）孕期禁忌从事的劳动范围的第一项、第三项、第九项；

（二）作业场所空气中锰、氟、溴、甲醇、有机磷化合物、有机氯化合物等有毒物质浓度超过国家职业卫生标准的作业。

12. 最高人民法院关于审理劳动争议案件适用法律若干问题的解释（三）

《最高人民法院关于审理劳动争议案件适用法律若干问题的解释（三）》已于 2010 年 7 月 12 日由最高人民法院审判委员会第 1489 次会议通过，现予公布，自 2010 年 9 月 14 日起施行。

二〇一〇年九月十三日

为正确审理劳动争议案件，根据《中华人民共和国劳动法》《中华人民共和国劳动合同法》《中华人民共和国劳动争议调解仲裁法》《中华人民共和国民事诉讼法》等相关法律规定，结合民事审判实践，特作如下解释。

第一条 劳动者以用人单位未为其办理社会保险手续，且社会保险经办机构不能补办导致其无法享受社会保险待遇为由，要求用人单位赔偿损失而发生争议的，人民法院应予受理。

第二条 因企业自主进行改制引发的争议，人民法院应予受理。

第三条 劳动者依据劳动合同法第八十五条规定，向人民法院提起诉讼，要求用人单位支付加付赔偿金的，人民法院应予受理。

第四条 劳动者与未办理营业执照、营业执照被吊销或者营业期限届满仍继续经营的用人单位发生争议的，应当将用人单位或者其出资人列为当事人。

第五条 未办理营业执照、营业执照被吊销或者营业期限届满仍继续经营的用人单位，以挂靠等方式借用他人营业执照经营的，应当将用人单位和营业执照出借方列为当事人。

第六条 当事人不服劳动人事争议仲裁委员会做出的仲裁裁决，依法向人民法院提起诉讼，人民法院审查认为仲裁裁决遗漏了必须共同参加仲裁的当事人的，应当依法追加遗漏的人为诉讼当事人。

被追加的当事人应当承担责任的，人民法院应当一并处理。

第七条 用人单位与其招用的已经依法享受养老保险待遇或领取退休金的人员发生用工争议，向人民法院提起诉讼的，人民法院应当按劳务关系处理。

第八条 企业停薪留职人员、未达到法定退休年龄的内退人员、下岗待岗人员以及企业经营性停产放长假人员，因与新的用人单位发生用工争议，依法向人民法院提起诉讼的，人民法院应当按劳动关系处理。

第九条　劳动者主张加班费的，应当就加班事实的存在承担举证责任。但劳动者有证据证明用人单位掌握加班事实存在的证据，用人单位不提供的，由用人单位承担不利后果。

第十条　劳动者与用人单位就解除或者终止劳动合同办理相关手续、支付工资报酬、加班费、经济补偿或者赔偿金等达成的协议，不违反法律、行政法规的强制性规定，且不存在欺诈、胁迫或者乘人之危情形的，应当认定有效。

前款协议存在重大误解或者显失公平情形，当事人请求撤销的，人民法院应予支持。

第十一条　劳动人事争议仲裁委员会做出的调解书已经发生法律效力，一方当事人反悔提起诉讼的，人民法院不予受理；已经受理的，裁定驳回起诉。

第十二条　劳动人事争议仲裁委员会逾期未做出受理决定或仲裁裁决，当事人直接提起诉讼的，人民法院应予受理，但申请仲裁的案件存在下列事由的除外：

（一）移送管辖的；

（二）正在送达或送达延误的；

（三）等待另案诉讼结果、评残结论的；

（四）正在等待劳动人事争议仲裁委员会开庭的；

（五）启动鉴定程序或者委托其他部门调查取证的；

（六）其他正当事由。

当事人以劳动人事争议仲裁委员会逾期未做出仲裁裁决为由提起诉讼的，应当提交劳动人事争议仲裁委员会出具的受理通知书或者其他已接受仲裁申请的凭证或证明。

第十三条　劳动者依据调解仲裁法第四十七条第（一）项规定，追索劳动报酬、工伤医疗费、经济补偿或者赔偿金，如果仲裁裁决涉及数项，每项确定的数额均不超过当地月最低工资标准十二个月金额的，应当按照终局裁决处理。

第十四条　劳动人事争议仲裁委员会做出的同一仲裁裁决同时包含终局

裁决事项和非终局裁决事项，当事人不服该仲裁裁决向人民法院提起诉讼的，应当按照非终局裁决处理。

第十五条 劳动者依据调解仲裁法第四十八条规定向基层人民法院提起诉讼，用人单位依据调解仲裁法第四十九条规定向劳动人事争议仲裁委员会所在地的中级人民法院申请撤销仲裁裁决的，中级人民法院应不予受理；已经受理的，应当裁定驳回申请。

被人民法院驳回起诉或者劳动者撤诉的，用人单位可以自收到裁定书之日起三十日内，向劳动人事争议仲裁委员会所在地的中级人民法院申请撤销仲裁裁决。

第十六条 用人单位依照调解仲裁法第四十九条规定向中级人民法院申请撤销仲裁裁决，中级人民法院做出的驳回申请或者撤销仲裁裁决的裁定为终审裁定。

第十七条 劳动者依据劳动合同法第三十条第二款和调解仲裁法第十六条规定向人民法院申请支付令，符合民事诉讼法第十七章督促程序规定的，人民法院应予受理。

依据劳动合同法第三十条第二款规定申请支付令被人民法院裁定终结督促程序后，劳动者就劳动争议事项直接向人民法院起诉的，人民法院应当告知其先向劳动人事争议仲裁委员会申请仲裁。

依据调解仲裁法第十六条规定申请支付令被人民法院裁定终结督促程序后，劳动者依据调解协议直接向人民法院提起诉讼的，人民法院应予受理。

第十八条 劳动人事争议仲裁委员会做出终局裁决，劳动者向人民法院申请执行，用人单位向劳动人事争议仲裁委员会所在地的中级人民法院申请撤销的，人民法院应当裁定中止执行。

用人单位撤回撤销终局裁决申请或者其申请被驳回的，人民法院应当裁定恢复执行。仲裁裁决被撤销的，人民法院应当裁定终结执行。

用人单位向人民法院申请撤销仲裁裁决被驳回后，又在执行程序中以相同理由提出不予执行抗辩的，人民法院不予支持。

13. 最高人民法院关于审理劳动争议案件 适用法律若干问题的解释（四）

（2012 年 12 月 31 日最高人民法院审判委员会第 1566 次会议通过）

为正确审理劳动争议案件，根据《中华人民共和国劳动法》《中华人民共和国劳动合同法》《中华人民共和国劳动争议调解仲裁法》《中华人民共和国民事诉讼法》等相关法律规定，结合民事审判实践，就适用法律的若干问题，作如下解释：

第一条 劳动人事争议仲裁委员会以无管辖权为由对劳动争议案件不予受理，当事人提起诉讼的，人民法院按照以下情形分别处理：

（一）经审查认为该劳动人事争议仲裁委员会对案件确无管辖权的，应当告知当事人向有管辖权的劳动人事争议仲裁委员会申请仲裁；

（二）经审查认为该劳动人事争议仲裁委员会有管辖权的，应当告知当事人申请仲裁，并将审查意见书面通知该劳动人事争议仲裁委员会，劳动人事争议仲裁委员会仍不受理，当事人就该劳动争议事项提起诉讼的，应予受理。

第二条 仲裁裁决的类型以仲裁裁决书确定为准。

仲裁裁决书未载明该裁决为终局裁决或非终局裁决，用人单位不服该仲裁裁决向基层人民法院提起诉讼的，应当按照以下情形分别处理：

（一）经审查认为该仲裁裁决为非终局裁决的，基层人民法院应予受理；

（二）经审查认为该仲裁裁决为终局裁决的，基层人民法院不予受理，但应告知用人单位可以自收到不予受理裁定书之日起三十日内向劳动人事争议仲裁委员会所在地的中级人民法院申请撤销该仲裁裁决；已经受理的，裁定驳回起诉。

第三条 中级人民法院审理用人单位申请撤销终局裁决的案件，应当组成合议庭开庭审理。经过阅卷、调查和询问当事人，对没有新的事实、证据或者理由，合议庭认为不需要开庭审理的，可以不开庭审理。

中级人民法院可以组织双方当事人调解。达成调解协议的，可以制作调解书。一方当事人逾期不履行调解协议的，另一方可以申请人民法院强制执行。

第四条　当事人在人民调解委员会主持下仅就给付义务达成的调解协议，双方认为有必要的，可以共同向人民调解委员会所在地的基层人民法院申请司法确认。

第五条　劳动者非因本人原因从原用人单位被安排到新用人单位工作，原用人单位未支付经济补偿，劳动者依照劳动合同法第三十八条规定与新用人单位解除劳动合同，或者新用人单位向劳动者提出解除、终止劳动合同，在计算支付经济补偿或赔偿金的工作年限时，劳动者请求把在原用人单位的工作年限合并计算为新用人单位工作年限的，人民法院应予支持。

用人单位符合下列情形之一的，应当认定属于"劳动者非因本人原因从原用人单位被安排到新用人单位工作"：

（一）劳动者仍在原工作场所、工作岗位工作，劳动合同主体由原用人单位变更为新用人单位；

（二）用人单位以组织委派或任命形式对劳动者进行工作调动；

（三）因用人单位合并、分立等原因导致劳动者工作调动；

（四）用人单位及其关联企业与劳动者轮流订立劳动合同；

（五）其他合理情形。

第六条　当事人在劳动合同或者保密协议中约定了竞业限制，但未约定解除或者终止劳动合同后给予劳动者经济补偿，劳动者履行了竞业限制义务，要求用人单位按照劳动者在劳动合同解除或者终止前十二个月平均工资的30%按月支付经济补偿的，人民法院应予支持。

前款规定的月平均工资的30%低于劳动合同履行地最低工资标准的，按照劳动合同履行地最低工资标准支付。

第七条　当事人在劳动合同或者保密协议中约定了竞业限制和经济补偿，当事人解除劳动合同时，除另有约定外，用人单位要求劳动者履行竞业限制义务，或者劳动者履行了竞业限制义务后要求用人单位支付经济补偿的，人民法院应予支持。

第八条　当事人在劳动合同或者保密协议中约定了竞业限制和经济补偿，劳动合同解除或者终止后，因用人单位的原因导致三个月未支付经济补偿，劳动者请求解除竞业限制约定的，人民法院应予支持。

第九条　在竞业限制期限内，用人单位请求解除竞业限制协议时，人民法院应予支持。

在解除竞业限制协议时，劳动者请求用人单位额外支付劳动者三个月的竞业限制经济补偿的，人民法院应予支持。

第十条　劳动者违反竞业限制约定，向用人单位支付违约金后，用人单位要求劳动者按照约定继续履行竞业限制义务的，人民法院应予支持。

第十一条　变更劳动合同未采用书面形式，但已经实际履行了口头变更的劳动合同超过一个月，且变更后的劳动合同内容不违反法律、行政法规、国家政策以及公序良俗，当事人以未采用书面形式为由主张劳动合同变更无效的，人民法院不予支持。

第十二条　建立了工会组织的用人单位解除劳动合同符合劳动合同法第三十九条、第四十条规定，但未按照劳动合同法第四十三条规定事先通知工会，劳动者以用人单位违法解除劳动合同为由请求用人单位支付赔偿金的，人民法院应予支持，但起诉前用人单位已经补正有关程序的除外。

第十三条　劳动合同法施行后，因用人单位经营期限届满不再继续经营导致劳动合同不能继续履行，劳动者请求用人单位支付经济补偿的，人民法院应予支持。

第十四条　外国人、无国籍人未依法取得就业证件即与中国境内的用人单位签订劳动合同，以及香港特别行政区、澳门特别行政区和台湾地区居民未依法取得就业证件即与内地用人单位签订劳动合同，当事人请求确认与用人单位存在劳动关系的，人民法院不予支持。

持有《外国专家证》并取得《外国专家来华工作许可证》的外国人，与中国境内的用人单位建立用工关系的，可以认定为劳动关系。

第十五条　本解释施行前本院颁布的有关司法解释与本解释抵触的，自本解释施行之日起不再适用。

本解释施行后尚未终审的劳动争议纠纷案件，适用本解释；本解释施行前已经终审，当事人申请再审或者按照审判监督程序决定再审的，不适用本解释。

14. 关于印发《建设领域农民工工资支付管理暂行办法》的通知 劳社部发〔2004〕22号

各省、自治区、直辖市劳动和社会保障厅（局）、建设厅（建委）：

为维护建设领域农民工合法报酬权益，规范建筑业企业工资支付行为，现将《建设领域农民工工资支付管理暂行办法》印发给你们，请结合实际情况制定实施办法，认真贯彻执行。

中华人民共和国劳动和社会保障部

中华人民共和国建设部

二○○四年九月六日

建设领域农民工工资支付管理暂行办法

为规范建设领域农民工工资支付行为，预防和解决建筑业企业拖欠或克扣农民工工资问题，根据《中华人民共和国劳动法》《工资支付暂行规定》等有关规定，制定本办法。

一、本办法适用于在中华人民共和国境内的建筑业企业（以下简称企业）和与之形成劳动关系的农民工。

本办法所指建筑业企业，是指从事土木工程、建筑工程、线路管道设备安装工程、装修工程的新建、扩建、改建活动的企业。

二、县级以上劳动和社会保障行政部门负责企业工资支付的监督管理，建设行政主管部门协助劳动和社会保障行政部门对企业执行本办法的情况进行监督检查。

三、企业必须严格按照《劳动法》、《工资支付暂行规定》和《最低工资规定》等有关规定支付农民工工资，不得拖欠或克扣。

四、企业应依法通过集体协商或其他民主协商形式制定内部工资支付办法，并告知本企业全体农民工，同时抄报当地劳动和社会保障行政部门与建设行政主管部门。

五、企业内部工资支付办法应包括以下内容：支付项目、支付标准、支付方式、支付周期和日期、加班工资计算基数、特殊情况下的工资支付以及其他工资支付内容。

六、企业应当根据劳动合同约定的农民工工资标准等内容，按照依法签订的集体合同或劳动合同约定的日期按月支付工资，并不得低于当地最低工资标准。具体支付方式可由企业结合建筑行业特点在内部工资支付办法中规定。

七、企业应将工资直接发放给农民工本人，严禁发放给"包工头"或其他不具备用工主体资格的组织和个人。

企业可委托银行发放农民工工资。

八、企业支付农民工工资应编制工资支付表，如实记录支付单位、支付时间、支付对象、支付数额等工资支付情况，并保存两年以上备查。

九、工程总承包企业应对劳务分包企业工资支付进行监督，督促其依法支付农民工工资。

十、业主或工程总承包企业未按合同约定与建设工程承包企业结清工程款，致使建设工程承包企业拖欠农民工工资的，由业主或工程总承包企业先行垫付农民工被拖欠的工资，先行垫付的工资数额以未结清的工程款为限。

十一、企业因被拖欠工程款导致拖欠农民工工资的，企业追回的被拖欠工程款，应优先用于支付拖欠的农民工工资。

十二、工程总承包企业不得将工程违反规定发包、分包给不具备用工主体资格的组织或个人，否则应承担清偿拖欠工资连带责任。

十三、企业应定期如实向当地劳动和社会保障行政部门及建设行政主管部门报送本单位工资支付情况。

十四、企业违反国家工资支付规定拖欠或克扣农民工工资的，记入信用档案，并通报有关部门。

建设行政主管部门可依法对其市场准入、招投标资格和新开工项目施工许可等进行限制，并予以相应处罚。

十五、企业应按有关规定缴纳工资保障金，存入当地政府指定的专户，用于垫付拖欠的农民工工资。

十六、农民工发现企业有下列情形之一的，有权向劳动和社会保障行政部门举报：

（一）未按照约定支付工资的；

（二）支付工资低于当地最低工资标准的；

（三）拖欠或克扣工资的；

（四）不支付加班工资的；

（五）侵害工资报酬权益的其他行为。

十七、各级劳动和社会保障行政部门依法对企业支付农民工工资情况进行监察，对违法行为进行处理。企业在接受监察时应当如实报告情况，提供必要的资料和证明。

十八、农民工与企业因工资支付发生争议的，按照国家劳动争议处理有关规定处理。

对事实清楚、不及时裁决会导致农民工生活困难的工资争议案件，以及涉及农民工工伤、患病期间工资待遇的争议案件，劳动争议仲裁委员会可部分裁决；企业不执行部分裁决的，当事人可依法向人民法院申请强制执行。

十九、本办法自发布之日起施行。

15. 国务院办公厅关于全面治理拖欠农民工工资问题的意见

国办发〔2016〕1号（选摘部分内容）

二、全面规范企业工资支付行为

（三）明确工资支付各方主体责任。全面落实企业对招用农民工的工资支付责任，督促各类企业严格依法将工资按月足额支付给农民工本人，严禁将工资发放给不具备用工主体资格的组织和个人。在工程建设领域，施工总承包企业（包括直接承包建设单位发包工程的专业承包企业，下同）对所承包工程项目的农民工工资支付负总责，分包企业（包括承包施工总承包企业发包工程的专业企业，下同）对所招用农民工的工资支付负直接责任，不得以工程款未到位等为由克扣或拖欠农民工工资，不得将合同应收工程款等经营风险转嫁给农民工。

（四）严格规范劳动用工管理。督促各类企业依法与招用的农民工签订劳动合同并严格履行，建立职工名册并办理劳动用工备案。在工程建设领域，坚持施工企业与农民工先签订劳动合同后进场施工，全面实行农民工实名制管理制度，建立劳动计酬手册，记录施工现场作业农民工的身份信息、劳动考勤、工资结算等信息，逐步实现信息化实名制管理。施工总承包企业要加强对分包企业劳动用工和工资发放的监督管理，在工程项目部配备劳资专管员，建立施工人员进出场登记制度和考勤计量、工资支付等管理台账，实时掌握施工现场用工及其工资支付情况，不得以包代管。施工总承包企业和分包企业应将经农民工本人签字确认的工资支付书面记录保存两年以上备查。

（五）推行银行代发工资制度。推动各类企业委托银行代发农民工工资。在工程建设领域，鼓励实行分包企业农民工工资委托施工总承包企业直接代发的办法。分包企业负责为招用的农民工申办银行个人工资账户并办理实名制工资支付银行卡，按月考核农民工工作量并编制工资支付表，经农民工本人签字确认后，交施工总承包企业委托银行通过其设立的农民工工资（劳务费）专用账户直接将工资划入农民工个人工资账户。

三、健全工资支付监控和保障制度

（六）完善企业工资支付监控机制。构建企业工资支付监控网络，依托基层劳动保障监察网格化、网络化管理平台的工作人员和基层工会组织设立的劳动法律监督员，对辖区内企业工资支付情况实行日常监管，对发生过拖欠工资的企业实行重点监控并要求其定期申报。企业确因生产经营困难等原因需要延期支付农民工工资的，应及时向当地人力资源社会保障部门、工会组织报告。建立和完善欠薪预警系统，根据工商、税务、银行、水电供应等单位反映的企业生产经营状况相关指标变化情况，定期对重点行业企业进行综合分析研判，发现欠薪隐患要及时预警并做好防范工作。

（七）完善工资保证金制度。在建筑市政、交通、水利等工程建设领域全面实行工资保证金制度，逐步将实施范围扩大到其他易发生拖欠工资的行业。建立工资保证金差异化缴存办法，对一定时期内未发生工资拖欠的企业实行减免措施、发生工资拖欠的企业适当提高缴存比例。严格规范工资保证金动用和退还办法。探索推行业主担保、银行保函等第三方担保制度，积极引入商业保险机制，保障农民工工资支付。

（八）建立健全农民工工资（劳务费）专用账户管理制度。在工程建设领域，实行人工费用与其他工程款分账管理制度，推动农民工工资与工程材料款等相分离。施工总承包企业应分解工程价款中的人工费用，在工程项目所在地银行开设农民工工资（劳务费）专用账户，专项用于支付农民工工资。建设单位应按照工程承包合同约定的比例或施工总承包企业提供的人工费用数额，将应付工程款中的人工费单独拨付到施工总承包企业开设的农民工工资（劳务费）专用账户。农民工工资（劳务费）专用账户应向人力资源社会保障部门和交通、水利等工程建设项目主管部门备案，并委托开户银行负责日常监管，确保专款专用。开户银行发现账户资金不足、被挪用等情况，应及时向人力资源社会保障部门和交通、水利等工程建设项目主管部门报告。

（九）落实清偿欠薪责任。招用农民工的企业承担直接清偿拖欠农民工工资的主体责任。在工程建设领域，建设单位或施工总承包企业未按合同约定及时划拨工程款，致使分包企业拖欠农民工工资的，由建设单位或施工总承包企业以未结清的工程款为限先行垫付农民工工资。建设单位或施工总承包企业将工程违法发包、转包或违法分包致使拖欠农民工工资的，由建设单位或施工总承包企业依法承担清偿责任。

附录二：山东省各地劳动保障监察举报投诉电话

山东省 0531 – 86101111

济南市 0531 – 8205190382065296、82051970、82051975

青岛市 0532 – 85912111

淄博市 0533 – 2860000

枣庄市 0632 – 3321788

东营市 0546 – 8082110、8083110

烟台市 0535 – 6665787

潍坊市 0536 – 8513292

济宁市 0537 – 2348255、2967110

泰安市 0538 – 8231557

威海市 0631 – 5282111

日照市 8866110

滨州市 0543 – 3162966

德州市 0534 – 2687152

聊城市 0635 – 2189275

临沂市 0539 – 8139860

菏泽市 0530 – 5161100、0530 – 5313030

莱芜市 0634 – 6226275

附录三：山东省各地法律援助中心联系方式

山东省法律援助中心

电话：0531－82923087

地址：山东省济南市经十路 15743 号

济南市法律援助中心

电话：0531－82717108

地址：济南市市中区经七纬四路 117 号

济南市市中区法律援助中心

电话：0531－82900148

地址：济南市市中区英雄山路 8 号

济南市天桥区法律援助中心

电话：0531－85604342

地址：济南市无影山中路 112 号

济南市历下区法律援助中心

电话：0531－88580728

地址：济南市历山路 151 号

济南市历城区法律援助中心

电话：0531－66899366

地址：济南市历城区辛祝路 68 号

济南市槐荫区法律援助中心

电话：0531－87589468

地址：济南市经十路 29851 号

济南市章丘区法律援助中心

电话：0531 - 83210631

地址：章丘区明水汇泉路 1166 号

济南市长清区法律援助中心

电话：0531 - 87222148

地址：济南市长清区宾谷街 588 号

济南市平阴县法律援助中心

电话：0531 - 87883116

地址：济南市平阴县府前街 66 号

济南市商河县法律援助中心

电话：0531 - 84882148

地址：济南市商河县明辉路 119 号

济南市济阳县法律援助中心

电话：0531 - 84219148

地址：济南市济阳县龙海路 107 号

滨州市法律援助中心

电话：0543 - 3369148

地址：滨州市滨城区黄河五路 367 号

滨州市滨城区法律援助中心

电话：0543 - 8173148

地址：滨城区渤海八路 928 号

滨州市博兴县法律援助中心

电话：0543 - 2395148

地址：博兴县新城二路 399 号

滨州市惠民县法律援助中心

电话：0543 - 2135148

地址：惠民县武定府路 488 号

滨州市邹平县法律援助中心

电话：0543 - 4262148

地址：邹平县鹤伴二路 689 号

滨州市阳信县法律援助中心

电话：0543 - 8212252

地址：阳信县阳城六路 567 号

滨州市无棣县法律援助中心

电话：0543 - 6781148

地址：无棣县县城棣州大街政务中心

滨州市沾化区法律援助中心

电话：0543 - 7810148

地址：沾化区西城金海五路南银河四路西渤海明珠商城

德州市法律援助中心

电话：0534 - 2325617

地址：德州市东风东路 1666 号

德州市德城区法律援助中心

电话：0534 - 2188626

地址：德州市德城区地安街 97 号

德州市武城县法律援助中心

电话：0534 - 2179838

地址：德州市武城县北方街 1 号

德州市夏津县法律援助中心

电话：0534 - 2199587

地址：德州市夏津县胜利路与锦纺街交叉口

乐陵市法律援助中心

电话：0534 - 6522148

地址：乐陵市开元中大道 167 号

德州市陵城区法律援助中心

电话：0534 - 8262148

地址：德州市陵城区政府路 123 号

德州市平原县法律援助中心

电话：0534 - 4212148

地址：德州市平原县金河源路北首

德州市齐河县法律援助中心

电话：0534 – 5335781

地址：德州市齐河县城区永乐街 199 号

德州市宁津县法律援助中心

电话：0534 – 5218148

地址：德州市宁津县津泉路司法行政综合服务中心

德州市庆云县法律援助中心

电话：0534 – 6109161

地址：德州市庆云县司法局一楼

德州市临邑县法律援助中心

电话：0534 – 4222148

地址：德州市临邑县城区迎宾路 69 号

禹城市法律援助中心

电话：0534 – 6155148

地址：禹城市建设路司法行政法律服务中心

东营市法律援助中心

电话：0546 – 8338835

地址：东营市东城胶州路 105 号

东营市东营区法律援助中心

电话：0546 – 8200148

地址：东营区 1 号办公楼北楼 123 室

东营市河口区法律援助中心

电话：0546 – 7717525

地址：东营市河口区黄河路 95 号人大、政协楼 626 室

东营市广饶县法律援助中心

电话：0546 – 6446148

地址：东营市广饶县乐安大厦西附楼 224 室

东营市垦利区法律援助中心

电话：0546 – 2521996

地址：东营市垦利区永兴路人民调解中心 A 座

东营市利津县法律援助中心

电话：0546 – 7701148

地址：东营市利津县利一路 294 号

菏泽市牡丹区法律援助中心

电话：0530 – 5551996

地址：菏泽市牡丹区重庆路区委东邻公共法律服务中心

菏泽市定陶区法律援助中心

电话：0530 – 2211088

地址：菏泽市定陶区陶朱公大街政府院内司法局三楼

菏泽市成武县法律援助中心

电话：0530 – 8620148

地址：菏泽市成武县南外环与湖西路南段交界处司法局三楼

菏泽市单县法律援助中心

电话：0530 – 4659075

地址：菏泽市单县湖西大厦 349 房间

菏泽市曹县法律援助中心

电话：0530 – 3259958

地址：菏泽市曹县赣江路中段曹县司法局一楼

菏泽市东明县法律援助中心

电话：0530 – 7255173

地址：菏泽市东明县司法局

菏泽市鄄城县法律援助中心

电话：0530 – 2421148

地址：菏泽市鄄城县建设西街 81 号

菏泽市郓城县法律援助中心

电话：0530 – 6998179

地址：菏泽市郓城县南环路中段

菏泽市巨野县法律援助中心

电话：0530 - 8226505

地址：菏泽市巨野县司法局三楼

聊城市法律援助中心

电话：0635 - 6979128

地址：聊城市兴华西路 212 - 3 号

聊城市东昌府区法律援助中心

电话：0635 - 2185510

地址：聊城市东昌府区花园南路天恒御景花园小区临街楼

聊城市东阿县法律援助中心

电话：0635 - 3282148

地址：聊城市东阿县曙光街 120 号

聊城市茌平县法律援助中心

电话：0635 - 4274618

地址：聊城市茌平县新政路 52 号

临清市法律援助中心

电话：0635 - 2970108

地址：临清市后关街 148 号

聊城市莘县法律援助中心

电话：0635 - 7315602

地址：聊城市莘县伊园街 135 号

聊城市高唐县法律援助中心

电话：0635 - 3956078

地址：聊城市高唐县鼓楼东路 578 号交通大厦

聊城市阳谷县法律援助中心

电话：0635 - 2152646

地址：聊城市阳谷县振兴路

泰安市法律援助中心

电话：0538 - 8518148

地址：泰安市泰山大街 777 号泰安传媒大厦

泰安市泰山区法律援助中心

电话：0538 - 2099895

地址：泰安市升平街 39 号

泰安市岱岳区法律援助中心

电话：0538 - 8568148

地址：泰安市泰山大街 3465 号

新泰市法律援助中心

电话：0538 - 7223148

地址：新泰市青龙路交通大厦东一楼

肥城市法律援助中心

电话：0538 - 3232611

地址：肥城市龙山西路 4 号

泰安市宁阳县法律援助中心

电话：0538 - 5621148

地址：泰安市宁阳县海立大道民生大厦

泰安市东平县法律援助中心

电话：0538 - 2833299

地址：泰安市东平县佛山街 017 号

威海市法律援助中心

电话：0631 - 5233148

地址：威海市统一路 406 号

威海市环翠区法律援助中心

电话：0631 - 5220148

地址：威海市统一路 421 号

荣成市法律援助中心

电话：0631 - 7563148

地址：荣城市府前街 9 号

威海市文登区法律援助中心

电话：0631 - 8259148

地址：文登区米山路 69 号

乳山市法律援助中心

电话：0631 - 6621148

地址：乳山市久久发行政服务大楼三楼

烟台市法律援助中心

电话：0535 - 6644943

地址：烟台市芝罘区通世路 1 号

烟台市芝罘区法律援助中心

电话：0535 - 6216131

地址：烟台市芝罘区华茂街 30 号

烟台市牟平区法律援助中心

电话：0535 - 4222148

地址：烟台市牟平区通海路 506 号

烟台市福山区法律援助中心

电话：0535 - 6356148

地址：烟台市福山区城里街 139 号

烟台市莱山区法律援助中心

电话：0535 - 6910676

地址：烟台市莱山区迎春大街 172 号祥隆国际

烟台市开发区法律援助中心

电话：0535 - 6396803

地址：烟台市经济技术开发区香山路 88 号

海阳市法律援助中心

电话：0535 - 3222981

地址：海阳市政务服务中心

莱阳市法律援助中心

电话：0535 - 3460148

地址：莱阳市五龙南路 93 号政务服务中心

栖霞市法律援助中心

电话：0535 - 5227148

地址：栖霞市盛世路行政中心

招远市法律援助中心

电话：0535 - 8235148

地址：招远市温泉路 278 号

蓬莱市法律援助中心

电话：0535 - 5665722

地址：蓬莱市南河路 136 号锦泰广场 24 号楼政务服务中心

长岛县法律援助中心

电话：0535 - 3214148

地址：长岛县长园路 452 号

莱州市法律援助中心

电话：0535 - 2220148

地址：莱州市光州西路行政审批中心莱州市司法局

龙口市法律援助中心

电话：0535 - 8501148

地址：龙口市文化广场东附楼

枣庄市法律援助中心

电话：0632 - 3327077

地址：枣庄市新城武夷山路 1379 号

枣庄市市中区法律援助中心

电话：0632 - 3281148

地址：枣庄市市中区龙头路 31 号

滕州市法律援助中心

电话：0632 - 5559956

地址：滕州市善国中路 53 号

枣庄市台儿庄区法律援助中心

电话：0632 - 6635838

地址：枣庄市台儿庄区华兴路 1255 号

枣庄市峄城区法律援助中心

电话：0632 - 7719608

地址：枣庄市峄城区承水东路 187 号

枣庄市薛城区法律援助中心

电话：0632 - 4438086

地址：枣庄市薛城区黄河路 127 号

枣庄市山亭区法律援助中心

电话：0632 - 8818568

地址：枣庄市山亭区新城府前西路 26 号

淄博市法律援助中心

电话：0533 - 2302148

地址：淄博市张店西二路 253 号

淄博市张店区法律援助中心

电话：0533 - 2830148

地址：淄博市张店区政务中心负一楼

淄博市淄川区法律援助中心

电话：0533 - 5170148

地址：淄博市淄川区信访局 103 室

淄博市周村区法律援助中心

电话：0533 - 6195596

地址：淄博市周村区新建东路 201 号综合楼

淄博市博山区法律援助中心

电话：0533 - 4152148

地址：淄博市博山区县前街 46 号（区政府院内）

淄博市临淄区法律援助中心

电话：0533 - 7220148

地址：淄博市临淄区牛山路 9 号

淄博市沂源县法律援助中心

电话：0533 – 3258357

地址：淄博市沂源县城历山街道药玻路 31 号

淄博市高青县法律援助中心

电话：0533 – 6960148

地址：淄博市高青县高苑路 7 号政务中心北大厅

淄博市桓台县法律援助中心

电话：0533 – 6278010

地址：淄博市桓台索镇槐荫路 466 号

济宁市法律援助中心

电话：0537 – 2716978

地址：济宁市任城区红星东路 113 号

济宁市任城区法律援助中心

电话：0537 – 5660148

地址：济宁市任城区建设北路 122 号

济宁市兖州区法律援助中心

电话：0537 – 3400149

地址：济宁市兖州区九州方圆 A 座行政办公楼

曲阜市法律援助中心

电话：0537 – 3190166

地址：曲阜市舞云坛路 8 号

泗水县法律援助中心

电话：0537 – 4229148

地址：泗水县泉鑫路

邹城市法律援助中心

电话：0537 – 5220149

地址：邹城市太平东路 316 号

微山县法律援助中心

电话：0537 – 3299449

地址：济宁市微山县文化路北首

济宁市鱼台县法律援助中心

电话：0537 – 6211165

地址：济宁市鱼台县鱼新路北县政府四楼

济宁市金乡县法律援助中心

电话：0537 – 8713203

地址：济宁市金乡县文化路北首路东

济宁市嘉祥县法律援助中心

电话：0537 – 6827337

地址：济宁市嘉祥县顺河路 172 号

济宁市汶上县法律援助中心

电话：0537 – 7222121

地址：济宁市汶上县公园路 25 号

济宁市梁山县法律援助中心

电话：0537 – 7314148

地址：济宁市梁山县金城路 50 号

莱芜市法律援助中心

电话：0634 – 8896148

地址：莱芜市龙潭东大街 001 号

莱芜市莱城区法律援助中心

电话：0634 – 5878148

地址：莱芜市莱城区汶源西大街 69 号

莱芜市钢城区法律援助中心

电话：0634 – 5878001

地址：莱芜市钢城区府前街 56 号

临沂市法律援助中心

电话：0539 – 8115148

地址：兰山区金坛路 61 号

临沂市兰山区法律援助中心

电话：0539 – 8311879

地址：兰山区金雀山路 51 号

临沂市罗庄区法律援助中心

电话：0539 – 8247148

地址：罗庄区湖北路中段汇铭华府沿街楼

临沂市河东区法律援助中心

电话：0539 – 8095148

地址：河东区东夷大街中段

临沂市郯城县法律援助中心

电话：0539 – 6104148

地址：郯城县人民路 2 号

临沂市兰陵县法律援助中心

电话：0539 – 5235146

地址：兰陵县金山路东升路交会北

临沂市平邑县法律援助中心

电话：0539 – 4281148

地址：平邑县西环一路法院对过

临沂市费县法律援助中心

电话：0539 – 5020148

地址：费县自由路 196 号

临沂市蒙阴县法律援助中心

电话：0539 – 4270148

地址：蒙阴县叠翠路 156 号

临沂市沂水县法律援助中心

电话：0539 – 2263148

地址：沂水县双城路 15 号

临沂市沂南县法律援助中心

电话：0539 – 3238148

地址：沂南县文化路 16 号

临沂市莒南县法律援助中心

电话：0539 – 7283244

地址：莒南县十字路街道黄海路 25 号

临沂市临沭县法律援助中心

电话：0539 – 6211148

地址：临沭县育新街 25 号

青岛市法律援助中心

电话：0532 – 80972091

地址：青岛市市南区山东路 10 号丙今日商务楼甲区

青岛市市南区法律援助中心

电话：0532 – 83867055

地址：市南区香港西路 57 号汇融广场 C 座四楼

青岛市市北区法律援助中心

电话：0532 – 82711095

地址：青岛市市北区无棣一路 34 号

青岛市李沧区法律援助中心

电话：0532 – 87630299

地址：李沧区黑龙江中路 615 号 5 号楼

青岛市崂山区法律援助中心

电话：0532 – 88967207

地址：崂山区仙霞岭路 18 号行政大厦西塔楼 202 房间

青岛市黄岛区法律援助中心

电话：0532 – 86175146

地址：黄岛区朝阳山路 10 号阳光大厅 2 楼

青岛市城阳区法律援助中心

电话：0532 – 87860148

地址：城阳区安城路 11 号 206 房间

即墨市法律援助中心

电话：0532 – 88529979

地址：即墨市振中街 14 号 3 楼

胶州市法律援助中心

电话：0532 - 82206993

地址：胶州市上海路 127 号

莱西市法律援助中心

电话：0532 - 66890973

地址：莱西市北京东路 102 号水集街道社区服务中心

平度市法律援助中心

电话：0532 - 88380925

地址：平度市青岛东路 9 号四楼

日照市法律援助中心

电话：0633 - 2958701

地址：日照市泰安路 179 号国际大厦 B 座七楼西

日照市东港区法律援助中心

电话：0633 - 8279077

地址：日照市东港区昭阳路 27 号东港区法律服务中心一楼

日照市岚山区法律援助中心

电话：0633 - 2612148

地址：日照市岚山区中央西路与玉泉一路交汇处岚山区司法行政法律服务中心一楼

日照市莒县法律援助中心

电话：0633 - 6208299

地址：日照市莒县青岛路北坛路交汇处法律服务中心

日照市五莲县法律援助中心

电话：0633 - 2251148

地址：日照市五莲县富强路 103 号法律服务大厅

潍坊市法律援助中心

电话：0536 - 8231807

地址：潍坊市奎文区胜利东街 4767 号

潍坊市奎文区法律援助中心

电话：0536 - 8259971

地址：潍坊市胜利东街 373 号内 2 号楼

潍坊市坊子区法律援助中心

电话：0536 - 7609148

地址：潍坊市坊子区凤昌街 19 号

潍坊市潍城区法律援助中心

电话：0536 - 8188148

地址：潍坊市潍城区向阳路 108 号

潍坊市寒亭区法律援助中心

电话：0536 - 7280148

地址：潍坊市寒亭区丰华路 1739 号

诸城市法律援助中心

电话：0536 - 6152605

地址：诸城市兴华东路 7 号

昌邑市法律援助中心

电话：0536 - 5591148

地址：昌邑市天水路 423 号

安丘市法律援助中心

电话：0536 - 4215148

地址：安丘市人民路 345 号

寿光市法律援助中心

电话：0536 - 5251474

地址：寿光市商务小区 5 号楼 C 座 152 室

高密市法律援助中心

电话：0536 - 2325148

地址：高密市市民之家融智商务综合体 2 号楼一楼

青州市法律援助中心

电话：0536 - 3221148

地址：青州市范公亭东路 2638 号

潍坊市昌乐县法律援助中心

电话：0536 - 6223148

地址：潍坊市昌乐县城关商务社区 7 号楼 409 室

潍坊市临朐县法律援助中心

电话：0536 - 3118148

地址：潍坊市临朐县兴隆东路创业大厦 1120 室

来源：山东省司法厅山东公共法律服务网